问题 —— 概念·解析·实证之探索丛书

变革情境下旅游企业内部服务质量研究

The Internal Service Quality Research
of Tourism Enterprises
in the Transforming Context

丛书主编 / 林璧属

伍晓奕 / 著

旅游教育出版社
·北京·

致　谢

衷心感谢接受调研的数十家旅游与酒店企业的大力支持，以及将近上千名管理人员与员工的参与。同时感谢我指导的研究生刘麒麟、郭娇、陈慧玲、刘云对本书实证研究部分的调研和撰写工作的支持。

国家自然科学基金资助项目

本书为作者伍晓奕教授团队主持的国家自然科学基金面上项目"服务企业变革情境下内部服务质量的多视角形成机制研究"（项目批准号 71872156）的最终研究成果之一。

作者简介

伍晓奕，厦门大学管理学院教授、博士生导师，研究方向为旅游企业人力资源管理、质量管理。2006年于中山大学管理学院博士毕业后赴厦门大学管理学院旅游与酒店管理系任教至今，美国康奈尔大学、俄克拉荷马州立大学访问学者，主持国家自然科学基金项目2项，参与国家自然科学基金、国家社会科学基金多项，在 *Tourism Management*、*International Journal of Hospitality Management*、《旅游学刊》等旅游与酒店管理国内外顶级期刊发表多篇论文，出版专著1部、教材1部。

内容简介

内部服务质量的兴起是市场经济发展的必然，反映了企业竞争战略不仅要重视外部市场拓展，还要重视"向管理要效益"的内部管理效率提升。然而，长期以来传统的旅游管理研究侧重于针对顾客的外部服务质量，较少关注针对旅游企业内部顾客（即员工）的内部服务质量。处在瞬息万变的市场环境与组织变革情境下，旅游企业如何适应变革发展的趋势，有效提升内部运营效率，是值得业界与学术界深入探讨的问题。众多国际知名旅游企业如西南航空公司、万豪酒店集团等都非常重视内部服务质量的提升。内部服务质量管理不仅适用于旅游企业，对于包括工业企业、高科技企业、公共事业单位在内的所有组织类型都需要解决内部服务质量管理问题。作为提高组织绩效的核心要素，内部服务质量是内部营销、质量管理和人力资源管理的重要内容。

本书响应 21 世纪服务管理的发展趋势，蕴含笔者对内部服务质量近十年的研究探索，不仅系统梳理内部服务质量的相关理论体系（第一章），而且详细介绍旅游企业有关内部服务质量的三个实证研究（第二章至第四章）。具体而言，第二章介绍常态下旅游企业的内部服务质量管理问题，主要对高星级酒店内部服务质量的形成机制进行调查研究；第三章介绍危机情境下旅游企业的内部服务管理问题，主要从管理人员与员工双视角，对酒店业在新冠疫情期间的内部管理问题进行调查研究；第四章介绍旅游数字平台变革情境下的内部服务管理问题，主要对餐饮配送平台对送餐员的内部管理问题进行调查研究。第五章根据本书实证研究结果，并结合国内外优秀服务企业的实践措施，对旅游企业如何提升内部服务质量提出具体的管理措施。本书运用案例研究、扎根理论、网络文本分析、问卷调查等多种研究方法，研究成果为旅游企业提升内部服务质量提供实证依据与建议对策，有助于增强旅游企业的整体运营效率与核心竞争力。本书读者面向旅游管理研究者与旅游行业管理人员。

目录

旅游学研究的对象与路径（代总序）……………………01

第一章 内部服务质量的理论溯源 ……………… 001

    第一节 内部服务质量的起源与基础理论……………004

    第二节 内部服务质量的计量方法与维度构成………018

    第三节 内部服务质量的影响结果……………………024

    第四节 内部服务质量的研究概述……………………028

    第五节 旅游企业组织变革的趋势展望………………031

第二章 高星级酒店内部服务质量的形成机制研究………039

    第一节 研究背景………………………………………040

    第二节 研究述评………………………………………045

    第三节 定性研究（子研究一）的研究方法

            与数据收集………………………………049

    第四节 定量研究（子研究二）的研究方法

            与数据分析结果…………………………068

    第五节 结论与讨论……………………………………084

第三章 危机时期旅游企业内部服务的变革研究…………093

    第一节 研究背景与目的………………………………094

第二节　文献综述……………………………………… 101
　　　第三节　研究方法与研究设计………………………… 114
　　　第四节　资料分析与理论建构………………………… 124
　　　第五节　研究结论、启示与展望……………………… 149

第四章　旅游数字平台算法管理模式对内部管理的影响……… 165
　　　第一节　研究背景……………………………………… 166
　　　第二节　文献综述……………………………………… 172
　　　第三节　研究设计……………………………………… 202
　　　第四节　送餐员对算法管理感知与评价的
　　　　　　　网络文本分析………………………………… 206
　　　第五节　基于深度访谈的平台算法管理影
　　　　　　　响机制分析…………………………………… 219
　　　第六节　结论与讨论…………………………………… 237

第五章　旅游企业提升内部服务质量的实践措施……………… 259
　　　第一节　旅游企业的管理制度建设…………………… 260
　　　第二节　旅游企业的文化与技术变革………………… 265

附录1　一线员工访谈提纲（第二章）………………………… 271
附录2　后台员工访谈提纲（第二章）………………………… 273
附录3　第一次访谈提纲（第三章）…………………………… 275
附录4　第二次访谈提纲（第三章）…………………………… 279
附录5　访谈提纲（第四章）…………………………………… 281
附录6　受访者信息（第四章）………………………………… 283

参考文献…………………………………………………………… 285

旅游学研究的对象与路径

| 代总序 |

在人类认识世界、改造世界的历史长河中，知识积累与创新起到了最为关键的作用。在知识领域，理论研究主要展现为"概念导向"和"实践导向"两种模式，人们常说的"问题导向"本质上属于后者。"概念导向"在西方思想界中有着悠久的历史，柏拉图通过"理念王国"的建构开创了理论研究遵循"概念导向"的先河。柏拉图的"理念王国"主要是通过概念或者概念之间的演绎、归纳、推理建构起来的。柏拉图在《理想国》里曾说过："在一个有许多不同的多种多样性事物的情况里，我们都假设了一个单一的'相'或'型'，同时给了它们同一的名称。"（柏拉图.理想国 [M] 谢善元，译.上海：译文出版社，2016）在柏拉图看来，世上万事万物尽管形态各异，但只不过是对理念的摹仿和分有，只有理念才是本质。只有认识了理念才能把握流变的现象世界，理念王国的知识对于现象世界的人具有决定性意义。因而，只有关于理念的知识才是真正的知识，是永恒的、完美的"理智活物"，才最值得求。在这里，理念的意义完全来自逻辑的规定性，即不同概念之间的相互关系，而与任何感性对象无关。虽然柏拉图的"理念"并不完全等同于"概念"，但二者

都被视为是对事物的一般性本质特征的把握，是从感性事物的共同特点中抽象、概括出来的。在某种意义上，理念在柏拉图那里实际是通过概括现实事物的共性而得出的概念。柏拉图的概念化的王国，打造了形而上学的原型，并形成为绵延两千多年的哲学传统。

"概念导向"与"实践导向"有着显著的差别。首先，"概念导向"关注的是形而上学的对象性，"实践导向"关注的是现实活动的、交互主体性的对象性。也就是说，"概念导向"关注的是抽象的客体，而"实践导向"则是以在一定境遇中生成的具有交互主体性的"事物、现实、感性"为研究对象，遵循的是"一切将成"的生活世界观，所以其基本主张就是突破主、客体二元对立。"事物、现实、感性"即对象，是人和对象活动在一定的境遇中生成的，具有能动性，事物、现实和感性不应是单纯静观认识的、被表象的、受动的、形式的客体存在，而是人和对象共同参与的存在。在共同参与之中，人与对象在本质力量上相互设定、相互创造。其次，"概念导向"习惯于抽象化思考，"实践导向"习惯于现象化思考，即"概念导向"习惯于在认识活动中运用判断、推理等形式，对客观现实进行间接的、概括的反映。或者抛开偶然的、具体的、繁杂的、零散的事物的表象，或人们感觉到或想象到的事物，在感觉所看不到的地方去抽取事物的本质和共性。或者运用逻辑演算与公理系统等"去情境化"、"去过程化"地抽取事物的本质和共性为思考方式，研究出充满形式化的结果。"实践导向"以"事物总是历史具体的"为理念，特别强调思想、观念应回到现实的人和现实世界的真实生成之中，回到实践本身，认为思想、观念应"从现实的前提出发，它一刻也不离开这种前提"。强调思想、观念应回到实践本身，"就其自身显示自身"、存在的"澄明""被遮蔽状态的敞开"。再次，"概念导向"偏重于静态化理解对象,"实践导向"偏重于动态化理解对象。由于偏重静态论的理解,所以"概念导向"容易机械的、标签式框定研究对象,僵化地评判对象,将本来运动变化着的客体对象静止化,将丰富多彩的对象客体简单化,从而得出悲观性的结论。"实践导向"在研究中偏重于"存在者的本质规定不能靠列举关乎实事的'是什么'来进行"的理解方式,把对象置于历史性的生成过程之中动态化地去认识,认为问题是一种可能性的筹划,是向未来的展开,它的本质总是体现为动态性质的"有待去是",而不是现成的存在者。

我非常强调实践导向的研究,主张研究的一切问题要来自于实践,要由实践出真知,而且知道"概念导向"存在着诸多不足。但是,在旅游学研究中,我一直在苦苦探索着几个核心问题,这些问题的解决却有赖于概念的突破。

旅游学研究中,我苦恼的问题如下所述:

第一个问题:旅游学能否成为一门独立的学科?

从哲学高度看,特别是以科学哲学的评判标准看,旅游学具备成为一门独立学科的条件。其标准有三:其一,旅游学要有自己独立的研究对象;其二,旅游学与心理学、经济学、社会学、管理学、人类学和地理学等紧密相关的学科边界要清晰,不能简单地采用拿来主义,而是要有明确的联系与区别;其三,旅游学要有自己独立的方法论。

在旅游学要有自己独立的研究对象这一根本问题上,我还是有着自己独到的见解。经过对已有各种观点的回顾、提炼与研讨,目前我的旅游学观点确定为:旅游学是关于现实的旅游者出于某种需求所进行的短暂的旅行、游憩或休闲度假等不同形式所表征的各种旅游活动"相"及由此所产生的与旅游相关的各种社会经济相互关系及其运动发展的科学。这里的旅游学研究的出发点是"现实的旅游者",是活生生的现实的旅游者,不是抽象化的旅游者;这里的旅游学研究包括三个层次的要素研究:①旅游活动要素;②与旅游相关的各种社会、经济关系(结构)要素;③由旅游活动所产生的各种相关社会、经济关系所形成的旅游发展的(问题)要素。旅游学研究的核心是旅游活动要素与旅游相关的社会、经济关系要素,研究的最终目的是发展。之所以把旅游学研究对象界定为"现实的旅游者",是因为强调"现实的旅游者"不是他们自己或别人想象中的那种虚拟的、抽象的旅游者,不是实验中的旅游者,不是网络调查中的旅游者,而是活生生的有生命个体的现实的旅游者。这一理念来源于恩格斯。恩格斯说:历史学是关于现实的人及其历史发展的科学,恩格斯的这一著名论断同样适合于旅游学研究对象的确定。旅游学研究中,这些个人的现实的旅游者的行为主体是处于旅游过程中的,是在一定的前提和条件下可以能动地表现自己的现实的旅游者。倘若在实验研究中,为研究对象设定一个模拟旅游过程中的场景,问他们如果进行旅游,会选择何种价位的酒店?哪种交通工具?出游几天等?虚拟的旅游者或许容易根据自己的偏好直接选择,但没有考虑到时间、金钱和环境条件的约束,因此,选择这类型的被试作为研究对象,其有效性远不如选择现实的正在旅游过程中的旅游者来得科学且真实有效。

在旅游学与心理学、经济学、社会学、管理学、人类学和地理学等紧密相关的学科边界问题上,学界普遍倾向于强调综合研究或交叉研究,大多是拿来主义,只有心理学、经济学、社会学、管理学、人类学和地理学等学科对旅游学研究有贡献,旅游学还没有反哺能力,这也是为什么旅游学不被人们认可为独立学科的主要原因。这方面需要做的工作还很多。

在旅游学要有自己独立的研究方法论这一问题上,旅游学目前基本没有，大多采用哲学和一般社会科学的研究方法论，不过这里需要多啰嗦一句，我这里所说的方法论是指研究方法的方法，而不是由于语境差异在英文中的 Methodology 所表达的方法、方法论之区分不清晰。

第二个问题：旅游学的学科属性？

这是讨论最多、疑问最多，也是最难以确定的一个核心问题。在这里，我权且把它确定为自然科学、社会科学和人文科学的交叉学科。

之所以说权且，是由于我目前给不了准确的说法。这里权且采用国际顶尖的旅游学期刊《旅游研究纪事》的前任主编贾法尔·贾法里和约翰·特赖布的观点。影响比较大的理论观点有贾法里的"旅游学科之轮"模型和特赖布的"旅游知识体系"模型。其中，"旅游知识体系"模型提出于2015年，模型比较新且较为全面，由此将有关旅游学学科属性的理解基于该模型。在"旅游知识体系"模型中将整个旅游知识的核心分为四大类，即社会科学、商业研究、人文艺术和自然科学。其中，社会科学包括经济学、地理学、社会学、人类学、心理学、政治科学、法学等；商业研究包括市场营销、财务管理、人力资源管理、服务管理、目的地规划等；人文与艺术包括哲学、历史学、语言学、文学、传播学、设计以及音乐、舞蹈、绘画、建筑等艺术门类；自然科学包括医学、生物学、工程学、物理学、化学等。在我看来，按照国内常用的学科三分法的方法可以将上述四大类归纳为三类，即社会科学、人文科学和自然科学，其中社会科学包含上面的社会科学与商业研究（商业研究其实就是国内的管理学），人文科学包含人文与艺术。旅游学学科属性界定之难就难在很复杂，具有交叉学科的性质，但处于核心地位的是社会科学，自然科学和人文科学领域的旅游研究也方兴未艾。

第三个问题：旅游学的研究路径？

国内外学界普遍倾向于定性研究与定量研究，我觉得旅游学还有一个很大的问题没有解决，那就是概念研究，这也是我为什么一直强调要进行概念导向的研究。有人把概念导向的研究并入定性研究，在旅游学领域，我认为必须要有单独的概念研究。因为旅游学迄今为止还缺乏专门指向旅游现象的专有名词，现有的旅游概念大多是指向某种实物或特定现象的指向性的对象物名词，例如，旅游现象、旅游需要、旅游地、旅游体验、旅游愉悦、旅游期望、旅游流、旅游效应、旅游容量……，无须一一列举，目前的所有名词中，只要删掉"旅游"两字，就没有人知道这个名词与旅游学有何相关，不如经济学中的"垄断"、"竞争"等名词。因此，我一直强调需要有概念导向的研究，以期获得旅游学研究"专有名词"的新突破。

在研究路径上，毫无疑问，旅游学的研究路径必定不是单一的而是多元的，这其中主要的三条路径为定性研究、定量研究，以及通过概念导向的研究，以期获得新概念的概念研究。

旅游学中的定性研究是指对旅游现象的质的分析和研究，通过对旅游现象发展过程及其特征的深入分析，对旅游现象进行历史的、详细的考察，解释旅游现象的本质和变化发展的规律。旅游学中的定量研究是指在数学方法的基础上，研究旅游现象的数量特征、数量关系和数量变化，预测旅游现象的发展趋势。

旅游学中的概念研究是一个非常传统但在旅游学确是新的研究路径，它是指一种建立在对旅游现象的某些特征的抽象化的研究，它是对概念本身进行研究，研究内容包含两个部分，即重新解释现有概念和形成新的概念。这里要注意区分概念和概念研究，任何研究路径都是有概念的，概念是任何研究的起始阶段，但概念研究的不同之处就在于它的研究对象是概念本身，且对概念的分析主要是基于研究者的抽象化研究。概念的分析、研究与创新是哲学研究的主要手段，社会科学领域相对较少。旅游学要想形成自己独立的研究体系，拥有属于旅游学自身的独特概念必不可少，旅游学中的概念研究应当得到学界的重视。概念研究路径可以依赖于诠释学的理论范式，也可以如马克斯·韦伯的"理想类型"方法。

第四个问题：旅游学研究的理论范式？

由于旅游学的交叉学科属性以及研究路径的多样性使得研究者们会有这样的困惑——到底哪种方法论或范式才是旅游学研究应该遵循的？旅游学研究有统一的方法吗？要想回答这些问题，有必要从科学哲学和理论范式这两个角度进行探讨。

研究的两种基本出发点——自然主义与反自然主义。

任何研究都是建立在某种基本观念之上的，这种基本观念表达了研究者对研究及研究对象的某种信念。在对知识与研究的总体性的看法上，存在两种相互对立的哲学——自然主义与反自然主义。

对于自然主义，可以从本体论、认识论和方法论这三个方面进行说明。在本体论上，自然主义认为凡是存在的都是自然的，不存在超自然的实体，实在的事物都是由自然的存在所组成的，事物或人的性质是由自然存在体的性质所决定的；在认识论上自然主义坚持经验主义取向，人们只能通过经验来认识所要认识的对象，无论这一对象是自然的还是社会的，经验是人们获取知识的唯一渠道；在方法论上自然主义主张世界可以用自然科学的方法加以解释，社会科学方法与自然科学方法具有连续性，两者没有本质差别。

自然主义的合理性在于：第一，自然主义没有抛弃形而上学使其超越了实在论与反实在论之争，在本体论层面满足了各门学科特别是人文社会科学对本体论的要求;第二,自然主义肯定了研究的基本诉求是追求科学性和客观性;第三,自然主义为知识的基本诉求提供了方法论支持。自然主义的局限性在于:对于人文社会科学,自然主义忽视了作为研究对象的人的行为以及社会的复杂性,要求人文社会科学像自然科学那样发展也使人文社会科学失去了独立性。人文社会科学如果一味地采用自然主义观,那么人类世界的丰富性与多样性将消失殆尽,对人类世界的研究也将难以深入。

对于自然科学来说,持自然主义的世界观是天经地义的,但对于人文社会科学,自然主义就并不具有这种天生的合理性,因此反自然主义主要源于人们对人文社会科学特殊性的探讨。反自然主义作为自然主义的对立面有以下观点:其一,在本体论上,否认社会具有普遍和客观的本质,严格区分自然现象和社会现象,认为两者具有根本上的不同;其二,在认识论和方法论上一般主张以意义对抗规律、以人文理解对抗科学解释,形成反自然主义的理解的认识论和方法论。反自然主义的合理性在于它植根于人文社会科学相对于自然科学的特殊性,其关于人文社会科学的一些主张具有合理性。这些主张突破了自然主义对社会现象的简单化处理,体现了人文社会科学的独立性与独特性。具体来说就是阐释了社会科学研究对象的复杂性,突破了自然主义对社会现象的简单化处理,揭示了社会科学的一条特别路径,即社会科学的目的不是寻找规律而是追求不同个体之间的可理解性。

如果仅仅从自然主义与反自然主义的角度看,旅游学研究是应该既包含自然主义又包含反自然主义的。在如何解决旅游学研究这一复杂问题时,我坚持马克思主义的实践观,坚持实践导向研究,关于这一点在下文中阐述。

旅游研究的三大理论范式——实证主义、诠释学、批判理论。

旅游学中实证主义理论范式的观点为：其一，对象上的自然主义；其二，科学知识和方法论上的科学主义；其三，科学基础上的经验主义和价值中立。

历史主义—诠释学理论范式的主要观点为：其一，社会世界与自然世界完全不同，社会的研究对象不能脱离个人的主观意识而独立存在；其二，与实证主义理论范式的社会唯实论和方法论整体主义倾向相比，诠释学理论范式一般都倡导社会唯名论和方法论个体主义原则；其三，与实证主义理论范式强调价值中立相比较，诠释学理论范式认同价值介入的观点。

批判理论的主要观点为：其一，批判理论高举批判的旗帜，把批判视为社会理论的宗旨，认为社会理论的主要任务就是否定，而否定的主要手段就是批判；其二，反对实证主义，认为知识不只是对于"外在"于那里的世界的被动反映，而更需要一种积极的建构，强调知识的介入性；其三，常常通过采取把日常生活与更大的社会结构相联系的方法来分析社会现象与社会行为，十分注重理论与实践的统一。

实质上，以上三大理论范式源于两种哲学观，实证主义主要源于自然主义的哲学观，而诠释学和批判理论更多的是反自然主义的。两大哲学观各有其合理性和缺陷。因此，在旅游学研究中，既需要将两者结合起来，也需要三大理论范式的综合运用。

在具体的旅游学研究中，我的基本观点是以"实践导向"为主，尽可能地去梳理"概念导向"的问题，特别强调要以马克思主义实践观为指导，解决旅游学研究的复杂问题。

问题来自于实践。马克思指出，人与世界的关系首先就是实践关系，人只有在实践中才会发生对世界的具体的历史性关系。首先，人只有在实践中才能发现问题。人类实践到哪里，问题就到哪里。自然界的问题，人类社会的问题以及人的认识中的问题，无不建立在人的实践基础之上，都是人在认识世界、改造世界特别是人在处理自己与外在环境关系的实践中发生的，在实践中发现的。人们在物质资料的生产活动中，作用于自然对象，具体感受和发觉各种自然现象之间的因果关系，形成对自然界问题的系统认识，逐步形成自然科学的理论。人们在管理社会，处理人与人之间各种关系的实践中，逐步发现社会生产力的真实作用，进而以此为基础形成各种善恶价值评价和是非真理性理论，不断积累不断思考，逐步建立起来关于社会发展的系统思想和观点的理论。人们在各个时代进行的各种科学研究、科学实验，使人们不断地发现问题，探索问题，认识问题，解决问题，推进人类社会科学技术的进步和知识体系的发展。其次，只有在实践中才能认识问题，只有在实践中才能解决问题。弄清问题来龙去脉，了解问题的产生发展，认识问题的变化规律，理解问题的具体特征，形成关于问题的因果联系，需要通过实践来把握。只有通过实践，才能找到问题解决的妥当办法和途径。在实践中，事物之间各种真实的联系，人与对象之间各种可能的选择及其不同结果才能真实呈现，进而对人们解决问题提供最为有利最为恰当的巧妙的办法与途径。

"实践导向"不能简单地等同于"问题导向"，但却是始于"问题导向"。所谓"问题导向"，就是以已有的经验为基础，在主动求知过程中发现问题。对于旅游学研究而言，不是没有问题，而是问题一箩筐。正是问题一箩筐，旅游学研究者们从各自的学科背景出发，对旅游问题进行了纷繁复杂的解释、论证与纷争。目前的国内学界总体上停留于"公说公有理婆说婆有理"的阶段。对于这种论争，我在研究历史认识论时，提出了可以运用马克思主义的交往实践理论来解决，这一方法论同样适用于旅游学研究。

马克思指出:"人们在生产中不仅仅同自然界发生关系。他们如果不以一定的方式结合起来共同活动和互相交换其活动,便不能进行生产。为了进行生产,人们便发生一定的联系和关系;只有在这些社会联系和社会关系的范围内,才会有他们对自然界的关系,才会有生产。"(《马克思恩格斯全集》第6卷,第486页。)生产实践中除了人与自然的关系,还有人与人的关系,这人与人的关系便是指人与人之间的社会交往活动。毫无疑问,现实的旅游者的任何形式的旅游活动都脱离不了这人与人之间的关系,也就是现实的旅游者与旅游服务提供者之间的人与人之间的关系,也包括现实的旅游者之间的相互关系,正所谓去哪儿玩不重要,和谁玩最重要。在实践过程中,由于实践主体不是抽象的、单一的、同质的,而是"有生命的个体",存在着社会主体的异质性。主体在实践中的异质性,决定了他们在认识过程中的异质性,决定了他们在观察、理解和评价事物时所具有的不同视角和价值取向,主体带入认识过程中的主观成见便源于此。认识主体的异质性和主观成见,在存在社会分工的前提下,是不可能消弭的,主体只能背负着这种成见进入认识过程,旅游学研究主体也不可能超脱这一认识过程的厄运。所以,在社会交往过程中形成的异质主体的主观成见只能在交往实践中得以克服,在交往实践的基础上,主体才能超出其主观片面性进而达到客观性认识。解铃还需系铃人,异质主体的主观成见正是实现认识与对象同一过程的切入口。实现认识与对象的同一过程就是在于异质主体交往的规范性和客体指向性。人们的交往实践要遵循一定的交往规范。交往实践本身造就的交往规范系统约束着主体的交往实践。这些规范对于一定历史条件下的个人来说是既定的、不得不服从的,这种交往实践的规范性保证了认识过程的收敛性。认识的收敛性、有序性是认识超出主观片面性达到客观性的必要前提。在具体的认识过程中，诸异质主体间的交往实践同时是指向主体之外的客体的对象化活动，即使使用语言、调研资料而进行的旅游学研究主体间的交往归根到底仍然是指向旅游学的认识客体，是就某一旅游学问题而展开的。在认识活动过程中，主体总是从各自未自觉的主观成见出发并以为自己认识到的旅游学问题与对方认识到的旅游学问题是相同的，从而推断对方会根据自己的行为针对同一旅游认识客体采取某种相应行为。然而，交往开始时双方行为的不协调迫使主体发现了他人（一个无论在行为上还是观念上抑或是认识结果上都不同于自己的他人），发现他人同时就是发现自我。因为此时主体才能够从他人的角度来看自己及其认识活动，即自我对象化。这样一来，通过发现他人与自我的差异而暴露出自己的先入之见的局限性。如果仅仅停留在暴露偏见还不足以克服偏见，如果交往双方不是为了指向共同的客体而继续交往下去，交往就会在双方各执己见的情境中中止，他们的对象化活动也就中止了。因此，交往实践的客体指向性是保证主体超出自身的主观片面性，从而达到客观性认识的关键。正是交往实践的客体指向性使得交往主体在继续交往中努力从对方的角度去理解客体，并把自己看问题的角度暴露给对方，以求得彼此理解。在理解过程中，个别主体不一定放弃自己的视界，而在经历了不同的视界后，在一个更大的视界中重新把握那个对象，即所谓"视界融合"，从而达到共识。在此共识中，双方各自原有的成见被抛弃了，它们分别作为对客体认识的片面环节被包容在新的视界之中，此时，个别主体通过交往各自超出了原有的主观片面性而获得了客观性认识。从认识论机制看，交往实践为实现旅游学认识的客观性、真理性提供了途径。但在实际的旅游学研究中，的确有许多课题已进行过多次的大讨论，却未能取得一致的认识，人们由此会怀疑交往实践的功用。实质上，只要认识主体不自我封闭，能放下架子，能扬弃原有的看法与认识，能走出书房的象牙塔，能遵循认识规范，能就某一课题深入交往与交流，即使是针锋相对的认识，亦能在求同存异的过程中相互理解取得较一致的认识。的确无法取得较一致认识的，亦能在交往与交流的论争中获得新的认识。舍弃旧见解，在交往的过程中加深认识，最终在历经证实或证伪的过程中获得真理性认识。

在旅游学研究中，我们应当大力提倡各种论争，在实践中不断地通过证实与证伪来获得新的认识。

通过科学与哲学梳理，理论与方法论辩，概念与实践的不同研究导向分析，我们发现，旅游学作为一门学科门类才刚刚起步。目前所能确定的交叉学科属性、三大理论范式的互补性，使得要想全面研究旅游学就应该综合应用各种方法进行研究。于是，本丛书的分析框架确定为："问题——概念、解释、实证"的研究逻辑。换言之，本丛书之中的任何一本书都是从问题出发，力图通过概念、解释和实证来解决旅游学研究实践中所发现的问题。

解决问题是所有旅游科学研究的核心和主要目的，概念研究、定性研究和定量研究是解决问题的三条基本路径。其中，"概念"对应概念研究，其理论范式为诠释学和批判理论；"解释"主要对应定性研究，其理论范式为历史主义—诠释学；"实证"则对应实证研究，其理论范式为实证主义。而超越这一切的研究路径，则是马克思主义的实践观，尤其是交往实践理论，本丛书正是力图在实践研究中出真知。

伍晓奕自中山大学做博士研究伊始，就专注于服务质量研究，结合厦门大学教学科研与企业实践提升，在国家自然科学基金研究资助下结出硕果。本研究响应21世纪服务管理发展趋势，蕴含伍晓奕对内部服务质量十多年的探索，系统梳理了内部服务质量相关理论体系，详细介绍了旅游企业有关内部服务质量的三个实证研究，给出了提升与优化路径与建议。本成果运用了案例研究、扎根理论、网络文本分析、问卷调查等多种研究方法，可为旅游企业提升内部服务质量提供实证依据与建议对策，有助于增强旅游企业的整体运营效率与核心竞争力。

林璧属

2023 年 5 月修订于厦大海韵北区

第一章

内部服务质量的理论溯源

处在 21 世纪瞬息万变的市场竞争环境中，旅游企业如何适应变革发展的趋势，有效提升内部运营效率，是值得业界与学术界深入探讨的问题。内部服务质量（Internal Service Quality）是衡量企业内部运营效率的重要标志，指组织跨部门、跨单元成员之间提供各种支持、帮助的服务水平与效率，并不局限于服务场景中的员工支持（Finn，Baker，Marshall 和 Anderson，1996）。众多国际知名服务企业如美国运通、西南航空公司、UPS、万豪酒店集团等都非常重视内部服务质量的提升。为适应市场环境的变化，近年来我国零售业巨头京东公司建立"内部任务市场"，高科技领袖华为公司成立"内部服务管理部"，专门关注企业内部服务流程与管理效率的优化；著名连锁餐饮企业海底捞早期关注服务差异化，当前也致力于质量导向的内部管理体系建设。许多企业已意识到内部服务质量是保障对客服务质量的关键，对企业提升整体运营效率与核心竞争力具有重要意义。

提升内部服务质量关系到我国政府提出的"全面服务质量战略"方针，是 21 世纪服务管理的发展趋势，有助于增强我国服务企业的管理效益与核心竞争力，打造员工、顾客、组织的多方共赢局面。随着我国经济的飞速发展，产业结构正发生深刻的变化，服务业（第三产业）在国民生产总值（GDP）的占比持续上升，于 2013 年首次超过制造业，成为贡献最大的国民产业。我国政府于 2013 年正式设立"中国质量奖"，成为我国企业在新形势下经营管理的努力方向，该奖项不仅关注卓越的质量绩效结果，而且非常重视企业是否实施以"价值创造过程"和"支持过程"为特点的内部管理模式。当前，我国企事业单位纷纷强调提升内部管理水平，成为研究内部服务质量的一个契机。

内部服务质量管理是全球企业面临的问题，特别对大型服务企业尤为重要，因为在大型企业组织层级更多、分工合作更为复杂，面临更复杂的内部服务管理问题。例如在银行、航空公司、医院等大型服务企业，内部服务审查是非常重要的管理方式，不仅影响企业内部流程运转与对客服务质量，而且关系到企业风险防范与安全问题（Wahyuni-Td 和 Fernando，2016）。然而，在企业实际运营过程中，许多管理人员并没有对内部服务质量予以足够重视，使企业内部员工在进行跨部门、跨团队合作时遇到很多障碍，难以高效地合作完成工作任务（Gondal 和 Shahbaz，2012）。据美国咨询机构 Harris Poll 的调查，2014 年 80% 受访的美国企业员工反映经历过内部服务冲突，而至 2015 年该比例上升至 90%。当前，尽管我国旅游企业已普遍强调管理效率，但在现实的管理实践工作中，内部服务质量意识还没有形成广泛的共识，还大量存在由于流程烦琐、职责不清、互相推诿等组织因素造成的内部服务质量低下问题。这在一定程度上反映了我国现阶段市场经济发展中的企业管理实践的特点与困境。因而，无论是针对我国旅游企业的内部服务质量的定量研究，还是具有典型代表意义的深入质性研究均是亟需的，对推动我国旅游企业内部服务质量领域的管理实践具有重要意义。

本章主要介绍内部服务质量的基础理论与研究进展。西方学术界对内部服务质量的理论基础、造成服务质量差距的原因、维度与计量、影响结果等进行了一系列理论分析和实证研究，我国学术界在该领域的研究起步较晚。本章将系统梳理国内外相关研究成果。

第一节　内部服务质量的起源与基础理论

20世纪80年代，随着市场竞争加剧以及业界对人力资源重视程度的提升，西方学术界提出内部服务质量理念，建议企业的关注视角应从外部顾客拓展到内部顾客（Parasuraman等，1985）。从学术研究角度，产品质量、外部（顾客）服务质量曾一直占据质量研究领域的主流，内部服务质量成为继此之后的又一个研究热点问题。

本研究首先对"内部服务"概念进行界定，指出部门内不同的组织单位或个人为组织内的其他单位或个人提供的支持与帮助（Stauss，1995），具有流程性、关联性和相互依赖的特点（Kang, Jame 和 Alexandris，2002）。组织内部内部服务可以划分为工作流程和部门服务支持两种类型（Stauss，1995）。其中，工作流程层面的内部服务体现在员工在工作程序上的相互协作和支持，部门服务支持层面的内部服务指的是组织内不同群体之间的支持与帮助，主要体现在一线员工和二线员工之间、一线员工与管理人员之间、管理人员和二线员工之间以及高层决策部门与下属分支部门之间。

内部服务质量概念有狭义与广义之分。狭义概念以帕若斯曼等（Parasuraman等，1985）的界定为代表，反映了在服务传递过程中，各流程之间、一线客服部门与支持部门之间的服务传递水平与效率，典型情况如餐厅的点菜员与厨师之间的合作。广义概念以费恩等（Finn等，1996）为代表，即把内部服务质量界定为组织对内部成员、组织各个部门、各个单元之间提供各种支持和帮助的服务水平与效率，而并不局限于服务场景中的员工互相支持。其典型情况如组织内的人力资源服务、技术服务、咨询服务等。本研究更支持广义概念，认为内部服务质量如果仅从对客服务流程角度进行界定过于片面，因为内部服务广泛存在于企业内的不同场景。有形的内部服务包括资源与工作支持、员工福利、技术支持等，无形的内部服务包括界定员工工作权限、搭建内部沟通与合作渠道、建立工作流程与制度等多种形式。

服务质量无论对宏观的国民经济发展和转型，还是微观的市场消费者都具有重要的意义。内部服务质量是服务质量的重要组成部分，该理念倡导企业通过高质量的"内部产品"满足内部顾客即企业员工的需求与期望，以提高外部服务质量，并最终实现企业的整体运营质量和效益的提升（Koska，1992；Wang，2011）。旅游企业的员工既要为外部顾客提供服务，也要为组织内的其他同事提供内部服务。组织内部的各个部门、工作团队、员工需要通力合作、共同配合，才能共同完成为顾客提供优质服务的目标（Finn等，1996）。以酒店餐厅为例，厨师需要为侍应生的工作提供支持，侍应生同样要为厨师的工作提供支持，此外人力资源部等后台部门需要为一线部门提供工作支持。服务企业的每一位员工既可能是内部服务提供者，也可能是内部顾客，他们的角色通常在不同的工作情景与工作任务中转换（Bouranta，Chitiris 和 Paravantis，2009）。

内部服务质量的重要性在于其对外部服务质量的"溢出"效应。如果员工之间都能为彼此提供优质的内部服务，就会形成一个良性循环的机制与传递链条，促使一线员工为顾客提供优质服务。不少学者指出内部服务质量是外部服务质量的前提要素。如果内部服务提供者出现差错，就难以避免对服务传递过程造成影响,进而影响到对外部顾客的服务质量(Bouranta,Chitiris 和 Paravantis,2009)。例如,如果银行的技术部门不能为柜台服务人员提供计算机信息支持,柜台服务人员就难以为顾客提供快速、高效的服务。

一、理论基础:内部营销与全面服务质量

在理论基础方面,文献梳理的结果表明内部服务质量研究的发展主要受到以下两方面思想的推动:

(一)内部营销思想

内部营销(Internal Marketing)思想引发了内部服务质量观念的产生,建立了以企业内部顾客的需求和期望为核心的战略指导思想。内部营销概念最初由美国教授贝利(Berry,1976)在研究服务企业的服务质量问题时提出。他认为应该把传统的"顾客满意"营销理念延伸到组织内部,即企业要把员工当做内部顾客,进行内部营销工作,从而提升内部顾客满意感。在此之后,学者们逐渐把"内部营销"思想运用于企业内部管理活动中,开始对内部营销的起源、概念范畴、理论框架及在企业管理活动中的应用进行了大量的理论和实证研究。在日趋激烈的市场竞争环境下,内部营销逐渐发展为一种具有激励意义的企业管理哲学,其最终目的在于通过员工之间、部门之间、员工与组织之间的互动与合作,从而实现组织的战略性发展目标。企业开始从传统的仅重视外部营销战略,逐渐转向同时重视内部营销战略,以此达到提升企业内部效率,最终提升顾客满意感和组织绩效的目的。

早期研究认为内部营销就是通过创造一种优良的环境来满足员工的需求,进而吸引、开发、激励和保留能够胜任的员工,以

实现企业的管理目标（Berry 和 Parasuraman，1992）。当前，学术界更为认同内部营销是从关注一线员工需求出发，发展为有效地管理服务价值链和内部关系的工具（Gounaris，2006）。学者们指出内部顾客的满意感通常是外部顾客满意感的"折射镜"（Bellou 和 Andronikides，2008）。企业存在纵横交错的内部服务传递链条，既存在于横向的工作流程中，也存在于纵向的管理链条中，这是由不同部门、团队、职务的员工互相配合完成的。内部顾客包括企业的每位员工，但在内部服务链条中，员工扮演的角色是多重的、经常转换的，既可能在某些工作中是"内部顾客"，也可能随时扮演"内部服务提供者"。内部顾客与内部服务提供者之间的焦点，不仅为了提高内部顾客的满意感，更重要的是双方在工作权限、效率、控制、自主性等方面的协调与配合（Auty 和 Long，1999）。根据相互关系的不同，内部顾客可以分为三类：一是职级型顾客，其由组织内部的职务和权利演变而来，例如企业倡导"上级为下级提供服务"；二是职能型顾客，即职能部门之间存在相互提供服务的关系，例如企业广泛存在的行政后勤部门为前台部门提供服务；三是工序型顾客，即产品或服务的业务流程存在内部服务关系，例如上一道工序的员工为下一道工序的员工提供服务。因而，企业的管理决策应充分考虑内部顾客的期望与要求，制定针对性的内部营销战略与策略。内部营销强调员工激励应与企业的目标相一致，既要把员工当作顾客去激励并提升其满意感，又要把员工当作企业内部、拥有同一目标的合作成员，去培养其市场导向的工作意识，实现高效的工作业绩。

1. 内部营销理论的发展与基本思想

内部营销理论经历了三个相互独立而又紧密联系的发展阶段，即员工激励和员工满意阶段、顾客导向阶段、战略执行与变革管理阶段（Rafiq 和 Ahmed，2013）。

内部营销研究的第一阶段始于20世纪70年代末。针对当时美国服务业的兴起,学者们在市场营销概念的基础上,提出了内部顾客、内部产品与内部营销等概念,认为内部营销是激发员工工作满意的重要工具(Berry等,1976)等。实事求是地看,顾客满意并非一个新的主张,但是内部营销理念较早提出要把内部顾客放到与外部顾客同等的地位,提升内部顾客的满意感。在该阶段,学者们主张通过实施内部营销,管理好一线服务人员,从而解决外部顾客对服务与产品满意程度不高的问题。学者们提出将"工作"视为"产品","员工"视为"内部顾客","产品"的设计应当满足"内部顾客"的需求,满足内部顾客需求是提供优质内部服务的前提。当企业把员工看作自己的家人,设身处地为员工着想,员工就会产生互惠的想法,反过来回报组织。但该阶段学者们主要将员工视为个体对待,在一定程度上夸大了员工满意感的作用,或者说没有将员工满意与组织绩效有效地结合起来。

内部营销研究的第二阶段始于20世纪80年代,该时期的主要研究学者来源于营销北欧学派。该阶段的研究强调内部营销应强化顾客导向,企业通过类营销手段执行并整合组织资源来激励员工,加强企业内不同部门的协作配合,有助于提升对外部顾客的服务水平、共同完成组织目标。特别是一线员工是组织边界跨越者,扮演提供对客服务与接收组织内部服务的双重角色,其是否具有顾客导向应该得到更多关注。内部营销能帮助企业在全体员工思想中植入顾客至上的理念,通过部门间的协调配合来使外部营销获得成功(Grönroos,1982)。戈梅森(Gummerson,1991)认为企业内部每个员工均是"兼职营销员"。一方面,内部服务者需通过信息收集来满足内部顾客的需求,以提高内部服务质量,从而使部门间形成良性的供求关系;另一方面,内部营销理念可以促使企业中的每位成员都了解其工作对外部市场的影响，更清晰地辨识市场机会，做出快速反应与决策，即成功的外部营销离不开每位员工的协同努力。从内部供应链角度，如果每个部门的员工、管理人员都具有顾客与市场导向，就能为供应链上的内部顾客、外部顾客提供高品质的服务。

第三阶段的研究自20世纪90年代开始，学术界开始强调内部营销具有促进企业战略执行与战略变革的重要作用。内部营销的作用不止于理顺企业内各部门的关系，更重要的是其能够调动组织力量和共同情感，以实现组织的战略目标与变革效率。内部营销不仅可以使所有员工和部门具备以顾客为导向的理念，而且可以克服组织中员工对变革的抵触情绪，达到整合、激励、协调内部资源的作用，从而提高组织战略与变革执行的效率（Ahmed和Rafiq，2003）。内部营销涉及企业全方位的管理过程，能更好地应对外部不断变化的动态环境，因而应用内部营销思想的企业能更好地进行知识传递与共享，进行有效的战略协同，提高其应对变化的能力。

纵观近四十年来，内部营销理论的发展反映了一个基本的认识：企业仅重视外部的市场营销工作是不够的，还必须重视内部营销，把每位内部顾客与组织紧密联系起来，建立员工和企业之间的利益共同点，促进员工个人绩效与组织绩效的共同增长。越来越多的中国企业也已经认识到组织发展过程，实际上是人和人的关系管理的过程。在帮助企业获取长期竞争优势方面，内部营销是企业的内在动力源泉。

2. 内部营销与外部营销之间的联系与区别

尽管内部营销是在外部营销思想的基础上发展起来的，而且学者们普遍认为企业应该把内部顾客当作外部顾客一样重视，但是内部营销与外部营销的营销对象——内部顾客与外部顾客还是存在以下显著差异（伍晓奕和董坤，2012）。首先，顾客选择权不同。外部顾客具有选择服务提供商、终止劣质服务的主动权,但内部顾客选择支持余地较小,通常只能接受组织安排的内部服务。因而,用来评价外部顾客满意感的部分指标,例如重复购买意向,并不适用于内部顾客。其次,需求不同。外部顾客较难通过信息搜寻和短暂体验形成对服务的全面评判,因而通常比较注重服务气氛、实时性、可靠性、服务绩效、价值和服务传递效率,以及服务环境等"有形证据";而内部顾客由于长期在组织内工作,掌握着丰富的企业信息,因而通常更重视组织的质量导向氛围与支持,如资源、责任权限、沟通水平、决策自主性与激励。最后,两者的期望不同。与外部顾客相比,内部顾客较少受社会规范影响而产生不切实际的期望,因而内部顾客对服务质量的期望通常低于外部顾客。由此可见,内部顾客在选择权、需求、期望等方面,与外部顾客有较大差异。特别是需求的研究是内部营销理论的重要组成部分,内部顾客需求研究也应该在营销基本理论的核心思想指导下,识别内部顾客的独特需求,并对其独特需求进行营销管理。

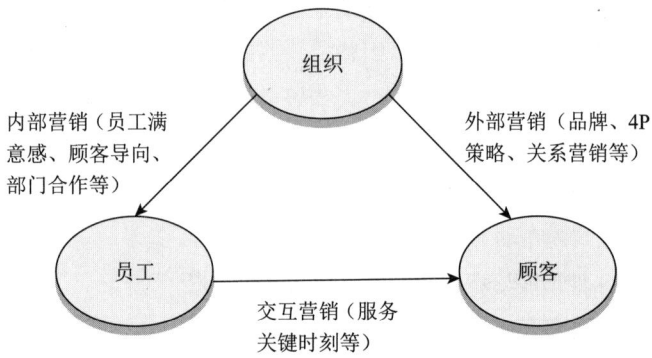

图1-1 外部营销、内部营销、交互营销之间的关系

资料来源:阿姆德和拉菲克(Ahmed 和 Rafiq,2013),第8页

图 1-1 清晰描述了如何依据组织与内部顾客、外部顾客之间的关联，辨识内部营销与外部营销、交互营销之间的关系。组织与外部顾客之间构成一种外部的营销关系，该关系重视品牌、4P 策略、关系营销等重要问题。其中，关系营销强调企业在营销活动中要识别、建立、维护和巩固关系，与顾客及其他利益相关者之间建立长期的、相互信任的互惠关系。与此对应，组织与内部顾客之间构成一种内部营销关系，该关系重视员工的积极性与满意感、员工的顾客导向，以及跨部门跨职能之间的协调合作。而组织内部顾客与外部顾客之间存在交互营销（Interactive Marketing）的关系，也就是每位员工都应该成为超级销售员，他们之间如何交往会极大地影响内部顾客为外部顾客提供的服务或产品。交互式营销是服务行业的一线员工对顾客需求做出即时反应所必须的，不仅为企业提供了一个营销机会，而且对于顾客满意感与再次购买意向具有重要影响（Grönroos，1990）。由此可见，内部营销与外部营销、交互营销之间存在相互联系与依存的关系。

内部营销与外部营销是两个相互联系、彼此对应的概念。内部营销提倡将外部营销的基本思想运用于服务企业的内部顾客、满足内部顾客需求的营销活动中。两者在营销基本思想、营销管理过程的运用上，存在一定相似处。例如，内部营销遵循市场营销基本理论的核心思想，其营销活动源于对内部顾客的需求分析，针对内部顾客的独特需求，制定并实施能满足内部顾客需求的营销管理策略，从而达到内部营销的目的。内部营销也同样重视内部顾客需求的价值创造、价值传递、价值实现的过程管理。内部营销理论也认同，企业应该避免盲目追求内部顾客需求的过度满足，而应根据企业的实力，有针对性地、灵活地使用营销策略，满足不同内部顾客的需求。

两者的不同之处在于，内部营销强调员工激励应与企业的目标相一致，既要把员工当作顾客去激励并提高其满意感，又要把员工当作企业的、拥有同一目标团队的合作成员，去培养其市场导向的工作意识，实现高效的工作业绩（Ahmed 和 Rafiq，2013）。内部营销强调管理人员和员工的营销关系不再是简单的供应者和消费者的关系，而是互动、合作的关系。在内部营销过程中，企业内部存在更多交错关联、长期互动的关系，例如企业必须重视员工与员工、员工与上级管理人员、员工与其他部门的员工、部门管理人员之间的内部营销活动，才能实现组织职能部门内部、组织职能部门之间的协调，从而实现内部营销的最终目标。

（二）全面质量管理思想

全面质量管理（Total Quality Management，TQM）思想把内部服务质量纳入全面质量管理体系中，使质量管理理念跨越生产质量与外部服务质量的范畴，开始应用到针对组织和员工的内部管理过程中。全面质量管理于20世纪五六十年代最早提出，强调企业各部门在研制、维持和提升质量的活动中应构成一个有机体系。自20世纪六七十年代起，全面质量管理在美国和日本的企业中得到普遍倡导与实践，成为质量管理领域的重要思想和技术。全面质量管理战略着重于组织总体绩效的提升，执行该战略的三个基本原则是客户导向、持续改进、员工参与和团队合作（Evans 和 Lindsay，1996），上述原则不仅适用于外部顾客，而且适用于内部员工。费恩等（Finn 等，1996）指出内部服务质量不仅是全面服务质量战略中不可或缺的要素，也是影响全面服务质量战略能否落实的重要因素。奎艾（Kuei，1999）进一步指出应把内部服务质量通过横向与纵向两条管理链条嵌入全面服务质量管理战略（如图 1-2 所示）。横向链条表现为企业应提升内部服务基础设施，同时把内部服务质量融入服务传递系统中；纵向链条表现为内部服务质量在融入全面质量管理战略后，对企业整体绩效产生重要影响。综上所述，全面质量管理思想推动了学术界与实践领域对内部服务质量的重视，也使得质量管理思想更深入地融合到组织内部管理工作中。

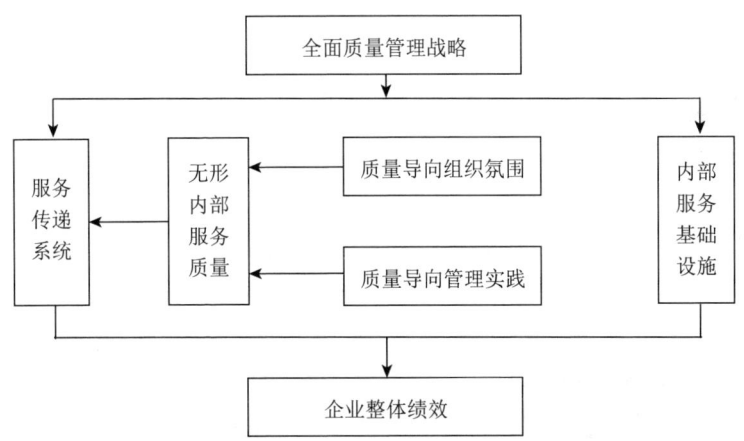

图 1-2　全面质量管理战略中的内部服务质量嵌入模型

资料来源：根据奎艾（Kuei，1999）的文献

在全面质量管理思想的基础之上，赫斯科特和施莱辛格（Heskett 和 Schlesinger，1994）提出服务利润链模型（图 1-3），能够较好地解释内部服务质量的影响与作用。该理论认为组织为员工提供高质量的支持，为他们创造积极的内部服务体验，可以提高员工满意感和忠诚度，促进员工为顾客创造更多的服务价值，进而提高外部顾客的满意感和忠诚度，增加企业的盈利能力，形成组织内部价值链条的良性循环。该模型将内部顾客、外部顾客以及企业绩效有机地结合起来，系统地解释了组织的运营

战略与内部服务传递体系、顾客感知价值、组织绩效之间的关系。该模型有助于管理人员准确认识不同管理阶段的价值驱动因素，在长期导向和过程导向的战略指导下，进一步明确内部服务与外部服务之间的关系途径。

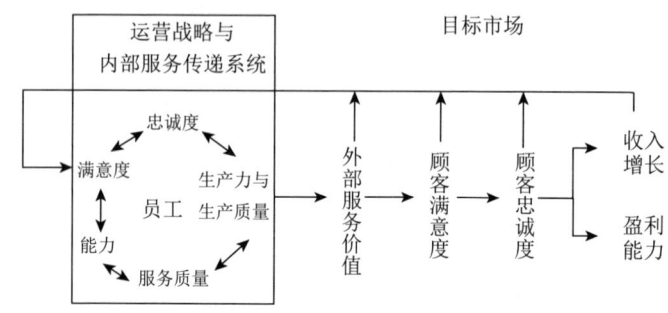

图1-3　服务利润链模型

资料来源：赫斯科特和施莱辛格（Heskett 和 Schlesinger, 1994）

服务利润链模型集服务营销、人力资源管理以及服务操作管理等研究内容于一体。该模型揭示了只有组织了解员工需求并满足员工需求，员工才可能对组织和工作产生满意感。满意的员工更可能在对客服务过程中主动提供优质服务，提高顾客满意感，从而最终实现顾客价值、员工价值以及企业价值协同增长的目标。不少学者通过实证研究，验证了服务利润链中的价值传递过程，表明内部营销在组织内部扮演一个重要的战略角色，对内部服务质量、外部服务质量以及组织绩效具有重要影响。例如，拉提夫和波尔持（Latif 和 Baloch, 2015）对银行职员进行调查，发现内部营销能增强员工的组织归属感，减轻他们的角色压力，进而提升内部服务质量。我国学者徐文洪（2009）对通信企业的调查表明组织针对内部顾客进行的服务创新行为，如有效的管理措施、良好的工作环境、人际关系等，能显著影响内部顾客的满意感，同时有助于企业整合内部资源。也就是说，内部营销的效果对外部营销与对客服务质量具有重要的"溢出效应"（Spillover Effect）。对内部营销有效管理的管理人员会形成整个组织对外部顾客的示范效应（Bellou 和 Andronikidis，2008）。

总体而言，内部服务质量概念在兴起之初，受到内部营销与全面服务质量思想的重要影响。从这个角度出发，内部服务质量融合了服务营销与质量管理的思想，在发展过程中又逐步融入组织行为与人力资源管理思想，目前正在形成一个跨学科领域、实践与理论结合的综合体系。

二、内部服务质量差距的产生及原因

服务质量差距是质量领域研究的一个重要观点与思路。简而言之，服务质量经常会出现难以满足或偏离原定计划、需求与期望的情况，进而造成服务质量差距。无论内部服务，还是外部服务，由于均具有无形性、生产与消费难以分离、多变性以及不可存储等服务的本质特征（Grönroos，1990），因而在服务传递过程中均难以避免质量差距的产生。

由于学术界较早对外部服务质量进行研究，内部服务质量差距研究是在外部服务质量差距模型的基础上发展起来的。外部服务质量差距模型由帕拉若曼等（Parasuraman 等，1985）提出，该模型以期望不确定理论（Expectancy Disconfirmation Theory）为基础，认为顾客感知的服务质量由服务期望与实际感受的比较而决定。该模型为分析内部服务质量差距提供了基本框架。弗劳斯特和库玛（Frost 和 Kumar，2001）在此基础上，设计内部服务质量差距模型，解释内部服务质量产生差距的过程。他们指出，与外部顾客类似，内部顾客同样拥有对组织内部服务水平的期望，当然也拥有对内部服务实际水平的判断。因而，内部服务在提供与传递的链条中，同样存在着多处"期望—实绩"的差距。

具体而言，内部服务质量的多处差距如图1-4所示（Frost和Kumar，2001），差距1主要衡量员工期望与实际感知的内部服务质量差异，这反映了员工个人角度产生感知差距的过程；差距2主要衡量企业制定的服务质量规范与实际提供的内部服务之间的差距，这是形成内部服务绩效差距的主要原因。这种差距在大型服务性企业例如酒店、零售业、航空公司等普遍存在，因为"内部服务提供者"未必能完全遵照企业内部服务质量标准进行服务传递；差距3主要衡量企业对员工感知期望与员工实际期望之间的差距，因为企业各个"内部服务提供者"未必能有效感知"内部顾客"的真实期望。

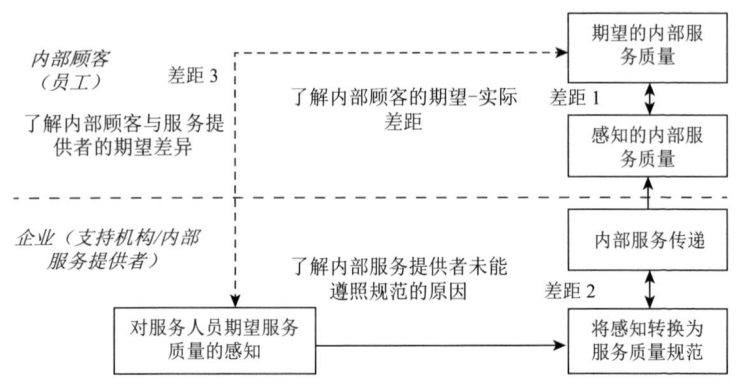

图 1-4　内部服务质量的传递差距模型

注：根据弗劳斯特和库玛（Frost和Kumar，2001，p373）修订

遗憾的是，弗劳斯特和库玛（Frost和Kumar，2001）只是引入内部服务质量差距模型，并没有对各项差距产生的本质原因进行更深入的探讨。依据其他相关文献的观点，笔者总结造成内

部服务质量各项差距的原因除了员工个人因素（例如由于个人需求与工作经历，每位员工对内部服务质量水平有不同的期望与感受），更多情况下源于动态的组织环境。企业存在纵横交错的内部服务传递链条，既存在于横向的工作流程中，也存在于纵向的管理链条中，这是由不同部门、团队、职务的员工互相配合完成的。在这个过程中，员工扮演的角色是多重的、经常转换的，既可能在某些工作中是"内部顾客"，也可能随时扮演"内部服务提供者"。

与外部服务关注的重点有所差异，内部服务提供者为内部顾客提供服务，不仅为了提高内部顾客的满意感，更重要的是双方能够在工作权限、效率、控制、自主性等方面取得协调与配合（Auty 和 Long，1999）。因而，众多组织因素，例如组织制度与流程、服务氛围、企业价值观、内部服务提供者拥有的资源都可能影响企业提供内部服务的意愿与实际能力，进而使内部服务质量传递过程中产生差距（Boshoff 和 Mels，1995；Auty 和 Long，1999）。

在实证研究方面，学术界对产生内部服务质量差距的原因，即影响内部服务质量或质量差距的前因变量研究得较少。奎艾（Kuei，1999）通过对美国服务企业的调查，发现组织的质量导向氛围、问题解决能力、考虑员工需求、激励员工信心对内部服务质量具有显著的正向影响，能有效缩减服务质量差距。艾诺斯克和艾德（Anosike 和 Eid，2011）对美国银行业营销和客户服务中心的经理人员进行调查，发现如果企业能够建立内部顾客导向的价值观，加强部门之间的联系与沟通，给予员工和支持部门相应的授权，就能有效地提高组织整体的内部服务质量，使其更好地满足员工的期望，减少内部服务质量差距。

综上所述，由于内部顾客与内部服务提供者双方在感知以及内部服务实际提供/消费过程中均存在"期望—实绩"问题，因而造成内部服务传递链条中产生质量差距。本质上讲，内部服务质量差距模型反映了组织内部不同单元在权限、知识、内部服务能力与服务意识等方面的局限与差异。企业减少内部服务质量差距的过程往往也是提升整体内部服务质量的过程。文献梳理的结果表明，解决该问题的关键不是单纯地缩小各处差距，而是通过组织内部管理水平的提升，尽量在满足内部顾客合理期望与需求的同时，提升整个内部服务链条的效率与水平。但是很显然，学术界无论在理论还是实证研究方面，对影响内部服务质量差距或内部服务质量的原因都关注较少。

第二节　内部服务质量的计量方法与维度构成

现有的内部服务质量计量是在外部服务质量计量的基础上发展起来的，但前者在计量方法与维度构成方面能否直接借鉴后者的研究成果还存在一些争议。表1-1列示了内部服务质量计量的相关实证研究，下文进行详述。

表 1-1 内部服务质量的计量方法与维度构成

研究人员	样本	计量方法	维度构成
Reynoso 和 Moores（1995）	美国医院员工	直接法	修订 SERVQUAL（包括有形证据、可靠、反应性、保证性、移情、竞争力、礼貌、沟通、可获得性、注意细节十个维度）
Hallowell 等（1996）	美国保险公司员工	直接法	全新维度（包括沟通、团队合作、有效的培训、管理支持、服务设施、目标一致、制度程序、奖励与认可八个维度）
Brooks 等（1999）	英国电信业销售部门员工	差距法	修订 SERVQUAL（包括有形证据、可靠、反应性、保证性、移情、礼貌、沟通、预应式决策、注意细节和领导十个维度）
Farner 等（2001）	美国食品批发公司销售部员工	直接法	修订 SERVQUAL（包括可靠与反应性两个维度）
Frost 和 Kumar（2001）	澳大利亚航空公司员工	差距法	完全采用 SERVQUAL（包括有形证据、可靠、反应性、保证性、移情五个维度）
Wildes（2007）	美国食品零售业员工	直接法	完全采用 SERVQUAL（包括有形证据、可靠、反应性、保证性、移情五个维度）
Bellou 和 Andronikidis（2008）	希腊银行业员工	直接法	修订 SERVQUAL（包括可靠、反应性、竞争力、沟通、理解、礼貌、可获取性七个维度）
黄培伦等（2008）	中国电信公司员工	直接法	全新维度（实体环境质量、交互质量和结果质量三个维度）
Bouranta 等（2009）	希腊餐饮业侍应生	直接法	修订 SERVQUAL（包括有形证据、可靠、保证性、移情、安全、专业化、关怀七个维度）

续表

研究人员	样本	计量方法	维度构成
Large 和 König（2009）	德国消费品生产公司采购部员工	差距法	修订 SERVQUAL（包括可靠、反应性、保证性、移情四个维度）
Brandon-Jones 和 Silvestro（2010）	英国接受信息工程部支持的企业员工	直接法/差距法	全新维度（包括包括专业化、过程、培训、具体化、内容、有效性六个维度）
Jun 和 Cai（2010）	美国高校接受采购部服务的员工	直接法	修订 SERVQUAL（包括有形证据、可靠、顾客关系、申请过程、沟通、服务改进六个维度）
崔哲浩（2010）	中国饭店行业员工	直接法	修订 SERVQUAL（包括有形证据、可靠、反应性、团队合作、裁量权知觉、评价和奖励、职责明确性、人岗匹配八个维度）
伍晓奕、董坤、凌茜（2016）	中国饭店行业员工	直接法	修订 SERVQUAL 量表，从流程型内部服务质量和后台型内部服务质量两个角度进行计量

资料来源：笔者根据文献研究进行整理

一、内部服务质量的计量方法

学术界对于内部服务质量计量方法的争议在于：对于外部服务质量的差距法与直接法两种计量方法，哪种方法更适于计量内部服务质量。在外部服务质量研究领域，学术界一直存在两种经典的计量方法：一是美国学派从服务期望与服务绩效差距角度提出外部服务质量的差距计量法（Parasuraman 等，1985）；二是北欧学派提出外部服务质量的直接计量法（Nordic 模型），建议直接从顾客感知的角度计量服务质量（Grönroos，1984，2007）。

在此基础上，一些学者主要通过差距法计量内部服务质量，对员工期望的内部服务质量期望与实绩的差距进行计量（Large和König，2009）。还有不少学者通过直接法计量内部服务质量，直接测评员工所感知到的内部服务质量的实绩（Hallowell等，1996；Bouranta等，2009；伍晓奕等，2016）。

通过文献梳理，如表1-1所示，起源于外部服务质量的两种计量方法都能应用于内部服务质量的计量。但是，相对于差距法，学术界较多采用直接法计量内部服务质量。学术界鲜见对两种计量方法的适用性进行比较分析。仅有部分学者进行实证研究，其结果表明两种计量方法的信度和效度非常接近，但各具优势（Brandon-Jones和Silvestro，2010）：直接法的预测有效性更高，通常能保障更高的问卷回收率；差距法具备对问题诊断分析的更高价值，能更好地判断员工到底在内部服务期望与实际感知之间存在什么样的差异。总体而言，由于直接法比较简单易行、减少了问卷的复杂性，多数学者在进行内部服务质量研究时会采用这种方法。此外，当学者们不以探索内部服务质量的维度构成为主要目的，而是主要探讨内部服务质量与其他变量关系时，也会主要考虑直接计量法。

二、内部服务质量的维度构成

内部服务质量维度构成的争议在于：外部服务质量的经典量表SERVQUAL模型（五维度）是否能直接引入内部服务质量。帕若斯曼等（Parasuraman等，1985）以银行、信用卡证券经纪、产品维修四类服务性企业为研究对象提出了服务质量领域的经典计量工具——SERVQUAL量表，该量表由22个题目构成，从有形证据、可靠、反应性、保证性、移情五个维度对外部服务质量进行计量。他们认为对 22 个题目做适当调整即可适用于内部服务质量的测评，能够界定大型服务公司内部服务质量的重要构成。这种方法为计量内部服务质量提供了基本的分析框架和理论指导（Yang 和 Coates，2010）。

部分学者完全引入 SERVQUAL 模型，在一定程度上证实了该模型由外部服务质量计量转换到内部服务质量计量的可操作性。但是，还有不少学者质疑能否直接采用外部服务质量维度来计量内部服务质量（Farner 等，2001；Brandon-Jones 和 Silvestro，2010）。他们认为 SERVQUAL 五维度模型不一定能全面代表内部服务质量的主体内容，因为内部顾客与外部顾客存在以下显著差异：

一是顾客选择权不同。外部顾客具有选择服务提供商、终止劣质服务的主动权，但内部顾客选择余地较小，通常只能接受组织安排的内部服务。此外，适用于外部顾客满意感评价的部分指标（例如重复购买意向）并不适用于内部顾客（Gremler，Bitner 和 Evans，1994；Farner 等，2001）。

二是质量评估的关注点不同。外部顾客较难通过信息搜寻和短暂体验建立对服务质量的全面评判，因而通常比较注重气氛、实时性、可靠性、服务绩效、价值和服务传递的效率，以及服务环境等"有形证据"；而内部顾客由于在组织内长期工作，掌握丰富的企业信息，因而他们通常更重视组织质量导向氛围（Kuei，1999）与提供内部服务的能力，例如资源、责任权限、沟通水平、决策自主性与激励（Paraskevas，2001；马鹏和张威，2008）。

三是期望不同。与外部顾客相比，内部顾客较少因社会规范影响而产生不切实际的期望（Brandon-Jones 和 Silvestro，2010），因而内部顾客对服务质量的期望通常低于外部顾客（Large 和

König，2009）。

基于上述观点，内部服务质量的维度构成呈现多样化的结果。通过文献梳理，现有的实证研究还不能对内部服务质量的具体维度构成与维度数目形成一致结论，但普遍支持内部服务质量是一个多维度的概念，应该从多个角度进行计量。如表1-1所示，内部服务质量的维度构成表现为以下三种情况：一是与外部服务质量SERVQUAL模型的五个维度构成完全相同（Wildes，2007）；二是基于外部服务质量模型的修订版，即删改或增加了一些特别的维度（Brooks等，1999；Large和König，2009）；三是表现为与外部服务质量维度截然不同的全新维度构成（黄培伦等，2008）。综合看来，SERVQUAL模型计量服务质量的思路在内部服务质量的应用还是比较普遍的，但是多数学者还是采用第二种情况，即在该模型五维度构成的基础上，设计内部服务质量的维度构成，并进行实证检验。

总之，笔者认为由于内部顾客与外部顾客存在显著差异，因而内部服务质量不能完全照搬外部服务质量的维度构成。但是，外部服务质量哪些维度构成同样可以计量内部服务质量还未形成学术界的共识，以及修正后SERVQUAL模型或全新模型在计量内部服务质量的信度和效度方面还有待进一步验证（Cook和Thompson，2000；Kang等，2002）。此外，不同行业、不同场景的内部服务质量在计量维度上存在差异，因而学术界需要考虑内部服务质量量表的情境适用性问题。现有文献表明，国内外学者研究内部服务质量的对象各有侧重，有的是从某个单项内部服务角度进行的，例如采购、技术支持等内部服务（Brandon-Jones和Silvestro，2010；Jun和Cai，2010），有的是从整体的人力资源或内部支持系统角度展开的（Bellou和Andronikidis，2008；黄培伦等，2008）。不同行业、部门的内部顾客对内部服务质量的要求不同（Brooks等，1999），导致内部服务质量的维度构成及其因子权重肯定有所差异。基于上述原因，适应不同行业、不同场景的内部服务质量的具体维度构成还有待进一步探索。

第三节 内部服务质量的影响结果

学者们主要依据服务利润链理论（Heskett等，1994，1997），对内部服务质量的影响结果进行探索与检验。服务利润链建立了"企业—员工—顾客"的链式关系，其核心思想是外部服务价值的创造来自于忠诚、有生产效率的内部员工，依赖于内部员工的忠诚度和满意度，而员工满意与否主要取决于组织是否提供了高质量的内部服务。根据该理论，管理人员高度重视一线员工的需要，提供良好的工作环境和工作支持，可以增强员工的工作满意感和忠诚感，提高他们的劳动生产率和服务质量，进而影响企业的盈利能力与绩效（Heskett等，1997）。下文具体论述内部服务质量对员工、外部服务质量、企业绩效这三个方面的影响。

一、内部服务质量对员工的激励作用

无论是上述服务营销领域的服务利润链理论，还是组织行为学领域的一些经典激励理论（例如社会性支持理论、社会交换理论等），普遍揭示了管理领域的一个典型现象，即组织提供优质的内部服务质量，包括建立良好的制度、流程、管理水平、工具、团队工作氛围、目标、合作、培训与奖励等有形与无形的条件，就能有效地激励员工。企业重视内部顾客，可以激励他们采用创新的思路与方法，投入更多的时间与精力解决工作中的问题（Vandermerwe 和 Gilbert，1989）。

国内外学者的相关实证研究也支持内部服务质量对员工具有重要的激励作用。例如，豪勒韦等（Hallowell 等，1996）对美国两家保险公司进行调研，发现内部服务质量对员工满意度存在显著的正向影响。拜勒和安卓凯斯（Bellou 和 Andronikides，2008）对希腊银行业员工进行实证调查，发现内部服务质量对员工角色内行为、角色外行为、亲社会行为与合作行为具有正向影响，有利于加强员工、部门之间的合作，提升员工工作绩效。我国学者黄培伦等（2008）对电信公司的 238 名员工进行调查，发现内部服务质量通过员工信任感间接影响员工满意感、归属感和忠诚感等内部关系质量维度。由此可见，内部服务质量对员工个人的影响是毋庸置疑的，能够有效地促进员工在工作场所产生积极的工作态度、工作行为与绩效。

二、内部服务质量对外部质量的影响

依据服务利润链理论，内部服务质量能激励服务人员为顾客提供优质服务，对外部服务具有重要的"溢出效应"，进而提升组织的竞争优势。内部服务质量不只是对外部服务质量的简单折射，它还通过调节内部员工的工作角色来影响外部服务质量（Yoon 等，2001）。对内部顾客有效管理的管理人员也会形成整个组织对外部顾客的示范效应（Bellou 和 Andronikidis，2008）。

尽管学术界已普遍认同服务利润链思想，但是检验内部服务质量的对外"溢出效应"，包括内部服务质量对外部顾客满意感、外部服务质量影响的实证研究非常有限（Hallowell 等，1996；Lings，2004）。在现有文献中，笔者仅发现两个直接检验内部与外部服务质量关系的实证研究。法恩等（Farner 等，2001）对美国大型食品批发企业的销售人员进行调查，发现内部服务质量与外部服务质量之间存在复杂关系。他们仅用可靠与反应性两个维度计量内部服务质量，发现这两个维度之间是正相关的，却对外部服务质量分别存在正向与负向影响。该研究表明内部服务质量与外部服务质量之间可能并非简单的正向关联。包若特等（Bouranta 等，2009）对希腊餐饮业侍应生调查，发现总体内部服务质量对总体外部服务质量产生正向影响，但发现仅有内部服务质量的部分维度（可靠、安全与关怀）对外部服务质量的部分维度（保证性、移情与组织形象）存在正向影响，进一步表明两者关系的复杂性。

可见，学术界关于内部服务质量和外部服务质量关系主要局限于总体的理论概述。但实质上，两者之间的关联是复杂的，可能并非是简单的正向关系，特别是关于它们所包含的各维度间的相互影响还未得出一致结论，也未得到广泛的实证检验。

三、内部服务质量对企业绩效的作用

服务性组织的活力与服务产品及其传递过程尤为相关。根据服务利润链理论，企业的运营战略与内部服务系统会影响外部服务价值，最终影响企业的竞争能力。内部服务质量有利于企业提升服务导向文化（McDermott 和 Emerson，1991），促进全面质量绩效，帮助企业节约成本、增加收入（Kuei，1999），最终有助于提升企业的经济效益（Davis，1991）。与此相反，差强人意的内部服务如果得不到改善，会危及组织的生存，影响其运作效率与市场竞争力（Azzolini 和 Lingle，1993）。

在实证研究领域，现有的少量研究也表明内部服务质量对企业绩效的积极影响。卡若那和皮特（Caruana 和 Pitt，1997）对英国 131 个大型服务企业的调查发现，内部服务质量对企业整体绩效水平具有显著的正向影响。萨拉尼等（Zailani 等，2006）对马来西亚酒店业的调查结果表明，内部服务质量对企业的资本回报率、销售增长等经济效益具有显著的正向影响。一项对我国台湾涉外酒店的实证调查表明，内部服务质量不仅对企业的整体绩效有显著的直接影响，而且通过员工工作满意感间接影响企业绩效（Wang，2011）。在该研究中，企业绩效不仅包括经济增长与盈利能力方面的经济绩效，也包括管理创新与技术创新的非经济绩效。由此可见，内部服务质量对企业整体绩效的影响是全面、深入的，既会产生直接的经济效益，也可能通过提升管理效益产生间接影响。

综上所述，学术界从理论与实证角度，发现内部服务质量会对内部顾客、外部顾客、组织产生多个层次的积极影响。针对各个层次的影响不是断裂的，而是会形成一种不断传递、循环的链条。然而，尽管学术界的研究结果表明内部服务质量的影响效应总体上是积极的，但是涵盖整个服务利润链的研究还比较少见（Loveman，1998；Silvestro 和 Cross，2000；Bouranta 等，2009），同时内部服务质量哪些维度对结果变量产生更重要的影响还未形成共识。

第四节　内部服务质量的研究概述

近二十年来，西方学术界在内部服务质量的理论构建和实证研究方面取得了一定的成果，特别是在内部服务质量的理论基础、结构组成与计量方法、影响结果等方面取得基本的共识，但是在内部服务质量形成机制领域还有不少问题悬而未决，笔者认为未来研究有待在以下问题进行深入的探索：

一是在研究主题方面，国内外学术界比较重视外部服务质量，对内部服务质量的关注不足，极少关注内部服务质量形成机制问题。无论是理论探索，还是实证研究，学术界对于影响内部服务质量或质量差距的研究都非常有限，造成了组织经营管理过程中尚缺少明确的、可操作性的方案来提升内部服务质量、减少服务质量差距，难以使组织提供的内部服务更好满足员工的期望与需求（Anosike 和 Eid，2011）。现有西方学术界少量的研究揭示了一些可能影响内部服务质量的组织与个人因素，但还没有形成一个系统的框架。

二是在研究内容方面，中外学术界很少考虑过变革情境下旅游企业如何提升内部服务质量问题。现有的内部服务质量研究基本是在西方文化背景下完成的，主要关注企业日常经营环境下的内部服务管理问题，例如提出企业内部营销导向、员工角色压力会影响内部服务质量（Latif 和 Baloch，2015），我国学术界少量的内部服务质量研究也是遵循西方研究思路。服务企业变革是势不可挡的趋势，本研究认为应把组织变革与内部服务质量关联起来，才能更好地确定适应我国旅游企业变革情境下内部服务质量的形成要素与机制。

无论是理论探索，还是实证研究，学术界对于影响内部服务质量或质量差距的研究都非常有限，造成了组织经营管理过程中缺少明确的、可操作性的方案来提升内部服务质量、减少服务质量差距，难以使组织提供的内部服务更好满足员工的期望与需求（Anosike 和 Eid，2011）。学术界普遍认同提出内部服务质量文化构建方案（Reynoso 与 Mores，1995）应包括多方面的举措，例如建立内部服务意识、明确内部关系、确定内部顾客的期望、加强内部顾客与内部服务提供者之间的沟通、动态地满足内部顾客期望、调查内部顾客的满意感等基本步骤。上述步骤为组织提升内部服务质量提供启示，但并未明确哪些因素会对内部服务质量和质量差距造成真实的影响。笔者认为，关注内部服务质量差距产生的原因，其实际意义不在于如何减少员工个人感知的"期望—实绩"差异，而在于如何通过组织内部的制度、流程、氛围、文化等方面的再造与设计，使内部服务在满足内部顾客需求与期望的同时，能更好地促进员工、团队、部门之间的合作与沟通，即提高整体的内部服务质量。因而，在未来的研究中，关于直接影响企业内部服务质量或质量差距的组织因素应给予更多的关注。

学术界应加强涵盖整个服务利润链，特别是在同一个模型中检验内部服务质量激励机制与"溢出效应"的实证研究。当前，内部服务质量与结果变量的关系之间还存在黑箱，主要是内部服务质量与外部服务质量之间存在哪些重要的中介变量尚未明晰。笔者认为学术界在相关研究中，没有充分考虑员工工作态度、行为、能力的中介作用，这可能是内部服务质量与外部服务质量关系不稳定的重要原因之一。

三是在研究角度方面，国内外学者在研究内部服务质量传递过程、内部服务质量形成机制过程中还存在一些片面的做法，具体表现为以下三个方面：一是部分学者出于各自学科的研究目的，仅仅从某个单项内部服务角度对内部服务质量进行研究，例如 IT、采购等单项服务的内部服务质量，不能对整体的内部服务支持系统形成一个清晰的认识（Reynoso 和 Moores，1995；Kang 等，2002）。二是在针对服务企业的内部服务质量研究中，绝大多数研究仅仅对组织一线员工进行调查，缺乏对管理人员、后台支持系统员工的调查，难以形成对整个内部服务传递链条中差距形成原因的系统看法。三是在现有少量探索内部服务质量前因变量的实证研究中，学者们主要从组织层面的因素出发，例如内部营销、质量导向氛围对内部服务质量的影响（Kuei，1999；Anosike 和 Eid，2011），很少从多个角度（例如组织、团队、员工个人等）全面探讨影响内部服务质量的关键因素。

四是在研究方法方面，学术界现有少量关于内部服务质量形成机制的研究主要是理论探讨或定量研究，缺乏定性与定量相结合的混合研究法（Creswell 和 Clark，2011），无法提供内部服务质量形成机制的系统框架。量化研究主要适用于考察已识别变量之间的关系，但对于没有得到清晰界定或者无法用既有理论来推导的现象缺乏识别和解释力，这就需要运用质性研究首先对研究现象进行探索性研究。

总之，针对我国旅游企业的内部服务质量的研究应得到足够重视。我国学术界在该领域的研究与探索刚刚起步。无论是针对旅游企业内部服务质量的定量研究，还是具有典型代表意义的案例研究均是亟需的，对推动内部服务质量领域的理论研究与管理实践具有重要的意义。在接下来的第二章至第四章，本书详细介绍常态下、危机时期、数字经济平台变革情景下旅游企业内部服务质量的三个实证研究。

第五节 旅游企业组织变革的趋势展望

一、组织变革的研究述评

组织变革（Organizational Change）是一个跨学科领域的庞大、复杂问题，学术界关于组织变革的定义众多，本书遵循布察南等（Buchanan 等，2010）的代表性界定，认为组织变革是企业生命的本质，包括新的生产方式、新的组织形态、新的处理程序等，其目的是为有效适应日趋激烈的竞争环境及为顾客提供更好的服务。

现有组织变革的研究主要聚焦在以下方面：①组织变革类型，学者们通常采用两栖式（Ambidexterity）分类法，把变革划分为计划型与非计划型（Porras 和 Silvers，1991），规定型与建设型（Van de Ven 和 Poole，1995），持续型和递增型等。②组织变革内容，现有研究涵盖了组织结构、流程、人员、业务、运营等各个方面。常见的组织变革研究在内容上涉及引入新的领导、新的组织战略、劳动力重新组合、流程重组、工作重新设计、新产品或新服务开发、兼并重组、引入新技术、进入新市场、进入新领域等，可以从个体、群体和组织等三个层次分别提出不同的变革内容（Buchanan 等，2010）。③组织变革的条件。学者们主要从生命周期理论、目标论、辩证论和进化论等主要理论流派探讨变革的原因（Van de Ven 和 Poole，1995）。学术界普遍认同，随着企业自身的不断发展与成长，以及外部环境的动态化、模糊性与不确定性，企业需要进行变革（Feldman 和 Pentland，2003）。④组织变革的过程，近年来学者们开始关注并探讨组织变革内在机制的问题，重点关注变革过程如何发生与演进、组织的变革能力、变革的阶段特征、变革的领导特征等问题（Buchanan 等，2010）。⑤组织变革的影响结果，例如组织变革对生产绩效的影响（汪淼军，张维迎和周黎安，2006）、对企业劳动力的影响等（宁光杰和林子亮，2014）。

随着环境的变化，组织变革从早期关注计划、稳定的变革转为越来越关注高速变化和高度竞争环境下的变革（Biedenbach 和 Soderholm，2008）。组织变革的研究表明，随着竞争环境的快速变化和新兴技术的发展，企业越来越难以采取有计划的稳健变革，而需要在不确定的状态下进行变革。

二、旅游企业的组织变革研究趋势

日新月异的组织变革不仅是从服务设计角度出发的，而是服从于合作创新、持续发展的社会与经济目标，致力于提升消费者个人、家庭、社区的福利（Sangiorgi，2010）。作为典型的服务企业，旅游企业的变革主要包括两个途径，一是由内至外的文化、制度、结构等服务提供者主导的变革角度，二是由外至内的利益相关群体共同合作的服务系统与服务模式创新（Freire 和 Sangiorgi，2010）。服务设计变革包括核心流程、文化、任务、范式这四个不同层次，各类变革必须有机结合，构成一个系统，才能促成服务企业的有效变革（Sangiorgi，2010）。

近年来，国际权威服务管理期刊 *Journal of Service Research* 与 *Journal of Service Management* 连续发文探讨服务管理研究的发展新趋势（Ostrom 等，2015；Rafaeli 等，2017；Singh 等，

2017）。典型代表如奥斯绰等（Ostrom 等，2015）总结了变革情境下服务研究领域的关键主题，包括战略主导主题（服务创新、服务化与服务融合方案、新形势下员工服务与管理模式变革）、服务设计与传递主题（服务网络系统再造、大数据对服务行业的影响）、服务价值创造主体（服务价值共创、服务体验塑造）、服务结果主题（服务绩效测量与优化）、跨领域主题等（服务业全球化竞争合作、科技对服务业的冲击）。菲尔德等（Field 等，2018）总结了新时期服务管理的前沿问题，包括服务供应网络、信息时代顾客数据收集与应用、服务化（Servitization）管理、知识导向的服务系统管理、新形势下顾客与员工行为变化、价值共创、社会环境对服务业可持续发展的影响、共享经济下新服务模式等八大主题。尽管学者们主要从学术研究角度提出服务管理的前沿问题，但这些问题代表了 21 世纪包括旅游企业在内的服务业变革的重要方向。

基于已有研究（Sangiorgi，2010；Field 等，2018；Ostrom 等，2015），本书总结新时期旅游企业变革趋势如图 1-5 所示。笔者认为 21 世纪旅游行业整体上在流程、任务、导向、范式等不同层次展现出了重要变革趋势，代表从微观、中观到宏观的走向。需要指出的是，各个变革趋势并非独立存在，而是形成一个相互联系、相互影响的有机系统。例如，旅游企业引入新技术的同时，往往需要对现有的业务流程与组织结构进行变革（宁光杰，林子亮，2014）。本书无法对所有变革趋势进行详述，故对旅游企业内部变革的关键趋势（管理模式与文化、组织结构变革、服务创新、流程再造、技术变革）进行概述如下。

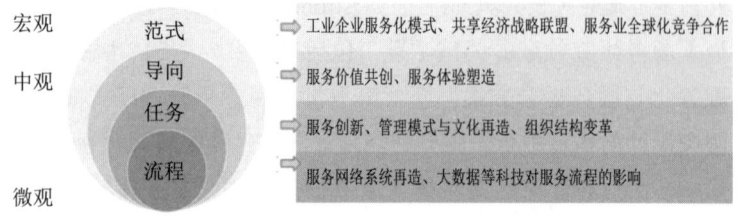

图 1-5　新时期旅游行业变革的主要趋势

注：笔者根据 Sangiorgi（2010）、Ostrom 等（2015）、Field 等（2018）资料汇集总结

管理模式与文化变革。 近年来，旅游企业的管理模式发生了重要的调整，突出表现在管理人员的角色定位、人力资源管理方式、人才价值观导向都发生了重要的改变，集中表现为管理模式上的"去中心化""服务化"的趋势。具体而言，旅游企业管理者的角色发生转变，传统的权威型领导已不适应时代的要求，服务型、变革型、魅力型领导得到更多提倡，重点是领导以身作则，关心员工、有效地指导与激励员工。员工与企业之间由雇佣关系变为联盟关系，这是去中心化的重要表现。以服务企业为例，唯品会等企业纷纷对人力资源管理模式进行变革，促进员工知识迭代、技能升级；华为、腾讯、阿里巴巴等企业先后搭建了企业的"人力资源业务合作伙伴"体系，尽力满足内部顾客的需求（李艾琳，何景熙，2016）；用友建立了人力资源互联网平台交流信息；苏宁强调"以人为本"的管理理念，进行文化变革。上述这些事例虽然反映了企业管理模式与文化变革的不同方面，但归根结底，员工作为重要人力资源和业务合作伙伴的作用已经凸显，所有的管理模式与文化变革基本都围绕着如何更好地"服务"员工、激励员工展开。

组织结构变革。近年来，旅游企业组织结构也发生了重大的转型与变革，传统金字塔式的科层制组织结构被打破，平台正在成为一种普遍的市场或行业组织形式，其主要功能是为不同用户群体创造和交换价值提供界面（Wu 等，2023）。这种转型包括组织内部平台化转型与组织外部平台化转型。组织内部平台化转型主要指企业变成促使员工全面发展的创新创业平台，其中网络化组织、虚拟团队、扁平化组织、自我管理团队等组织形态不断涌现，使得组织的边界越来越模糊。具体而言，网络化改变了组织成员、组织与外界的相互联系方式，虚拟化改变了分工与合作方式，扁平化改变了运作机制与组织结构形态，自我管理团队代表了新型的团队管理方式（Ashkenas 等，2015）。外部平台化是指大型组织打造互利共赢的生态圈，形成产业链的竞争优势，甚至跨界竞争。典型代表如中国互联网企业三巨头 BAT（百度、阿里巴巴、腾讯）都在进行组织的大规模跨界整合；零售业巨头京东于 2017 年下半年进行客户导向的平台架构改革，极力发展虚拟团队、任务管理平台等；苏宁集团于 2013 年开始在集团内部进行大规模的组织架构变革，把原有的矩阵式组织拆成更多小事业部运营，确保新商业生态系统全面形成（梁宇，李朋波，2015）。未来的组织、边界、职能将更加模糊、扩大，人才需求将更加多元，跨界将不再是靠管理驱动，而是以价值为驱动。旅游企业更加趋向于把客户需求分解为工作任务，员工跨越部门界限、在组织范围内自由组队，并以团队身份进行绩效评价与考核。

服务创新。在过去二十年间，无论工业企业，还是服务企业，都面临比任何时代更为强烈的创新压力。服务创新已经成为旅游企业适应市场环境变化、打造竞争优势的重要途径，也是近年来服务管理领域最热门的研究主题（Singh 等，2017）。服务创新不仅包括狭义上企业提供给顾客的服务产品创新，而且还包括广义的服务行业创新（Drejer，2004）。传统的服务创新是以企业为主导的，当前企业界与学术界普遍认识到顾客价值共创的重要意义，强调企业与顾客之间的资源与知识整合，强调企业为顾客提供使用价值（Value-in-use）和体验价值（Value-in-experience）。服务企业进行服务创新的事例不胜枚举，例如中国工商银行设立专门的产品创新管理部，针对五个重要消费者群体未来十年的发展趋势，设计特色服务产品；同程旅游搭建从用户预订到行程结束各个环节一站式的服务体验，实现信息平台的快速响应。可以预测，服务创新在未来也将成为旅游企业创造持续竞争优势的重要来源。

流程再造。学术界自提出流程再造思想至今已有二十余年（Hammer 和 Champy，1993），企业利用流程再造这个重要变革手段的脚步从未停歇。特别是借助互联网等信息通信技术的广泛应用，旅游企业可以在信息平台的基础上重新设计跨越组织边界的业务流程，突破长期以来横亘在企业、消费者及其他利益相关群体之间的高墙，将企业与消费者以及其他合作伙伴有效地连接在一起（胡国栋，王琪，2017）。企业流程的重新设计以流程导向取代职能导向，使得企业内部业务流程和管理流程进一步合理化。企业再造打破传统企业的部门职能界限，进一步推行平台化、流程化的管理模式，从而使企业更加专注于创造更高客户价值的企业流程，打造新型平台化企业管理模式。典型代表如浦发银行业已开始基于大数据、云计算的流程再造，全流程再造产品服务推进数字化转型；中兴通讯、上海电力等企业实施集团财务共享平台的流程再造等（葛巍，杭纯，2017）。

技术变革。随着移动互联经济的不断发展，第三方支付、智能物流、大数据、云计算等信息技术为服务企业的创新与变革提供无限可能性，不仅给传统的劳动力密集型服务企业例如旅游业、物流业造成重要影响，而且很大程度上将改变医疗、教育、咨询等专业服务领域的运作模式（Sangiorgi，2010）。毋庸置疑，科技发展对服务传递、顾客体验、员工—顾客交往方式等造成重要的改变（Ostrom 等，2015）。例如，我国不少酒店与餐饮企业已经开始使用机器服务员为顾客提供服务，极大改变了传统的一线服务人员与顾客的交往方式。麦肯锡的研究报告显示，随着自动化技术的发展，2030 年全球会有多达 8 亿人的工作岗位可能被机器人取代（麦肯锡，2017）。

总体而言，组织变革是跨学科领域的庞大、复杂问题，学术界对企业变革的条件及影响因素、变革内容、变革类型、变革过程和变革结果等进行了大量研究（Armenakis 和 Bedeian，1999；Burnes，2005；谢康，吴瑶，肖静华，廖雪华，2016）。旅游企业的变革与创新是近年来服务管理领域的热点问题，极大改变了旅游企业传统的运营模式、服务内涵、服务传递方式与员工—顾客交往方式（Ostrom 等，2015）。学者们通常对旅游企业变革的某个方面进行深入研究，重点关注某项变革措施对顾客以及企业整体绩效带来的影响，很少将旅游企业变革与内部管理效率问题结合起来。此外，学术界很少在同一研究中系统地探讨多个变革趋势对企业内部运营效率的影响，并进行深入的理论研究与实证探讨。

第二章
高星级酒店内部服务质量的形成机制研究

第一节 研究背景

一、研究背景与研究目的

在激烈变动的市场环境下,酒店业普遍面临巨大的生存压力。如何为顾客提供高水平、个性化的优质服务是维持酒店核心竞争力的关键因素,而内部服务质量则是提升外部服务质量的一个重要前提。

内部服务代表一种内部顾客与服务提供者之间相互支持的内部环境。组织中各部门、业务单元之间存在广泛合作,进行着大量的内部服务接触(Bouranta,Chitiris 和 Paravantis,2009)。每个内部服务接触都包含相互支持的服务功能,内部服务效率最终影响组织的运作效率以及对客服务能力。众多研究表明,向员工提供良好的内部服务是提升内部员工满意感的关键,是优质外部服务的前提与保障(Hallowell,Schlesinger 和 Zornitsky,1996;Longbottom,Mayer 和 Casey,2000),是企业实施全面战略管理的重要组成部分(Akroush,Abu-ElSamen 和 Samawi 等,2013),这有助于企业节约成本、增加收益,提升企业在激烈竞争环境中的商业竞争力(Wang,2011)。

酒店作为典型的服务型企业,优质的内部服务需要依靠内部员工向服务对象传递,服务水平的高低很大程度上取决于内部服务的传递效率。然而,在实践领域,"企业应如何提升内部服务水平"这一问题仍未得到解决,业界尚未总结出较为全面、有效的管理方案。不少员工抱怨在工作中并未真正得到来自酒店、同事的有力支持。探究内部服务传递过程中究竟有哪些症结，存在哪些变量会对组织内部服务质量具有至关重要的影响，或许可为酒店解决此问题提供一定思路。

学术界比较关注内部服务质量的计量（Akroush，Abu-ElSamen 和 Samawi，2013；Voss，Calantone 和 Keller，2005）及其对员工和企业的影响（Brady 和 Cronin，2001；Bellou 和 Andronikidis，2008），对影响内部服务质量因素的研究比较有限。仅有部分中外学者根据问卷调查法检验影响内部服务质量或差距的因素，研究变量较分散，缺乏对该问题的系统性探索。本研究致力于探讨影响内部服务质量的因素及其影响机制，建立一个系统的内部服务质量形成机制的分析框架，帮助酒店业提升内部服务管理成效，最终增强其对客服务质量与企业竞争力。

本研究以高星级酒店为研究对象，通过混合研究的方式，旨在建立一个影响企业内部服务质量因素的系统分析框架，明确何种因素会对高星级酒店内部服务质量产生重要影响。此外，本研究基于已有的内部服务质量差距模型，深化与发展相应的理论，探索影响酒店内部服务质量的机制与路径。具体目的如下：

一是本研究探索影响高星级酒店内部服务质量的因素，尝试建立一个系统的分析框架。不少学者指出，对于内部服务质量前因变量的研究，其意义不亚于对于内部服务质量影响结果的分析，并且对企业管理实践更具有指导意义（Frost 和 Kumar，2001）。然而，现有研究较多关注内部服务质量对结果变量的影响，例如员工满意感、忠诚感、外部服务质量、企业绩效等，却鲜有文献关注影响内部服务质量的前因变量。此外，少量研究主要采用理论论述的方式，或者采用问卷调查法，探讨某个或某几个变量（例如企业文化、培训）对内部服务质量的影响，往往形成的结果是片面的。学术界尚未形成内部服务质量前因变量的系统分析框架（Wu等，2021）。与定量研究相比较，定性研究更适合对探索性、还未明确的研究问题进行分析，通常用于解决"为什么"及"如何"类型的问题。基于上述原因，本研究首先运用质性研究方法，探索影响高星级酒店内部服务质量的因素，尝试建立一个系统分析框架，明确何种因素会影响高星级酒店内部服务质量。

二是本研究基于内部服务质量差距模型，分析前因变量中各因素对内部服务质量的影响路径。无论在内部服务还是外部服务过程中，服务提供主体都是具有思想与情感的人，而非客观工具，因而服务差距的产生总是难以避免的，即出现服务偏离计划或难以满足期望的情况。现有研究具体分析了内外部服务流程之间的差异，在外部服务质量差距模型基础上提出了内部服务质量差距模型（Frost等，2001）。内部服务质量差距模型建构在整个内部服务流程体系基础上，揭示了所有可能产生内部服务差距的场景。学者们尽管提出产生各差距的具体原因并不相同，但并未就其具体原因进行深入探讨（Frost和Kumar，2001）。本研究具体解释差距模型中各个差距产生的原因，同时也对内部服务质量的形成机制进行分析。本研究揭示了各差距产生的具体原因，有助于企业缩小服务流程中各阶段的服务差距，提升组织整体内部服务质量。因此，本研究另一研究目的在于运用质性分析结果，尝试解释内部服务过程中各段差距产生的具体原因，分析各因素对内部服务质量的影响机制路径，补充完善内部服务质量模型。

三是本研究探索酒店内部服务质量形成的基本路径。目前学术界极少探讨内部服务质量的形成机制，特别是各前因变量影响内部服务质量的过程存在黑箱，很少得到关注。本研究探讨酒店各项因素在影响内部服务质量的过程中，究竟存在哪些路径与边界条件，不仅能丰富旅游业内部服务质量的相关研究成果，而且为旅游企业提升内部服务质量提供途径。

本研究主要内容分为以下两部分：首先，通过小组访谈法向酒店基层员工收集调研信息，运用扎根理论方法归纳总结影响内部服务质量的因素，建立一个系统框架，拓展现有的内部服务质量差距模型；其次，通过问卷法，比较各关键变量对员工内部服务质量的影响，明确潜在的中介机制与调节关系，探索内部服务质量的形成机制与路径。扎根理论研究目的在于尝试建立内部服务质量前因变量的系统分析框架。但在实践中，企业难以面面俱到，对所有影响内部服务质量的因素进行干预。由此，更实际的情况则需要进一步通过定量研究，明确究竟哪些变量会对酒店内部服务质量具有更重要影响，进而提高内部管理成效。

二、研究意义

（一）理论意义

本研究的理论意义主要体现在以下三个方面：

一是建立影响酒店内部服务质量因素的系统分析框架。中外学术界有关内部服务质量前因变量的研究较少，成果较为分散且尚未发现对该问题的系统性成果。基于此，本研究首次采用质性研究方法，运用扎根理论全面探索影响内部服务质量的核心因素，有助于完善对内部服务质量前因变量的研究，为后续研究提供系统的分析架构。

二是深化与发展内部服务质量差距模型。本研究首次尝试对内部服务过程中各差距产生的原因进行全面具体分析，解释各前因变量对内部服务质量的影响机制。前人学者在外部服务质量差距模型基础上提出了内部服务质量差距模型。尽管学界普遍认为产生各个差距的原因不尽相同，但尚未发现有学者就其原因进行深入分析。建立在质性研究分析结果基础上，本研究首次尝试对具体产生各差距的原因进行全面分析，以期丰富有关内部服务质量差距模型的相关研究。

三是从一线部门与后台部门两个角度，探讨影响内部服务质量的因素。内部服务质量是服务提供者与服务对象双方互动产生的结果，并且服务双方角色在组织不同服务场景下可以相互转化，探究影响内部服务质量的因素需要了解服务双方的看法。现有研究主要从单一视角（服务对象或服务提供者）探讨影响内部服务质量的因素，研究结论有失全面。本研究首次从一线部门与后台部门两个角度，更加全面探讨影响内部服务质量的因素，同时对比分析服务双方观点的不同之处，研究结论更具针对性。

（二）实践意义

本研究的实践意义主要体现在以下两个方面：

一是提升企业对内部服务的全面理解，为酒店提高内部服务水平提供建议。顾客的满意感与忠诚度在很大程度上取决于企业内部员工（Bai，Brewer 和 Sammons 等，2006）。我国酒店在经营管理过程中，却往往忽视内部顾客（员工）的重要性。酒店需要综合平衡内部顾客与外部顾客之间的关系，最终实现企业、员工及外部顾客的多方共赢。本研究系统总结影响内部服务质量的因素，为企业采取更加全面的干预措施提升内部服务水平提供实践方案。

二是揭示影响内部服务水平的关键变量和具体路径，为酒店明确管理重点提供理论借鉴。鉴于成本与资源的限制，酒店通常无法采取所有可能性措施，而需要结合具体情况采取更有针对性的措施来提升企业的内部服务水平。如何提高内部管理成效，成为酒店管理过程中亟需解决的问题。解决此问题的关键在于真正了解组织员工看重的影响因素，这样才能更有针对性地提高员工内部服务的意愿与能力，改善酒店整体内部管理状况，提高内部服务水平。而本研究在全面探究影响内部服务水平因素以及形成机制的基础上，揭示其中的关键变量所在，能够为酒店业今后明确管理重点、提高管理成效提供一定理论指导。

第二节　研究述评

对旅游企业而言，内部服务是优质对客服务的前提条件之一。内部服务的核心目标在于"吸引、发展、激励及留住合格的企业员工"（Berry 和 Parasuraman，1992），管理人员在强调员工向外部顾客传递优质服务的同时，需要向员工提供满意的工作。组织行为学相关研究已证实内部顾客的重要性，提倡组织在内部运营管理体系中将员工视为内部顾客，重视并关注他们（Schneider 和 Bowen，1985）。

学者认为组织仅意识到内部顾客的存在是不充分的，还需要识别内部顾客的需要与期望（Chung，1993），并在组织管理过程中关注内部顾客的需求并加以满足。早期的研究表明，组织内部服务过程是一项系统工程，包括唤醒内部服务意识、识别内部顾客与服务提供者、识别内部顾客期望及与服务提供者沟通、传递内部服务、获取反馈提高内部服务等一系列步骤（Reynoso 和 Moores，1995）。内部服务过程贯穿整个组织管理过程，在识别需求、传递服务等系列管理过程中，受到多方面因素如个人、同事、组织等方面的影响（Longbottom，Mayer 和 Casey，2000）。学者们从理论和实证角度对该问题进行了一系列讨论。

早期研究主要从理论角度探讨了影响内部服务质量或差距的因素。例如，质量管理大师戴明指出具有关系营销、参与式管理、员工授权和团队合作特征的组织环境有助于优化内部服务质量（伍晓奕和董坤，2012）。部分学者认为组织与政策缺陷、缺乏关注会限制内部服务提供者向同事提供高水平的内部服务（Schneider，1980）。还有学者指出团队合作、人岗匹配度、技术工作匹配度、感知到的控制、上级控制系统、角色冲突及角色模糊这七个因素会造成内部服务质量差距，但遗憾的是并未进行更深入的检验（Zeithaml，1990）。

还有一些学者从实证研究角度，基于不同研究视角，对影响内部服务质量或质量差距的因素进行初步探讨。这些学者主要采用问卷调研方法，对部分影响内部服务质量的变量进行检验。例如，针对一家大型保险公司销售人员的问卷调查研究发现，角色冲突、角色模糊、决策参与等通过员工的组织承诺这一中介变量对企业内部服务质量产生影响（Boshoff 等，1995）。组织环境及氛围是造成质量差距产生的重要因素，尤其是部门与组织之间的冲突问题对内部服务质量具有重要影响，包括组织权力斗争、缺乏沟通两方面冲突内容（Auty 等，1998）。另一项调查美国服务企业采购部门的内部服务接受者的研究发现，组织质量导向氛围是决定内部服务质量的关键因素之一（Kuei，1999）。同时，提高问题解决能力、激励员工信心、考虑员工需求均对提高组织内部服务质量具有显著作用。针对美国银行的调查发现，在企业内部建立顾客导向价值观、加强部门之间的沟通、减少跨部门之间的冲突、向员工充分授权有助于提高组织整体内部服务质量（Anosike 等，2011）。埃克莱时等（Akroush 等，2013）从激励角度出发，通过对美国星级酒店餐厅员工的调研发现，开展系列内部营销活动（包括员工招聘、内部沟通、员工培训等方面）能有效激励企业内部员工，提高他们的内部服务水平（Akroush, Abu-ElSamen 和 Samawi，2013）。中国台湾学者陈（Chen, 2013）以国际旅游酒店的内部顾客为调研对象，认为酒店员工间的相互支持与合作是提升内部服务水平的关键因素。我国学者马鹏和张威（2008）对酒店行业进行调查，发现组织氛围通过公平、人际关系、支持和员工身份认同等因素影响内部服务质量。

表 2-1　内部服务质量影响因素及差距产生的原因

作者	研究方法	影响因素
Scheneider（1980）	理论研究	组织缺陷、政策、缺乏关注
Zeithaml（1990）	理论研究	团队合作、人岗匹配度、技术工作匹配度、感知到的控制、上级控制系统、角色冲突及角色模糊
Boshoff（1995）	问卷法	角色冲突、角色模糊、决策参与、上级关注
Auty（1998）	问卷法	组织氛围、组织部门冲突
Kuei（1999）	问卷法	感知到的氛围、员工需求考虑、员工信心激励
Anosike（2011）	问卷法	顾客导向价值观、沟通、冲突
Akroush 等（2013）	问卷法	内部营销
Chen（2013）	问卷法	内部员工相互支持与合作
马鹏和张威（2008）	问卷法	组织氛围通过公平、人际关系、支持和身份认同产生影响
Wahyuni-TD 和 Fernando（2016）	访谈法	人员因素、管理类型、准时性、市场营销和安全性这五类因素

资料来源：根据相关文献整理

总体而言，学术界比较重视内部服务质量的计量与影响结果研究，但很少关注内部服务质量的前因变量与形成机制，仅有的少量研究如表2-1所示。基于以上总结，笔者认为已有少量研究关注到影响内部服务质量的因素，但仍处于起步阶段，存在以下局限：一是从研究结果上，学者主要关注到组织因素对内部服务质量的影响，特别是组织氛围、领导等因素，但各类因素对内部服务质量的影响没有得到一致的结果，而且很少关注到个人因素与情境因素；二是从研究方法上，以上研究成果多基于问卷法对影响内部服务质量的因素进行验证性分析，缺乏系统性分析结果；三从研究角度方面，学术界通常仅从内部顾客或内部服务提供者单方面收集数据，然而服务涉及服务提供者与服务对象双方，并且双方所扮演角色并不固定且频繁转化，由此必须了解服务双方对影响内部服务水平的原因的看法，才能真正提升内部服务的成效，有效减少组织资源的浪费。

我国学者多在西方学者研究成果基础上，进行内部服务质量理论探讨与实证研究。在实证研究方面，多数学者以不同行业及部门背景，检验西方研究在中国企业文化背景下的适用性问题，包括公共事业单位部门（陈万明和林欣，2008）、IT部门（刘爱梅，李光华和周国华，2008），人力资源部门（金春华和刘宇，2006）等。例如陈万明和林欣（2008）基于我国公共行业部门的研究背景，探讨了内部服务质量对员工工作满意感与忠诚感的影响；黄培伦等（2008）则以我国南方某电信行业为研究背景，系统分析内部服务质量对员工忠诚度的作用。在理论研究上，学者们分析了不同行业的内部服务质量测量维度及差距模型的适用性问题（张威，2007；Brady，2001）。总体看来，我国学者主要关注内部服务质量的影响结果，缺乏对内部服务质量前因变量的研究。

综合学者研究成果，笔者认为目前有关"内部服务质量的影响因素"研究成果非常有限。现有研究多运用问卷调研方法，研究变量提出较分散，尚未形成一定的系统分析框架。本研究第一阶段难以依据现有理论提出研究假设、进行大规模问卷调研，而质性研究适合于缺乏相应成熟理论体系问题的研究，可以通过对现象的归纳总结从而提升与发展理论。由此，本研究认为对内部服务质量前因变量的研究，首先适合采用质性研究的方式。质性研究（也被称作定性研究）是以"研究者本人作为研究工具，采用多种资料收集方法，对社会现象进行整体性研究的一种活动"（陈向明，2000）。主要使用归纳法分析资料和形成理论，通过与研究对象互动对其行为和意义进行建构获得解释性理解的一种活动（陈向明，2000）。

第三节 定性研究（子研究一）的研究方法与数据收集

本研究采用混合研究法（Mixed Study），在第一阶段采用定性研究，在第二阶段采用定量研究。在定性研究阶段（子研究一），笔者运用非结构化小组访谈法收集文本数据，运用扎根理论技术分析访谈文本，探索影响高星级酒店内部服务质量的因素及影响机制。

一、样本选择

2019年3月至4月，笔者在中国东南部旅游胜地厦门的6家五星级酒店进行了12次焦点小组调查。厦门位列国内旅游目的地前三名和中国入境旅游目的地前十（国家文旅局，2019），旅游业是厦门重要的经济支柱产业之一。在规模庞大、分工复杂的服务企业，内部服务质量是更为严峻的问题，因为涉及众多部门和团队的配合问题（Frost和Kumar，2001）。因此，本研究主要关注大型的高星级酒店，随机从厦门市旅游局公布的星级酒店名单中选择8家酒店，其中6家酒店同意参与。调研首先取得酒店高层管理人员的同意与支持，然后在各酒店人力资源部门配合下进行了12次小组座谈。为提高样本代表性、增强研究结果的外部效度，笔者选取产权与经营方式不同的酒店，包括国有企业、国际连锁经营品牌及私有制酒店等多种产权性质。本研究自第6家酒店收集的数据未能揭示新颖的观点，表明已达到理论饱和（Strauss和Corbin，1998），故停止收集数据。酒店概况如下表所示：

表2-2 调研酒店概况

酒店名称	成立时间	客房数	经营所有权
A酒店	1997	490	国有非连锁品牌
B酒店	2006	360	国际连锁经营
C酒店	2012	588	国际连锁经营
D酒店	2004	115	私有制酒店
E酒店	2008	588	私有制酒店
F酒店	1985	154	国有非连锁品牌

二、数据收集过程

本研究采用面对面的小组访谈法（Group Focus Interview）进行数据收集工作，运用半结构化的访谈提纲进行提问，包括预设的开放式问题，以及针对调研对象进行的现场提问。访谈法与其他方法相比具有如下优势：首先访谈法可以获取更加丰富、饱和的资料，能够为建构理论提供充实资料；其次，面对面访谈除了可以听取、记录访谈对象的初始语言之外，还可以通过观察访谈对象的非语言信息如表情、肢体语言等，及时把握调整访谈的内容与重点（王建明和贺爱忠，2011）。焦点小组访谈为收集广泛的观点提供了一个相当有效且成本低的工具（Wilkinson，2008），适用于可以广泛讨论且不涉及敏感信息或争议性的话题（Lazar等，2017）。本研究的主题——内部服务质量发生在工作场所的同事互动中，因此使用焦点小组访谈有助于回忆同事之间的互动，帮助访谈对象激发彼此的意见，并克服个人访谈的潜在缺点（例如访谈对象不愿发言、陷入尴尬）。

为全面了解访谈对象在访谈中语言与非语言信息，更专注访谈全过程，笔者全程主持访谈，四位经过培训的研究生负责现场记录，以及现场观察访谈对象反应、后期语音整理等工作。在正式访谈之前，研究团队就研究主题、访谈技巧、相关注意事项等进行了交流和讨论，以提高访谈效果。同时为提高访谈质量，笔者在大量阅读相关主题文献基础上拟定访谈提纲，并就已拟定访谈提纲进行多次讨论删改以更加符合研究目的（访谈提纲见附录1、2所示）。

在正式访谈之前，笔者首先与酒店人力资源部协商确定访谈具体地时间与地点。同时为提高访谈结果质量，笔者建议访谈对象至少在酒店工作一年以上、对酒店内外部状况比较了解、善于沟通交流的员工参与本次调研。

依据西方学者的建议（Catterall 等，2006），小组访谈一般遵循四个基本原则：一是在时间上，小组访谈时间不宜过长或过短，持续时间较长易使访谈对象产生厌倦情绪，而时间过短则无法充分挖掘访谈对象的观点，一般以 1.5~2 小时最为适宜；二是在人数方面，每小组访谈规模宜控制在 8~10 左右，以 6~8 人最为适宜，人数过多则访谈现场相对难以控制，人数较少则访谈对象难以进行充分思想启发与交流；三是小组内部成员具有某些共性特征（例如都属于酒店基层员工），达到访谈目标的要求；四是要求访谈对象尽量平时较少接触，以减少他们由于过于熟悉而导致观点过于趋同的影响，充分挖掘访谈对象的真实想法。

笔者在每家酒店分别进行两组访谈：第一组为酒店直接对客服务的一线部门员工，包括前厅部、餐饮部、客房部、康乐部等；第二组为酒店后台支持部门员工，包括人力资源部、财务部、工程部、保安部等部门，符合每组受访对象具有某种共性特征的要求。每次小组访谈人数 6~8 人不等，每组访谈持续大约 1.5 小时，符合小组访谈在人数与时间上的一般要求。在访谈对象选择上，笔者要求人力资源部尽量安排酒店不同部门的员工参加小组访谈，使访谈对象代表酒店多样化的员工群体，而且不同部门员工之间彼此熟悉程度相对较低。

本研究一招募了 86 名调研对象，访谈后他们收到了一份答谢礼物。其中，45 名为一线员工、41 名为后台员工，其中 52 人是女性。近四分之三的访谈对象年龄在 22 岁到 30 岁之间，访谈对象平均工龄在 3 年以上。访谈小组编码按访谈先后顺序由第一家酒店第一小组依次编为 A 组至 F 组，其中编号数字则表示第几位访谈对象。本研究按照理论饱和（theoretical saturation）准则确定访谈对象人数，剔除访谈中严重偏题及不符合样本要求的访谈对象。

在正式访谈开始前，笔者首先就本研究目的进行简要说明，并保证访谈结果仅用于学术研究，既不会提供给酒店管理人员，也不会作为员工绩效考核的依据，以减轻访谈对象的心理戒备，使他们能更加真实地表达自己看法。笔者采用逐渐深入聚焦、多角度切入的方式获取访谈对象更加全面深入的回答。为充分挖掘访谈对象个人观点，在正式访谈开始时，访谈者不断鼓励访谈对象自由表达个人看法，不要受其他访谈对象观点的影响。

在正式访谈阶段，笔者基本依照拟定访谈提纲中的问题及相应顺序进行提问，但同时会依据现场情况作适当调整以提高访谈效果。在对一线员工访谈中，笔者首先征求访谈对象对"内部服务"的看法，并向他们解释"内部服务"所包含的内容，以确保访谈对象对研究主题有正确的理解。随后，笔者询问了访谈对象"期望的内部服务所包含的内容及具体的标准与水平"，并对其实际感知情况进行了一定了解，充分了解期望与感知之间的差距。紧接着笔者要求访谈对象回答有关影响内部服务质量因素的相关问题，要求访谈对象详细回忆在内部服务过程中个人与其他同事之间发生的一段愉快或不愉快的经历，了解实际感知到的内部服务与期望之间的差距，并分析造成此种差距的原因是什么。该方法曾被其他学者用于服务管理的相关研究（Yang 和 Coates，2010；Gremler 等，1994），通过了解每个服务接触中差距产生的原因及程序，进而发现引起顾客满意及不满意的原因。最后，笔者要求访谈对象对本酒店总体内部服务水平作出评价。针对后台部门员工的小组访谈内容与一线员工基本相同，在措辞文法上存在稍许差异。

在访谈资料收集方面，除了现场记录之外，笔者在征得受访者同意后，对访谈过程进行录音以便后期进行整理，最终共得到

20万余字的访谈记录。笔者随机选取了6家酒店中的4家酒店访谈记录进行编码分析与模型构建，另外2家酒店访谈记录则用作模型饱和度检验（Kirk 和 Miller，1986）。

结果显示，模型中的范畴已经发展丰富，编码记录并没有发现新的范畴，主范畴内也没有出现新的构成因子。由此可以认为，上述模型在理论上是饱和的，由此停止寻找其他五星级酒店样本继续调查。

三、信度与效度检验

一些学者认为传统定性研究是基于研究者主观判断认识而形成的观点，与定量研究相比，其研究结论的可信度、可靠度及推广意义仍存在一定问题。其中，目前普遍关注较多的是定性研究的信度与效度问题。所谓信度（reliability），简单来说对定量研究而言，通常指所计量结果的稳定性。而作为质性研究的信度，则指的是不同的研究者或同一研究者在不同场合下把事例或情况归入统一同一类属的一致性程度（Hammersley，2013），涉及研究成果在其他时间是否能够复制加以运用的问题。所谓效度（validity），在定量研究中指研究测量值与实际值之间的差异。在质性研究中，所谓效度即研究人员阐述再现的社会现象对现实反映的真实程度。下面就本研究的信度与效度问题加以说明。

（一）信度评估

在信度评估上，本研究从方法的运用上来评估其可靠度，即程序信度（Procedural Reliability），可以从材料收集与材料分析两方面入手（Kirk 和 Miller，1986）。

在材料收集的程序信度上，本研究采取了如下三种方式增加访谈材料的信度。第一，确保调研对象以同样的方式来理解所提的问题。在访谈过程中，笔者首先就访谈主题"内部服务"这一关键概念进行提问，并向调研对象解释该概念的具体内涵，确保调研对象正确理解访谈中"内部服务"的具体内涵；第二，为避免日后编码的不确定性，在本研究访谈中，笔者多次修改访谈提纲以便更加契合研究主题及访谈对象特征，并且在第一次访谈结束后，结合实际情况笔者就访谈提纲进行一定调整、修正，进一步提高访谈结果质量；第三，在访谈中，笔者运用录音设备对访谈全过程进行记录，并在访谈结束后迅速地转码，逐字逐句转录成文本，减少数据的损失，增加了文本可信度。

在材料分析的程序信度上，本研究采用目前国内学者普遍采用的做法，首先研究者就分析程序和编码方法对分析者进行系统培训与学习，提高资料分析者水平；其次，采用提高合作分析效度（Inter-rater Reliability）的方法，多个分析员独立分析相同的材料，对比各自分析结果，消除差异。在建构模型和发展理论过程中，为减少单个研究者主观看法对访谈结果的影响，笔者及访谈助手分别独立对访谈文本资料进行分析。独立完成文本分析后，我们就文本条目编码结果进行讨论，超过70%访谈文本编码结果一致，达到西方学者所建议的标准（Neuendorf，2002），不一致部分与其他学者进行讨论形成最终编码结果。在建构模型和发展理论过程中，笔者在理论和理论之间进行反复比较分析，以确保建构的理论模型更符合实际。

（二）效度评估

定性研究的数据处理主要依靠研究者个人主观判断（Wolcott，1990），而三角交叉方法则克服了仅依靠主观判断的局限，常用于评估质性研究的效度检验问题（Glaser 和 Strauss，1967；Glaser，

1978,1992)。三角交叉指结合各种方法、各种研究群体、各种研究场景和各种理论视角来研究某个现象。三角交叉分为材料三角交叉（使用各种不同的材料来源）、研究者三角交叉（通过不同的观察员或访谈员来检测或减少研究者个人偏见）、理论三角交叉（多重视角和假设分析材料）、方法论三角交叉（结合使用各种方法如半结构访谈与问卷相结合等）（Denzin,1989）。在本研究中，主要运用了研究者三角交叉法，在分析文本过程中，笔者与另一位学者分别就访谈资料独立编码以减少个人偏见，并就不同意见与第三位学者讨论，形成最终概念模型。

四、扎根理论数据分析的基本方法

子研究一具体采用扎根理论。扎根理论是一套完整系统的研究方法，其研究方法与过程系统、严谨，强调理论建构必须建立在原始数据的基础上。首先要求研究者深入研究场景收集资料，不断比较、抽象所收集的资料数据，随后从数据中提炼出概念（concept）和范畴（category），通过系列的思维分析最终形成理论（陈向明,2000）。扎根理论鼓励研究者保持开放思维，开放地对待概念之间、范畴之间的联系，避免陷入己见，即鼓励研究者在开始研究个案时不要预先设定理论，而是带着问题直接从原始资料中归纳概念，并最后上升到理论层面（Strauss 和 Corbin,1990）。扎根理论的出现，在一定程度上能避免一般质性研究过程难以还原、研究结论说服力不强的缺陷，成为质性研究领域在研究方法上的一大突破。扎根理论多用于发掘隐藏在事物中的本质规律及理论建树，其基本特征在于对理论保持高度敏感性、从资料经验中生成理论、不断比较、灵活运用文献等（Charmaz,2006）。

本研究主要采用程序扎根理论（Strauss 和 Corbin，1990）方法，即主要通过开放式编码（Open Coding）、主轴编码（Axial Coding）及选择性编码（Selective Coding）三个核心步骤进行资料编码分析。三种编码形式并非线性的，而是上下来回交错进行。经过编码工作，新理论初步形成。扎根理论不仅强调建构理论，而且也重视用事实对理论的检验。因此，初步理论形成并不意味着扎根理论工作的完成，还需要研究者根据收集的资料对理论进行检验。在检验过程中明确需要补充的概念类属，直到理论饱和。

（一）开放式编码

开放式编码（一级编码）指在对原始访谈资料进行逐字、逐句、逐段分析的基础上发掘概念并范畴化的过程（Corbin 和 Strauss，1998）。为减少研究者个人的偏见或影响，本研究尽量使用访谈对象的原话作为相应的原始概念。由于初始概念数量繁杂、层次较低并存在一定交叉重合现象，因此非常有必要对原始概念进行进一步提炼，把相关概念"聚"到一起，实现概念范畴化。经过多次对原始语句的整理分析，本研究最终抽象出了 31 个概念，17 个范畴。表 2-3 为得到的初始概念及若干范畴，对每个范畴本研究节选了两至三条原始语句及初始概念加以说明。

表 2-3　初始范畴及代表性语句范例

范畴	原始语句（初始概念）
组织文化与氛围	B1：我们酒店会将文化传播给每个员工。酒店领导去年开设了课程，现在大家应该都会背了，就是潜移默化的文化传播（酒店传播企业文化）
	B2：我们酒店整体互帮互助的氛围已经形成，大家不知不觉地就会去帮助别人（酒店互助氛围）

续表

范畴	原始语句（初始概念）
制度与流程	B2：要有比较合理的管理制度，不要太过苛刻，要让员工觉得制度是合理的，这样才能更好地依照制度来做事（制度合理）
	D7：对工程部而言，保修维修流程能省则省，可以让我们更快接这个流程单，更快把事情处理掉。这个流程方便了别人，但我们这边会非常烦琐。返来返去，耽误处理。工作时间可能比用在表达上的时间少（简化工作流程）
	E6：我们这边要下一个采购单，然后走一个程序，审批了之后采购部才会去买东西，这就有了一个时间的问题（酒店审批流程）
领导	A1：领导都是以身作则。我们餐饮部特别忙，两个领导真得就跟劳模一样，起早贪黑，在旺季会主动帮忙干活加班（领导以身作则）
	C4：前段时间我感觉自己工作挺压抑，生活不顺心。我们领导就主动找我谈话，及时帮我解决问题。他们这种支持我还是挺开心的，也会有动力继续回来上班（领导关心员工）
培训	A2：我觉得应该轮岗交叉培训一下吧，这样你就能真正站在他的立场上知道他有多难了（培训体验他人难处）
	D3：多提供培训，如果我学会两门技能的话，当班人不在岗的话我也可以去完成他的工作（培训增加跨部门工作技能）
人际关系	A4：如果我跟她/他比较熟悉的话，那么就能更好向她/他提供支持，包括部门之间也是如此（个人熟悉程度）
	C1：私底下我跟有些同事比较好，他可能就会提供更好的支持（个人私交）

注：表中字母代表访谈小组的编号，其后数字表示访谈对象在其所在访谈小组中的顺序

(二)主轴编码

主轴编码的目的在于发掘范畴之间的潜在逻辑关系,发展主范畴。依据"原因→现象→情境→影响因素→行为或互动策略→结果"的分析模式,本研究对开放式编码中不同范畴之间的潜在脉络及关系进行归纳梳理,最终归纳出三大范畴即正式管理体系、非正式管理体系和个人特征。各范畴所代表的含义及对应的开放式编码如表 2-4 所示:

表 2-4 主轴编码形成的主范畴

主范畴	对应范畴	范畴的内涵
正式管理体系	流程管理体系	组织制度稳定性及合理性、简化流程
	培训体系	培训提高技能、培训体谅他人处境
	奖励体系	物质激励及领导及时激励
非正式管理体系	组织文化与氛围	行为文化(组织宣传企业文化、领导行为传播文化)、价值观文化(酒店理念)、组织氛围(互助、关爱等)
	沟通	服务场景中寻求帮助者态度、工作流程的交接、沟通、平时待人态度、配合默契程度
	领导	领导以身作则、支持员工内部工作、关注员工个人需要
个人特质	同理心	体谅他人
	工作负荷	时间冲突、职权冲突
	同事关系	人际关系、熟悉程度

（三）选择性编码

选择性编码要求研究者在主范畴中发掘核心范畴，并分析核心范畴与主范畴之间的关联，最后以"故事线"的方式描绘二者之间的关系。已有学者在回顾有关内部服务质量有关文献基础上，提出组织及领导会对一线员工的服务意愿与服务能力两方面具有显著作用，从而进一步影响组织整体内部服务水平（Boshoff 等，1995）。通过扎根理论的编码分析，笔者认为各前因变量对员工的影响并不相同，部分因素影响员工是否"愿意"向同事提供良好的内部支持，而部分因素则限制个人的"能力"，最终影响内部服务质量。通过总结，本研究认为内部服务提供者的"服务意愿"与"服务能力"可作为核心范畴，各因素通过对服务提供者这两方面的作用影响最终的内部服务水平。

核心范畴与主范畴之间的关系可以概括为正式管理体系、非正式管理体系和个人特征对服务提供者的服务意愿与能力产生影响；正式管理体系、非正式管理体系和个人特征之间并不是相互独立的，存在三者相互影响共同作用于服务提供者服务意愿与服务能力的情形。

五、模型阐释及影响机制分析

运用扎根理论分析技术，本研究系统总结影响高星级酒店内部服务质量的因素，包括正式管理体系、非正式管理体系和个人特征三方面。结合研究主题特点，本研究运用 Nvivo 10.0 定性分析软件对访谈文本数据进行整理。Nvivo 定性分析软件是学术界广泛应用的一款支持定性与混合研究法的软件。该软件可被用于访谈、调查、录像、音频、社交媒体以及其中所涉及到的一切信息的处理，包括 Word 文档、PDF、音频文件、视频、图片及 Web 数据等数据形式。该软件通过研究者在软件中建立节点、进行逐步编码等操作步骤进行定性数据分析。该软件被广泛用于国内外定性研究中，在服务管理相关领域也得到广泛关注与应用（Luria，Gal 和 Yagil，2009）。

本研究借助 Nvivo10.0 进行编码分析，编码类型主要分为自由节点（Free Code）及树状节点（Tree Code）两种。首先需要研究者阅读所有访谈文本进行编码，将内容文字标记于不同节点下，形成树状节点。如果无法判断某一文本内容属于哪一树状节点，则暂时标记并归入自由节点。所有编码结束后，利用软件提取节点内容。研究者由此仔细阅读所有节点并对节点内容进行不断比较修改，深入探讨各树状节点之间的潜在逻辑关系。本研究主要通过该软件建立树状节点，对访谈文本资料进行一定频数及比例统计。该软件能在一定程度上减少研究者主观思维对某些不确定性文本内容编码的影响，提高研究结果客观性。

通过访谈，笔者发现各因素对内部服务质量的影响非相互独立，存在范畴之间相互作用影响内部服务质量的情形。由此可见，各前因变量对内部服务质量的影响不是独立的，而是存在相互作用，需要更为系统地看待上述影响。组织情境因素及个人特质均对组织内部服务质量或差距产生影响，该结论证实了社会学习理论（Social Learning Theory）。根据社会学习理论，人类行为结果是内部因素与环境因素相互作用的信息加工活动的结果（戴维·迈尔斯，2008）。在本研究中，内部服务质量作为内部员工服务行为的结果，是由组织情境因素（包括正式管理体系与非正式管理体系）及个人特质共同作用的结果。下面笔者进一步阐述该模型，并总结相应的研究结论。

(一)正式管理体系

酒店的正式管理体系是影响内部服务质量的外部组织因素,它通过对个体施加影响,使个体的行为更加适应组织整体环境的要求,对内部服务质量起更关键主要作用。组织行为学已有大量研究成果表明个体是基于一定的行为动机而采取一定的行动的,其行为可能受到内在动机的影响,同时也可能出于某一外部动机为获得一定奖励而采取一定行为。各类正式管理体系可能潜移默化地影响员工的服务意愿,将内部服务理念逐步转化为员工的内在观念,成为推动员工行为的内在动机,对员工个体服务行为具有更长期有效影响;而奖励机制,可作为典型的外在激励,刺激员工为得到某一奖励而参与内部服务活动,能够在短期内影响个体行为。基于扎根理论分析结果,本研究发现影响内部服务质量或质量差距的正式管理体系包括流程管理体系、培训体系、薪酬体系这三个方面,这是前人学者在内部服务质量研究中尚未探究的关键因素,下面进行详述:

流程管理系统。访谈结果表明酒店内部存在一定碍于制度或流程无法向他人提供及时内部服务的情况。制度与流程作为组织经营管理的规则与标准,是员工工作的行为准绳,制约员工的服务行为不能超越组织制度与流程规定,必须在规则框架内进行。现有研究也发现了类似结论(Scheneider,1980),缺乏灵活变通的组织制度容易产生官僚式的组织氛围,在这种工作氛围下员工服务行为更加消极保守,不敢逾越规则规定。

培训系统。本研究发现培训是影响酒店员工个体行为意愿与能力的另一重要组织因素。从组织层面,有价值的培训不仅能够改变员工工作价值观念,更愿意向其他同事提供内部支持,而且能够改善、提升个人的工作能力,促进员工能更好地为同事提供内部支持。访谈对象在回答"酒店可以采取何种措施能够促进你更好向其他人提供帮助与支持"这一问题时，多数访谈对象首先表示"跨部门的岗位交叉培训可以更好起到促进作用"，因为岗位交叉培训能帮助其更好熟悉其他岗位业务，进而更好地支持跨部门的工作。可见，培训作为酒店重要的组织行为干预措施，能够改善员工的内部服务意愿，提升个人服务能力，更好为其他同事与顾客服务。

薪酬体系。在访谈中，少量访谈对象也提到奖励制度是影响他们提供良好内部服务质量的因素之一，例如其中一位访谈对象表示"如果我帮助了其他同事，酒店能够给我一定的物质奖励比如现金等，那么我会非常高兴，下次也会去帮助其他人"。心理学研究将个人行为动机划分为内在动机与外在动机两种（Kruglanski，1978），两种动机都会对个体行为产生影响已被普遍认同。心理学家们认为，内在动机对个人行为会产生更长远深刻的影响，外在动机在短期内对个体行为具有一定的激励作用。奖励和惩罚是典型的外在动机，可能作为一个潜在因素，在短期内刺激组织员工为获得某一外在奖励而参与内部服务活动，影响个体所提供的内部服务水平。

（二）非正式的管理体系

除了正式的管理体系，本研究还发现协作文化、跨部门沟通、服务型领导这三个方面的非正式管理体系亦会对员工的内部服务质量造成影响。研究结果与前人研究具有某些相似性，例如这些研究提出组织文化与氛围（Kuei，1999；张威，2007）、领导（Zeithaml，Parasuraman 和 Berry，1990）、沟通（Anosike 和 Eid，2011）等可能影响内部服务质量，但很少进行实证检验。

协作文化。根据社会学习理论，人是具有社会学习能力的独立个体，其观念与行为受到周围生存环境的影响。组织文化与氛围作为企业无形资产，对员工的观念与职场行为具有潜移默化的深远影响。例如在6家酒店员工访谈过程中，不少员工会提到典型的"协作文化"问题，认为在整体组织或者部门互助氛围的感染下，自己就会受到影响，进而自觉帮助其他同事，这与其他学者研究结论具有一致性（张威，2007；Auty 和 Long，1999）。

跨部门沟通。访谈结果发现跨部门沟通对内部服务质量的影响具有重要作用。沟通，不仅包括当时服务场景下服务双方的沟通如双方的语气态度、信息传递准确性等，还包括在日常工作中双方的工作配合默契程度等内容。加强部门之间的沟通联系、相互协助，能有效提高组织整体服务质量（Anosike，2011）。在本研究中，不仅发现了日常沟通对组织整体内部服务水平的影响，还发现服务场景下双方沟通态度对服务效率与结果的影响，相对日常沟通而言，瞬时沟通效果对内部服务质量更具有直接作用。

服务型领导。组织领导尤其是部门领导及主管，在组织中扮演上传下达的角色，尤其对基层员工的行为具有示范带动效应。通过扎根理论研究发现，当员工认为领导关注下属员工需求、给予支持帮助时，就更可能产生回报领导、组织的行为，也会更好地向其他同事及顾客提供服务。该结果印证了社会交换理论的互惠原则，即良好人际关系的形成与发展由有价值的资源交换实现，包括金钱、信息等非情感类资源，但更多以尊重、关心等心理或社会资源为主（Menguc 和 Bell，2002）。当员工感知到领导支持时，出于互惠、道义或情感角度，会产生回馈领导的角色内与角色外行为，帮助组织实现其利益（Aselage 和 Eisenberger，2003）。此外，本研究发现其他学者忽视的领导榜样示范行为对员工内部服务意愿的影响。通过扎根理论分析发现，领导以身作则向组织内其他员工提供良好的内部服务行为，能对组织内其他个人产生较好的带动效应，对员工服务同事的行为产生直接影响。本研究认为，领导关心员工需求与对内部服务的榜样示范行为两方面均对内部服务质量具有显著的影响。

（三）个人因素

除了上述组织因素，访谈对象普遍反映即使在同一个组织中，不同内部服务提供者由于个人差异，他们提供的内部服务水平也是良莠不齐、存在显著差异。通过扎根理论研究分析，笔者发现同理心、工作负荷、同事关系这三个因素对内部服务质量存在重要影响。目前，学者尚未关注到个体特质对内部服务质量的影响，这也是本研究一大价值所在。

同理心。同理心（Empathic Concern）是影响员工服务意愿的一个重要个人特质，指个体对他人情绪或情感状态的理解与共同体验，是一种基于情感理解并以此而能共享他人情感的能力（Cohen 和 Strayer，1996）。本研究发现具有同理心的员工更可能为其他组织成员提供良好的内部服务。例如访谈对象 B1 谈到"我觉得别人在请求帮助的时候，自己如果不去帮别人，就会觉得心里很难受"。该位访谈对象是一位具有典型移情性格的代表，能在工作中认识到同事在工作中的困难与问题，并能在情感上体验到同事的处境，具有该种性格的员工更愿意为同事提供内部支持。

工作负荷。本研究发现工作负荷是影响酒店员工内部服务质量的重要因素，普遍存在于多个服务场景中。工作负荷直接造成员工在工作中的冲突，主要包括与完成本职工作在时间上冲突、与岗位职权冲突两方面内容。约 40% 以上访谈对象认为人员配置不足是制约其为同事提供良好内部服务的最大制约因素。不少访谈对象表示"并不是我不想帮同事，而是我自己当时都很忙，怎么能去帮他",这种观点表明并非员工主观意愿或能力不足,而是由于与自身岗位角色相冲突,限制他们为同事提供高质量内部服务。前人学者也发现了类似结果,提出岗位角色冲突容易打击员工的服务热情,因而减少员工工作岗位冲突能有效改善员工个人工作情绪与意愿,提升组织的内部服务水平(Auty,1999;Anosike,2011)。

同事关系。通过访谈发现,多数酒店员工认为如若彼此之间是熟悉或认识的,就会在服务过程中能更好了解对方的服务需求与标准,更愿意并且能够向同事提供支持。与此相反,当一些员工面对陌生同事时,则倾向于消极相应对方需求,这也反映了中国企业文化背景中的"熟人文化"问题。

在编码的第三阶段(即选择性编码),基于员工主要关注或经历的核心问题(Strauss和Corbin,1998),本研究确定子研究一中的两个核心范畴,即内部服务提供者实现内部服务质量的意愿和能力。"意愿"代表了员工个人提供内部服务的态度与倾向,而"能力"代表了他们提供内部服务的技能、知识和其他素质。这两个核心范畴反复出现,与内部服务质量传递紧密相连,说明它们是实现内部服务质量的两个先决条件。例如,访谈对象经常提到即使他们希望传递良好的内部服务,但他们经常受到内部服务能力的限制,无法传递优质的内部服务质量。当员工没有足够的服务技能、知识与能力作支撑,员工个人也难以为同事提供优质的内部服务。在本研究中,约一半访谈对象表示了个人能力的局限性,并非不愿意而是"力不从心"的问题。"意愿"与"能力"这两个核心范畴确保了所提出的前因变量之间的关系得到充分的发展和解释(Locke,2001)。

此外,近三分之一的访谈对象表示,这些前因变量不是独立起作用的。多位访谈对象回忆说,在协助型文化或领导支持的情况下，即使是在工作繁重的情况下他们也更愿意提供优质的内部服务。因此，这些前因变量可能共同决定内部服务质量。基于以上主范畴的典型关系结构，本研究构建了以下模型如图所示：

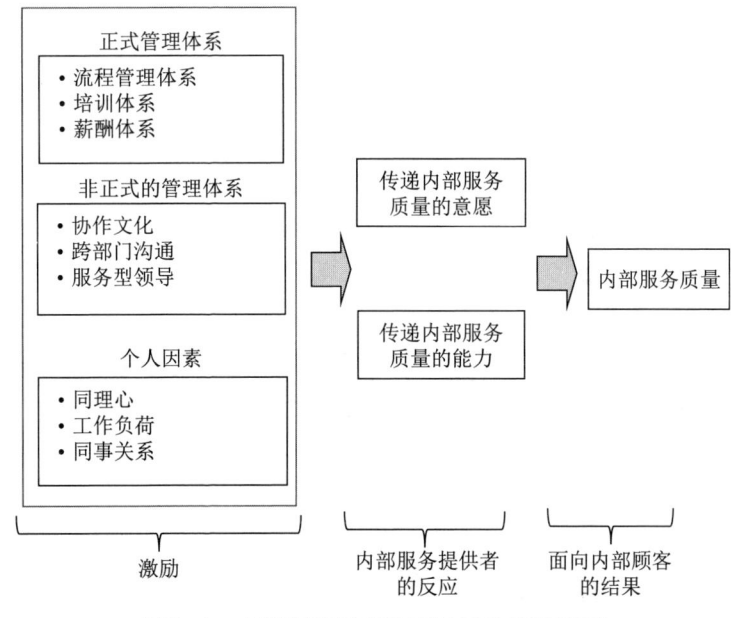

图 2-1　内部服务质量的决定因素与影响模型

如图 2-1 所示，该模型符合"刺激－反应－结果"的过程，反映了前因变量是如何影响内部服务提供者的反应，并最终影响内部顾客的服务行为。这个模型适用于解释内部服务质量的差距（Frost 和 Kumar，2001），即当员工不愿或无法提供高质量内部服务时，内部服务质量差距就此产生，成为内部服务传递过程中的一个症结。本研究相应提出以下三个命题，将在研究二中进行验证。

命题 1：内部服务质量受三类前因变量的影响，即正式管理体系（包括管理流程体系、培训体系与奖励体系）、非正式的管理体系（包括协作文化、跨部门沟通与服务型领导）、个人特征（包括工作压力、同理心人格和同事关系）。

命题2：前因变量更可能通过内部服务提供者的意愿和能力这两个方面，进一步影响内部服务质量。

命题3：正式管理体系、非正式管理体系和个人特征在预测内部服务提供者的意愿和能力方面起到交互作用。

第四节 定量研究（子研究二）的研究方法与数据分析结果

一、理论与假设

基于子研究一的结果与现有内部服务质量文献，本研究采用定量方法来验证所提出的模型。前因变量与内部服务质量之间的关系符合资源保存理论（Hobfoll，1989，2000），即员工总是保留有价值的资源，避免资源枯竭的威胁。学术界已经使用该理论来理解酒店员工如何在客户服务传递过程中，争取及保留他们认为有价值的资源，从而做出相应的反应（Zhou等，2018）。该理论适合解释本研究的假设模型，因为它承认各种资源对某个事件的联合影响；这些资源可能涵盖本研究中出现的各种前因变量，如内部资源（即个人特征）和外部资源（即组织因素），并在不同的环境中发挥差异化的作用（Alvaro等，2010）。在本研究中，组织正式系统与非正式系统可以看作是外部资源，是个体决策权限之外的资源；而个人特征可以归因于与个体心理、情感和关系能量相关的内部资源（Hobfoll，2000）。除工作负荷这个因素可能导致员工身心资源枯竭以外，其他在子研究一中发掘的前因变量是员工希望获得的、有价值的资源，可能对员工内部服务的开展有所裨益。前因变量与内部服务质量之间的不同关系将在以下部分详述。

（一）酒店的正式管理体系与内部服务质量的关系

本研究探讨的酒店正式管理体系包括流程管理体系、培训体系、奖励体系这三个方面，其与内部服务质量的关系具体阐述如下：

在高度流程化导向的酒店运营过程中，管理人员总是尽量减少跨职能冲突，增加内部协调性。因为这不仅能改善跨职能整合和实施客户导向（Tang等，2013），而且对提升整个企业的绩效至关重要（Zhang等，2020）。因此，本研究提出有效的流程管理体系能够促进酒店企业的内部服务质量。

酒店业经常面对员工流动率高、新员工技能短缺带来的巨大挑战，因为员工往往接受低效的培训（Stamolampros等，2019）。培训不仅可以帮助员工理解工作意义和组织目标，而且可以提高他们的知识和技能，促进员工目标与酒店目标相一致（Akroush等，2013；Chang等，2013）。文献表明，有效的培训项目可以增加员工的积极性和工作投入（Akhtar等，2011）。因此，本研究提出，在业务部门受过专业训练的员工，往往能很好地为其他部门提供内部服务。

酒店业的薪酬水平相对较低。薪酬是一种重要的外部激励手段，能激发员工按照组织的期望行事。文献还表明，精心设计的奖励体系可以提高员工的工作满意度，减少员工流失率（Chang等，2013）。因而组织奖励对于促进酒店员工的服务质量导向非常重要（Chiang和Birtch，2011）。本研究认为，设计良好的奖励体系不仅能鼓励员工投入自己的工作，还能激励他们对同事的工作提供支持。基于以上论证，本研究提出如下假设：

H1：酒店的（a）流程管理体系、（b）培训体系、（c）奖励体系对员工的内部服务质量有显著的正向影响。

（二）酒店的非正式管理体系与内部服务质量的关系

本研究探讨的酒店非正式管理体系包括协作文化、跨部门沟通、服务型领导这三个方面。协作文化是以灵活性为导向的一种支持型的组织文化，有利于跨职能管理和解决跨部门间的冲突（Porcu等，2020）。协作文化有助于传递共享的组织价值观，并建立部门间可持续发展的关系，从而确保各部门为共同的组织目标努力，而非各自为政（Beydilli和Kurt，2020）。一般而言，支持型组织文化有助于促进员工的协作行为（Chiang和Hsieh，2012）。因此，本研究提出当酒店具有良好的协作文化时，员工在支持内部客户时会更加积极主动和值得信赖。

跨部门沟通是组织运作必不可少的沟通形式（Ahmed和Rafiq，2003），能促进酒店各部门的信息共享（Strese等，2016）。例如，企业鼓励部门员工集体沟通，最终也会提高运作绩效（Gondal和Shahbaz，2012）。因此，本研究认为，部门之间良好的沟通有助于建立员工之间的信任和尊重，进而促进高质量的内部服务。

服务型领导指视自己为服务者、而非领导者的领导（Greenleaf，1977）。与变革型领导、家长型领导相比，服务型领导在酒店领域研究得到了较多的验证,因为服务型领导强调为下属提供支持与服务,建立长期的领导-追随者关系(Ling等,2016)。这种领导风格还能通过身先士卒、榜样树立的方式,激发下属员工在工作场所学习"服务他人"的精神,进而对员工的角色内行为(Ling等,2016)与对客服务行为(Wu等,2013)产生促进影响。因而,本研究认为服务型领导是令人信任的,能促使员工在酒店内更好地合作,为同事提供主动的支持。基于以上论证,本研究提出如下假设:

H2:酒店的(a)跨部门沟通、(b)协作文化、(c)服务型领导对员工的内部服务质量具有显著的正向影响。

(三)个人特征与内部服务质量的关系

本研究探讨的酒店员工个人特征包括工作负荷、同理心人格、同事关系这三个方面。由于酒店员工往往承受繁重的工作负担,他们很难抽出时间与精力为其他部门同事提供高质量的内部服务。现有实证研究也表明工作压力削弱了员工支持同事的能力(Latif和Ullah,2016),降低了员工的内部服务质量(Frost和Kumar,2001)。因此,本研究提出高工作负荷可能会降低酒店员工的内部服务质量。

同理心是指一个人对他人的想法、感受和经历做出反应的能力(Wieseke等,2012)。同理心对于人际沟通与合作是至关重要的,能够激发人们的利他行为(Frost和Kumar,2001)。同理心是服务质量和客户满意度的关键(Wilder等,2014),因而本研究期望有同理心的员工能关心其他同事,更愿意为跨部门同事提供更好的内部支持。

处在当今竞争日益加剧、新生代员工价值观多元化的社会,酒店员工经常面临与同事和谐共处的挑战(Goh和Lee,2018)。

同事关系对员工而言很重要，因为关系到员工的工作幸福感与工作意义（Chang 等，2013）。良好的同事关系不仅可以增进彼此对工作的认识，还可以促进互信互惠（Stea 等，2017）。与此相反，当同事之间缺乏信任、关系不和谐时，员工更有可能相互竞争，从而阻碍内部服务的传递。在中国传统的儒家思想影响下，我国职场非常强调人际关系的建立与维系（Taormina 和 Gao，2010）。本研究认为良好的同事关系为员工沟通与互惠提供了基础，促进酒店跨职能单位和部门之间的内部服务质量。

H3：酒店员工（a）工作负荷对员工的内部服务质量具有显著的负向影响；（b）同理心人格、（c）同事关系对员工的内部服务质量具有显著的正向影响。

（四）员工内部服务导向与效能扮演的中介作用

依据资源保护理论（Hobfoll，1989，2000），员工获得资源可以提高他们的工作积极性与自我效能感。依据自我决定理论（Ryan 和 Deci，2000），员工的动机和能力对他们的行为具有重要的刺激作用。企业期望一线员工能始终如一地为顾客提供卓越的服务，就需要这些员工能表现出主动性，愿意且能够传递以客户为导向的行为（Pimpakorn 和 Patterson，2010；Raub 和 Liao，2012）。子研究一的定性研究结果表明，内部服务提供者的意愿和能力是联系内部服务质量与前因变量的两个关键要素。

在子研究二中，笔者以内部服务情境为重点，将员工的"意愿"概念化为"内部服务导向"，指员工在组织中满足其同事工作需求的倾向（Brown 等，2002）；笔者将员工的"能力"概念化为"内部服务效能"，指员工对自己为同事提供内部服务的技术与能力的自信（Lee，2014）。本研究提出，"内部服务导向"与"内部服务效能"在构念模型中是并行的中介变量。检验这两个变量之间的潜在关系超出了本研究的范围，因为相关理论和研究表明，服务导向和服务效能可能存在复杂的双向因果关系（Lee，2014；Raub，Liao，2012）。相关文献表明，服务导向、服务效能与员工的生产力和工作绩效密切相关（Wang等，2014；Ling等，2016）。本研究将这两个概念从传统的外部服务扩展到内部服务，提出这两个概念是激发内部服务质量的关键。当员工具有强烈的帮助同事的动机，并且当他们认为自己有能力这样做时，他们的内部服务质量水平就会得到提高。基于上述论述，本研究提出以下假设：

H4：酒店员工的（a）内部服务导向、（b）内部服务效能在各前因变量与内部服务质量的关系之间起中介作用。

（五）酒店流程管理系统、协作文化与员工工作负荷三者的交互作用

基于子研究一的发现，子研究二提出正式管理体系、非正式管理体系与员工个人特征之间的三方交互关系。笔者选择子研究一中最常被提及的三个关键的前因变量：流程管理体系、组织协作文化和工作负荷，并检验它们是否对员工的内部服务导向与内部服务效能存在潜在的交互作用。本研究认为流程管理体系和协作文化可以弱化工作负荷对员工内部服务导向和效能的负面影响。不同的组织决定因素对员工个体的影响有所差异（Wong等，2019）。根据资源保存理论（Hobfoll，1989，2000），本研究认为流程管理体系和组织协作文化是员工重视的外部资源，能够创造一个支持型的组织环境，激励酒店员工更好地实现他们的企业目标。这些前因变量代表了酒店组织的硬实力和软实力，可以通过支持性资源共同增强员工应对繁重工作的抗压能力与工作能力。与之相反，当酒店员工缺乏这样的组织支持时，沉重的工

负荷会导致员工严重的身体和情感耗竭,影响员工提供高质量内部服务的意愿和能力。基于上述论述,本研究提出以下假设:

H5:组织协作文化、流程管理体系、工作负荷三者的交互作用对员工的内部服务导向和内部服务效能具有预测作用,即当组织协作文化与流程体系水平较弱时,工作负荷对(a)内部服务导向、(b)内部服务效能的负向影响越强。

二、研究方法

在子研究二中,笔者于2019年5月至7月收集员工与主管的问卷数据,涉及中国福州和厦门两地市的10家五星级酒店。调研酒店的客房规模在320间到490间不等。笔者基于个人关系网络联系酒店高层管理人员、各酒店的人力资源部门负责协调调查。笔者向调研对象确保匿名保证,并承诺问卷只用于学术研究。所有调研对象自愿参加问卷调查,并将填好的问卷装在密封的信封里返还给研究者。

子研究二共发出660套问卷,回收506份员工问卷、367份主管问卷,最终得到332份员工—主管配对样本。在所有员工调研对象中,58.1%是女性,65.6%的员工年龄在18岁到35岁之间,代表了一个相对年轻的员工样本。其中88%的员工在酒店工作不满三年,71.9%的员工为大专或以下学历。大约79%的对象来自一线对客服务部门,21%来自后台部门,这与酒店组织架构中员工占比相似。

本研究使用成熟量表来确保测量信度与效度。具体而言,内部服务质量的测量采用7个题项(Boshoff和Mels,1995),内部服务导向的6个题项根据"服务导向"量表进行细微改编(Brown等,2002),即将对客服务情境改为内部服务情境。此外，本研究采用6个题项测量内部服务效能（Lee，2014），8个题项测量报酬体系（Akroush，2013）。本研究使用三个题项测量培训体系（Akroush，2013），并结合定性研究结果，增加了2个关于跨职能培训的题项。本研究还采用3个题项测量流程管理体系（Lee等，2009），8个题项测量协作文化（López，Peón和Ordás，2004），7个题项测量跨部门沟通（McCormack，2001），7个题项测量服务型领导（Reinke，2004）。本研究还采用4个题项评估同事关系（Jiang和Hu，2016），4个题项评估测量工作负荷（Mansour和Tremblay，2016），6个题项评估同理心人格（Davis，1980）。本研究把员工人口统计特征（包括性别、年龄、酒店工龄、教育程度、部门等变量）作为控制变量，以排除其对内部服务质量的潜在影响（Chen，2013）。

另外，内部服务质量使用李克特7点量表计量（1表示"非常不同意"到7表示"非常同意"），以获取其最大方差，请酒店管理人员对自己的下属员工进行评价。其他变量使用李克特5点量表测量（1表示"非常不同意"到5表示"非常同意"），由员工进行评估。为了保证翻译质量，本研究采用回译方法对量表的翻译过程与结果进行把控（Brislin，1970）。在问卷测试阶段，本研究请5位专家（包括2位大学酒店管理教授和3位高级酒店经理）对问卷的题项进行评估，以保证问卷的内容效度。根据他们的反馈，笔者对原始问卷中的一些题项进行措辞修改，以适应酒店工作场所的需求，以形成最终的问卷。

三、数据分析结果

（一）共同方法偏差检验

为了减轻共同方法偏差（comment method bias）的影响，本研究使用不同来源的数据（包括员工和管理人员数据）。此外，本研究使用学术界常用的方法（Podsakoff 等，2003），确保调研对象匿名参与研究，并对因变量和自变量使用不同的计量尺度（分别为 5 点和 7 点李克特测量）。本研究通过控制未测量的潜变量的影响，诊断研究是否受到共同方法偏差的影响（Podsakoff 等，2003）。具体而言，笔者通过验证性因子分析比较测量模型与添加共同潜在因子的测量模型，发现两者关键的拟合指标没有显著差异（CFI=0.01，RMSEA=0.00），表明本研究不存在严重的共同方法偏差问题。

（二）描述性统计分析

在数据分析之前，本研究对数据的偏度和峰度进行评估（偏度范围在 -1.7 到 1.7，峰度范围在 -1.8 到 1.8 之间），表明数据未违反正态分布假设。表 2-5 显示数据的均值、标准差与相关系数。本研究发现 9 个前因变量均与内部服务质量显著相关（$p<0.01$），从而为研究一的定性研究结果提供初步证据。与预期一致，除工作负荷以外，其他 8 个前因变量均与内部服务质量呈正相关关系。各变量的内部一致性系数（Cronbach's α 值）均大于推荐值 0.7（Hair 等，2006），表明数据具有可靠性。除工作负荷外，其他变量的平均方差提取值（Average Variance Extracted，AVE）和组合信度（Construct Reliability，CR）分别大于 0.5 和 0.7 的建议值，支持数据具有收敛效度。工作负荷的 CR 值为 0.62，基本可以接受。此外，各变量的 AVE 值均超过其与其他变量的相关系数平方，表明数据具有区分效度。

表2-5 变量的均值、标准差与相关系数

	M	SD	AVE	CR	1	2	3	4	5	6	7	8	9	10	11	12
1. 流程管理体系	4.26	0.63	0.59	0.81	(0.80)											
2. 培训体系	4.22	0.60	0.51	0.80	0.59**	(0.79)										
3. 奖励体系	4.14	0.59	0.64	0.85	0.58**	0.63**	(0.86)									
4. 协作文化	4.20	0.47	0.54	0.75	0.57**	0.54**	0.61**	(0.73)								
5. 跨部门沟通	4.15	0.57	0.61	0.81	0.56**	0.58**	0.56**	0.45**	(0.81)							
6. 服务型领导	4.37	0.58	0.52	0.88	0.54**	0.45**	0.49**	0.47**	0.53**	(0.88)						
7. 同事关系	4.39	0.59	0.64	0.84	0.30**	0.31**	0.26**	0.26**	0.46**	0.31**	(0.82)					
8. 工作负荷	4.31	0.58	0.55	0.62	-0.31**	-0.22**	-0.21**	-0.19**	-0.32**	-0.24**	-0.24**	(0.71)				
9. 同理心人格	4.42	0.46	0.51	0.82	0.44**	0.27**	0.33**	0.31**	0.39**	0.38**	0.42**	-0.37**	(0.76)			
10. 内部服务导向	4.58	0.37	0.59	0.74	0.23**	0.28**	0.24**	0.27**	0.31**	0.24**	0.33**	-0.38**	0.26**	(0.70)		
11. 内部服务效能	4.20	0.51	0.57	0.73	0.22**	0.26**	0.40**	0.41**	0.40**	0.31**	0.26**	-0.24**	0.33**	0.42**	(0.73)	
12. 内部服务质量	5.55	0.89	0.61	0.91	0.19**	0.18**	0.26**	0.39**	0.26**	0.18**	0.27**	-0.19**	0.15**	0.28**	0.19**	(0.91)

注：a. *p<0.05，**p<0.01；b. 括号内为Cronbach's alpha系数；c. AVE=平均方差提取值，CR=组合信度

(三)测量模型与假设检验

本研究采用 AMOS 25.0 软件进行验证性因子分析与结构方程模型分析。由于调研涉及多个变量(12个变量,共计71个题项),本研究故采用题项打包方法(Item Paceling)减少随机误差,保留结构方程模型常用的多指标测量方法(Bagozzi 和 Heatherton,1994)。参照前人研究(例如 Wu 等,2013),笔者对每个概念的题项进行合并,共创建两个指标。按照这种方法,本研究的样本量适合进行验证性因子分析与结构方程模型分析(即按照每个估计参数的10倍观察样本量的方法;Kline,2011)。

本研究采用两阶段方法对模型假设进行检验(Anderson 和 Gerbing,1988)。所有测量模型都采用 bootstrap 方法,选择迭代运行1000次,参数估计在95%的置信区间。在第一阶段,本研究使用验证性因子分析检验测量模型(模型1)的因子结构。模型的拟合程度良好:NCI(χ^2/df)=2.36,拟合优度指数(GFI)=0.91,比较拟合指数(CFI)=0.95,近似残差均方误差(RMSEA)=0.06,(RMR)=0.01。

在第二阶段,本研究使用结构方程模型,通过 bootstrap 方法检验假设关系。在模型2中,本研究假定所有外生变量都直接影响内部服务质量这个因变量。如表2-6所示,模型具有良好的拟合优度。除奖励体系(β=0.05,T=0.67,n.s.)以外,其余8个前因变量均对因变量内部服务质量有显著的影响(β系数在 -0.17 至 0.39 之间,T 值在 -2.01 至 2.51 之间),从而支持 H1a、H1b、H2 和 H3。结果变量内部服务质量的被解释程度 R^2 为 0.17。

在模型3中,本研究假定所有的前因变量通过内部服务导向和内部服务效能这两个中介影响内部服务质量。虽然模型拟合程度良好：NCI（χ^2/df）=2.47，GFI=0.89，CFI=0.94，RMR=0.02，RMSEA=0.07，但模型检验的18条路径中有8条并不显著。删除这些不显著的路径后，模型4更为简洁，模型拟合程度如下：NCI（χ^2/df）=2.41，GFI=0.89，CFI=0.94，RMR=0.02，RMSEA=0.07。作为简洁、全面的模型，本研究汇报模型4的主要结果（见表2-6），展示其结构方程模型的路径影响（图2-2）。

表2-6　验证性因子分析模型与结构方程模型的拟合优度指标

模型	χ^2	df	NCI（χ^2/df）	GFI	CFI	RMR	RMSEA
模型1（测量模型）	363.67	154	2.36	0.91	0.95	0.01	0.06
模型2（直接影响的结构方程模型）	323.11	125	2.59	0.91	0.95	0.02	0.07
模型3（完全中介的结构方程模型）	482.03	195	2.47	0.89	0.94	0.02	0.07
模型4（调整后的结构方程模型）	486.47	202	2.41	0.89	0.94	0.02	0.07

如图2-2所示，培训体系（β=0.31，$p<0.01$）、服务型领导（β=0.23，$p<0.05$）、同事关系（β=0.20，$p<0.01$）和工作负荷（β=-0.44，$p<0.01$）对内部服务导向具有显著的直接影响；跨部门沟通（β=0.30，$p<0.001$）和同理心人格（β=0.31，$p<0.001$）对内部服务能力具有显著的直接影响。流程管理体系和组织协作文化同时影响内部服务导向（β=0.31，$p<0.01$；β=0.34，$p<0.01$）和内部服务效能（β=0.52，$p<0.001$；β=0.65，$p<0.001$）。内部服务导向（β=0.26，$p<0.001$）和内部服务效能（β=0.15，$p<0.05$）对内部服务质量具有显著的正向影响。

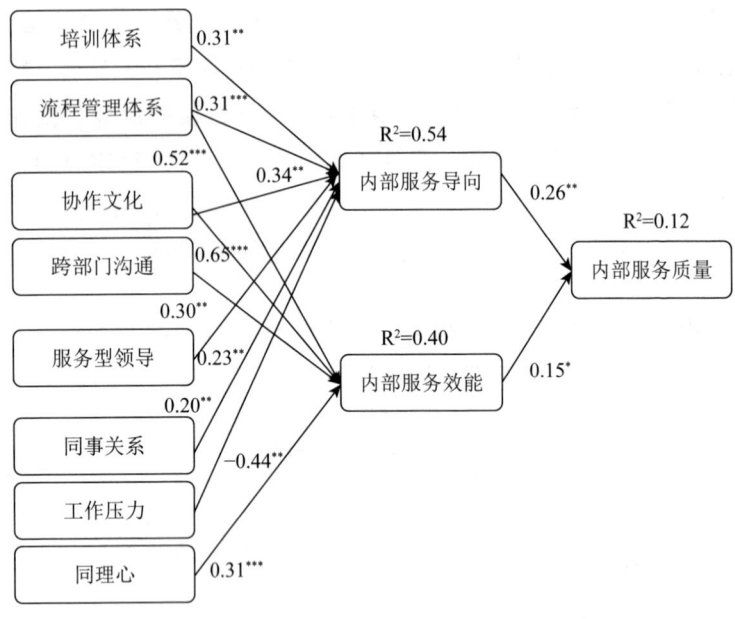

图 2-2 结构方程模型分析结果（模型 4）

注：$*p<0.05$，$**p<0.01$，$***p<0.001$，已移除模型中不显著的路径

根据结构方程模型计算的总效应，各前因变量对内部服务质量的相对重要性如表 2-7 所示。其中，流程管理体系和组织协作文化的总体影响（包括直接和间接影响）大于其他前因变量。基于 bootstrap 方法的中介效应结果表明，除了奖励体系以外，其他 8 个前因变量分别通过内部服务导向与内部服务能力影响结果变量内部服务质量（Preacher 和 Hayes，2008）。因此，中介关系假设 H4a 和 H4b 得到部分支持。

表 2-7　前因变量对内部服务质量的直接、间接与总影响
（标准化系数）

	奖励体系	培训体系	流程管理系统	协作文化	跨部门沟通	服务型领导	同事关系	工作负荷	同理心
直接影响	—	—	—	—	—	—	—	—	—
间接影响	0.03	0.08	0.18	0.16	0.04	0.03	0.06	−0.04	0.05
总影响	0.03	0.08	0.18	0.16	0.04	0.03	0.06	−0.04	0.05
下限 95% CI	−0.21	0.09	0.06	0.08	0.02	0.01	0.00	−0.23	0.03
上限 95% CI	0.02	0.22	0.28	0.32	0.13	0.11	0.15	−0.02	0.13

假设 5 提出组织协作文化、流程管理体系和工作负荷三者在预测效果上的交互作用。本研究采用层次回归分析方法，通过以下四个步骤来检验预测因子的交互作用：（1）首先，笔者在回归模型中输入控制变量（模型 1）；（2）其次输入工作负荷、组织协作文化与流程管理体系这 3 个前因变量（模型 2）；（3）再次输入构建的二阶交互项（模型 3）；（4）最后输入构建的三阶交互项（模型 4）。如表 2-8 所示，回归分析结果表明，在控制前三个步骤之后，三阶交互项解释了内部服务导向和内部服务效能的额外显著差异，因而支持 H5a 和 H5b。

表 2-8　检验三阶交互效应的回归分析结果

	内部服务导向				内部服务效能			
	模型1	模型2	模型3	模型4	模型5	模型6	模型7	模型8
性别	0.14*	0.17**	0.16**	0.16**	−0.13*	−0.12*	−0.11*	−0.13*
教育	0.09	0.14*	0.13*	0.10	0.14*	0.19**	0.17**	0.12*
年龄	−0.04	−0.05	−0.07	−0.08	0.23**	0.22**	0.21**	0.19**
任期内	0.03	0.03	0.06	0.06	−0.12	−0.14*	−0.14*	−0.13*
部门	0.01	−0.04	−0.05	−0.05	0.10	0.07	0.07	0.07
工作负荷		0.37***	0.36***	0.28***		−0.13*	−0.14*	0.04
协作文化		0.17**	0.19**	0.15**		0.42***	0.45***	0.38***
流程体系		0.05	0.02	0.02		0.10	0.11	0.09
工作负荷 × 协作文化			−0.01	−0.02			−0.04	−0.06
工作负荷 × 流程体系			−0.18**	−0.17**			−0.08	−0.06
协作文化 × 流程体系			0.08	0.11			0.12*	0.18***
工作负荷 × 协作文化 × 流程体系				−0.16*				0.34***
F 值	1.56	9.98***	8.51***	8.33	3.94**	10.28***	8.17***	10.19***
R^2	0.03	0.23	0.26	0.28	0.07	0.24	0.26	0.32
ΔR^2	0.03	0.20	0.03	0.02	0.07	0.17	0.02	0.06

注：*$p<0.05$，**$p<0.01$，***$p<0.001$。

为进一步阐明三阶交互作用，本研究进行简单斜率分析（Simple Slope Test），绘制交互作用效应图（见图 2-3）。本研究按照高于和低于均值一个标准差的方式重新定义自变量和调节变量。本研究发现，当协作文化和流程管理体系水平较低时（简单斜率

=-0.55，p=0.04），工作负荷与内部服务导向显著负相关，而在其他三种情境中这条路径并不显著：当协作文化较低，流程管理体系水平较高时——简单斜率 =0.17，p=0.46；当协作文化水平较高，流程管理体系水平较低时——简单斜率 =-0.25，p=0.29；当两个调节因子都很高时——简单斜率 =-0.27，p=0.28。与此相似，当协作文化和流程管理体系水平较低时，工作负荷与内部服务效能显著负相关（简单斜率 =-0.47，p=0.05），而在其他三种情境中这条路径并不显著：即当协作文化较低，流程管理体系水平较高时——简单斜率 =0.32，p=0.09；当协作文化水平高，流程管理体系水平低时——简单斜率 =0.39，p=0.07；当两个调节因子都很高时——简单斜率 =-0.27，p=0.21。研究结果进一步支持 H5a 和 H5b。

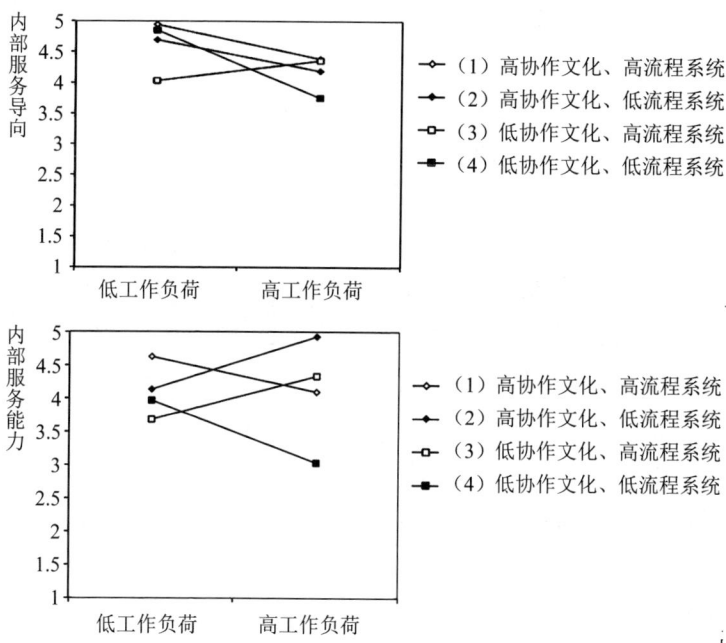

图 2-3　协作文化、流程管理体系和工作负荷对内部服务导向／效能的三阶交互作用

第五节 结论与讨论

一、研究结果

作为大样本的定量研究,子研究二验证了子研究一中提出的理论框架。除了酒店的奖励体系以外,其他8个因素对内部服务质量均有显著影响(模型2)。究其原因,奖励体系是一种典型的外在激励(Ryan和Deci,2000),而内部服务更多依赖于员工的内在激励,例如员工所处的组织文化、领导、同事影响等。因而与奖励体系相比,其他因素对内部服务质量具有更显著的影响。本研究结果部分验证了现有文献,即发现培训系统、组织文化、领导力和工作负荷等前因变量会影响内部服务质量(Akroush等,2013;Chen,2013)。更重要的是,本研究首次发现一些前因变量,例如流程管理体系、跨部门沟通、同理心人格、同事关系等,也会对内部服务质量起到重要的预测作用,扩展了内部服务质量的相关研究成果。

本研究结果表明,上述前因变量主要通过内部服务导向和内部服务效能这两条中介路径,间接影响内部服务质量(见模型4)。该结果拓展了现有的外部服务质量研究(Pimpakorn和Patterson,2010),发现员工个人的意愿和能力在内部服务过程中同样扮演重要作用。此外,各前因变量对内部服务质量的影响不仅在强度方面有所不同,而且在影响路径方面也有所不同,即更多前因变量是通过内部服务导向来影响员工的内部服务质量。

研究结果表明，与内部服务效能相比，员工的内部服务导向对内部服务质量的影响更强。本研究支持西方学者在外部服务领域的研究（Raub 和 Liao，2012），即在预测员工的主动对客服务方面，员工的"愿意"比"能力"发挥更为重要的作用。本研究将现有研究从外部服务拓展到内部服务领域，发现酒店员工在形成内部服务质量时（即为跨部门、团队同事提供支持），他们的"意愿"，即内部服务导向起到至关重要的作用。

此外，本研究发现各前因变量对内部服务导向和内部服务能力的影响可能存在交互作用。研究结果表明，不同的前因变量可能交互作用，进而影响内部服务质量的传递。例如，组织协作文化和流程管理体系可以发挥"强强联合"的作用，缓解工作负荷对员工内部服务导向和效能的负面影响。因而学者们需要更系统地考虑内部服务质量形成过程中各前因变量之间的关系与作用机制。

二、理论启示

本研究对内部服务质量的理论贡献主要体现在以下四个方面：

第一，本研究提出一套比较全面、清晰的内部服务质量形成机制模型。研究结果有效回应学者们的呼吁，即对服务企业内部服务质量的形成机制与障碍（Akroush 等，2013）、企业内部客户需求（Chen，2013；Yao 等，2019）等进行更系统的研究。已有研究虽然探讨了内部服务质量的部分决定因素，如组织文化（Chen，2013）和内部营销（Frost，Kumar，2001），但大多是理论探讨或依赖于定量研究的假设检验。

本研究发现，酒店业员工内部服务质量的蓬勃发展有赖于三方面的主要因素：正式管理体系、非正式管理体系、员工个人特征。本研究特别揭示了一些现有文献中忽视的前因变量，包括流程管理体系、跨部门沟通、同理心人格和同事关系等。与强调工作规章、质量标准的外部服务相比，内部服务的标准界定往往是模糊的、缺乏明文规定。研究发现，双组织控制体系（即正式管理体系和非正式管理体系）分别代表酒店组织的硬实力和软实力，对内部服务质量具有至关重要的作用。正式的管理体系（主要包括流程管理体系与培训体系）通过规范的方式促进内部服务质量，非正式管理体系（主要包括协作文化、跨部门沟通、服务型领导）的作用也不容忽视，因为它可能通过促进个人与组织价值观的一致性，进而有效地激励员工努力提升内部服务（Goebel 和 Weißenberger，2017）。本研究结果为内部服务质量的形成提供新的思路，拓展了原有单一、割裂化的研究角度。

本研究也促进酒店行业改变现有的员工管理方法（Brien 和 Smallman，2010），更加重视并支持"员工"（内部客户）的需求，而非一味追求组织的效率最大化。本研究结果与文献一致，发现酒店业的年轻员工普遍期望在工作场所获得和谐的组织环境、良好的领导指导、融洽的同事关系，以及多元化的培训体系（Goh，Lee，2018）。

第二，本研究发现各前因变量影响酒店员工内部服务质量的强度有所差异，扩展了该领域文献通常零散研究某一两个前因变量的结果。本研究发现，酒店的协作文化和流程管理比其他组织因素更能决定员工的内部服务质量，而工作负荷是影响内部服务质量的一个重要的个人因素。与注重外在激励的奖励体系相比，本研究强调酒店的各种组织因素（包括正式与非正式管理体系）对提高员工内在激励、进而提升内部服务质量的重要性。

第三，本研究通过引入影响酒店内部服务质量的前因变量，揭示了"刺激—内部服务导向/内部服务效能—内部服务质量"的过程（见图2-1）。子研究一和子研究二的结果表明，内部服务提供者的动机和能力是促进内部服务质量的两个前提因素。该结果为内部服务质量差距模型（Frost 和 Kumar，2001）提供实证依据，即当员工不愿或不能充分执行内部服务时，就会造成内部服务传递过程的差距。本研究依据外部服务管理的文献，把"服务导向"和"自我效能"这两个构念（Boshoff 和 Mels，1995；Ling 等，2016）扩展到内部服务研究领域，发掘了"内部服务导向"和"内部服务效能"这两个构念。此外，本研究结果强调了在酒店企业中，内部服务导向的重要性往往优于内部服务效能。研究结果也符合旅游与酒店业的性质，虽然员工的专业知识与能力是必要的，但在为同事提供内部支持时，他们的服务导向通常起到更主导的作用。

第四，本研究还揭示了预期员工内部服务导向及效能的三种前因变量之间的三阶交互作用。研究发现组织的流程管理体系与协作文化，可以减轻沉重的工作负荷对酒店员工的内部服务导向和内部服务效能的影响。本研究结果显示了酒店内部不同资源之间的相互作用具有"加乘效应"的重要影响，丰富了学术界对资源保护理论的理解（Hobfoll，1989，2000）。虽然本研究没有考察所有潜在前因变量之间的交互作用，但研究结果表明酒店正式管理和非正式管理系统、员工个人特征之间具有交互作用，影响员工的内部服务质量。因而，提升酒店员工的内部服务质量需要从多方面因素进行系统考量。

第四，本研究使用混合研究法，得到较一致的数据结果，为确保研究结果的内部效度与外部效度提供依据。研究结果提出一个较为严谨、系统的内部服务质量形成机制框架，为相关研究作出理论贡献（Whetten，1989）。本研究同时调研一线与后台员工，从多个对象收集内部顾客的看法，打破了以往研究往往调查一线员工态度和行为的做法（Prentice，2018）。此外，本研究在定量研究中对员工和他们的直接主管进行调查，尽量减少同源数据误差的影响，以增强研究结果的内部效度。

本研究的理论创新主要体现在以下三方面：

第一，在研究内容方面，本研究首次对酒店行业内部服务质量的影响因素进行深入研究，建立一个系统的框架，并对内部服务质量差距产生的原因进行深入分析。前人学者对内部服务质量的影响因素尚未进行深入系统研究，研究成果较为分散，对究竟存在何种因素影响内部服务质量尚未形成一致结论。本研究以厦门四家五星级酒店一线与后台员工作为受访对象，运用扎根理论的质性分析方法，发现影响酒店行业内部服务质量的因素主要包括组织情境因素、个人特质及行为约束情境这三方面。研究成果构建了一个系统的酒店内部服务质量影响因素的基本框架，丰富了以往学者在内部服务质量领域的研究。此外，运用内容分析方法，本研究全面解释了差距模型中各质量差距产生的具体原因，丰富了有关服务质量差距模型的相关研究。

第二，在研究方法方面，本研究运用混合研究方法具有一定创新性。通过文献梳理，笔者发现前人对于内部服务质量的影响因素或质量差距产生原因的研究多是采用问卷调研法的定量研究，其研究结论具有较强的外部效度。但同时也有一定弊端，即研究成果相对较为分散，缺乏一个系统框架。本研究采用探索顺序型混合研究法，首先通过扎根理论的研究方法，建立了影响内部服务质量因素的系统分析框架，研究成果能够在一定程度上弥补前人研究成果分散且缺乏系统性的不足。然后，本研究通过大规模的问卷调查，能够更好地检验并发展定量研究提出的分析框架，增强研究结果的内部效度与外部效度。

第三，在研究视角方面，本研究从一线与后台员工两个角度了解影响内部服务质量的因素，而现有文献通常仅从服务提供者或服务对象单一视角研究该问题。内部服务的过程是双方行为互动的过程，在此过程中存在哪些因素影响最终服务结果需要了解服务双方的看法，由此得出的结论更具有全面性。本研究对比分析了一线与后台员工的不同看法，有利于深入挖掘内部服务质量差距产生的原因。

三、管理意义

提升内部服务质量对于酒店管理具有至关重要的作用，因为内部服务质量会极大地影响对客服务质量与企业内部运营效率。然而，四分之一的访谈对象认为他们所就职的五星级酒店并没有提供高效的内部服务传递系统。因此，酒店管理人员亟需根据员工在实际工作中的体验与期望，找到症结所在，改善现有的内部服务。

首先，本研究结果支持酒店完善现有的内部管理体系。在流程系统方面，酒店管理人员需要诊断内部流程与制度，密切关注并改善酒店的运作方式和服务流程。流程与制度的完善将促使员工更好地支持他们的同事，实现组织的目标。在培训系统方面，酒店培训关注除涵盖传统的工作技能以外，还应包括情绪管理、沟通技巧、组织文化与价值观培养等项目。这些内容对内部顾客与内部服务提供者都是至关重要的，有助于双方在沟通与合作时更融洽地进行配合。此外，正如多位访谈对象所提到的，交叉培训不仅有助于拓展员工的专业知识，而且有助于员工了解跨部门同事的工作，这对员工提供跨部门的工作支持是必不可少的。

第二，酒店管理人员需要通过改革非正式的管理体系，创造良好的内部服务氛围与环境，增强员工对提升内部服务质量的集体认同。管理人员可以增进与员工的沟通交流，让员工清晰理解领导对员工的重视与支持，建立一种相互信任的协作文化（Latif 和 Ullah，2016）。在这样的协作文化下，管理人员可以给予员工更多的工作授权，帮助员工理解组织目标，并在合作精神下促使各个部门和员工之间的相互支持。本研究结果还表明，酒店的部门领导是提升内部服务质量的关键。因此，部门领导应身先士卒，充当良好的内部服务表率，而非遵循自上而下的家长式管理模式（Ling 等，2016）。部门间的沟通需要持续改进，因为模糊不清的信息会阻碍内部服务提供者了解内部顾客的真实需求和期望。正如多位访谈对象所指出的，关于酒店产品、政策和程序变化的重要信息需要在不同部门之间及时传递，才能保障内部服务的畅通无阻。

第三，本研究发现管理人员需要根据员工的个人特征，提高内部服务质量。酒店管理人员可以雇佣和选拔有同理心、责任心的员工，因为这类员工会更负责任地为同事提供高质量的内部服务。酒店可以通过工作之余的团建活动和外联活动，帮助员工熟悉跨部门的同事，从而更好地发展工作中的同事关系（Tse 和 Dasborough，2008）。此外，酒店应精心设计工作岗位、合理分配工作任务，以确保酒店员工能够对工作职能有较强的责任意识，而且承担合适的工作负荷，才能在本职工作之外更多地为同事提供支持。总之，本研究建议酒店管理人员通盘考虑组织因素与个人因素，通过多个关键措施提升内部服务质量，以激发内部服务提供者的服务承诺与服务能力。

四、结论、局限性与未来研究方向

已有研究通常仅关注个别前因变量对内部服务质量的影响,本研究采用混合研究方法建立一个更为全面的酒店员工内部服务质量形成机制模型,从而更好地理解影响内部服务质量的关键性前因变量,以及它们如何影响内部服务传递。本研究结果确定了由9个前因变量组成的三个类别,即正式管理体系、非正式管理体系与个人特质会对酒店员工内部服务质量产生重要影响。除奖励体系外,其他8个前因变量均对内部服务质量有显著的影响。本研究发现内部服务导向与内部服务效能作为重要的中介因素,在前因变量与员工的内部服务质量之间起到完全中介作用。此外,前因变量对内部服务质量的影响不仅在强度上有所差异,而且在影响路径上也有所不同。与内部服务能力相比,员工的内部服务效能起到更为重要的中介作用。酒店正式管理体系、非正式管理体系、个人特征三者之间存在交互作用,共同对内部服务产生影响。

本研究的局限性主要包括以下方面。首先,本研究以大型的高星级酒店为研究对象,以增加研究结果的内部效度。现有文献表明,在中西方不同的文化背景下,员工对同事在职场中的合作导向可能不同(Chen 等,2011),可能会影响员工对内部服务的看法。因而未来研究应收集来自其他国家、文化背景、其他类型酒店的数据,以检验本研究结果的普适性。第二,子研究一主要通过半结构化小组访谈方式进行。小组访谈能够在有限时间内快速收集文本资料,但在访谈过程中无可避免小组成员观点会受到其他成员的影响,小组访谈结果存在一定趋同性,在充分发掘个人观点上仍有所欠缺(Williamson,2018)。未来研究可以采取更多样化的数据收集方式，更加深入发掘访谈对象的观点，对研究主题形成更全面的了解。第三，本研究的定量研究是基于横截面设计，学者们可以在后续的研究中通过纵向设计或实验研究进行验证，更好地推断因果关系。第四，本研究只探讨了三个代表性前因变量之间的相互作用。各前因变量之间可能存在复杂的关联，因而未来研究需要更深入地理解各前因变量如何产生交互作用，对内部服务质量产生影响。最后，与现有研究类似（例如Chen，2013），本研究通过员工感知的方式来衡量组织层面的变量，例如请酒店员工评价感知的组织协作文化。未来研究建议采用多层次数据分析方法，更好地探讨组织因素对内部服务质量的影响。

总体而言，本研究为更全面地理解内部服务质量的形成机制建立了基础，提供了相关的理论与实证依据，为该主题的理论构建与发展提供了机遇。其中最重要的结果包括建立三类内部服务质量前因变量（即正式管理体系、非正式管理体系和个人特征），提出"刺激—内部服务导向/内部服务效能—内部服务质量"的传递机制，确定三类前因变量对内部服务质量的三阶交互作用。最后，本研究结果为酒店业改进内部服务并最终保持竞争优势，提供针对性的建议措施。

第三章

危机时期旅游企业内部服务的变革研究

第一节　研究背景与目的

一、研究背景与意义

2020年初新型冠状病毒感染的肺炎疫情（以下简称"新冠疫情"）暴发，给全球经济带来了比2003年"非典"时期更严峻的挑战（Smart，Ma，Qu，和Ding，2021）。为防止疫情大规模迅速传播，2020年初起我国政府采取暂时关闭非必要行业（包括酒店和餐馆），以及推迟或取消会议、展览、体育赛事等活动的措施。根据中国饭店协会2020年3月发布的《新冠疫情对中国住宿行业的影响与趋势报告》，国内住宿企业（包括酒店、民宿等）在2020年前两个月经营损失达到670亿元。根据国际著名的酒店数据服务提供机构——史密斯旅行研究中心（Smith Travel Research）发布的2022年中国大陆酒店数据报告，近两年即便在春节期间酒店入住率也几近腰斩，多数徘徊在30%上下。在此危机情境下，多数酒店选择减员、降薪、一人多岗等成本紧缩的人力资源战略应对危机，员工因而出现抱怨、倦怠等负面情绪，甚至出现消极怠工、盗窃、罢工等行为，这使得危机中的组织—员工关系变得更加脆弱。组织员工关系的重要纽带——心理契约（Psychological Contract），即员工与组织感知彼此应承担的责任（Rousseau，1995），呈现出不稳定性。

与正式的书面合同相比，心理契约具有主观、隐性等特征，其建立基础是组织与员工互惠互利的回报关系（Li，Wong和

Kim，2016）。当员工发现酒店难以兑现常规环境下承担的责任时，心理契约破裂难以避免。这种破裂进而可能引发员工的不满、离职甚至报复，不仅影响危机期间酒店的运营，对酒店全面复工也会造成潜在影响。当组织认为员工没有履行职责时，也会严惩、开除违规员工，对员工岗位和薪资稳定性也造成负面影响。酒店业全面复苏需要外部市场条件和内部员工支持的双重保障（Kamoche，2003），员工与酒店能否在危机时期"同舟共济""共渡难关"，其关键前提之一是组织—员工双方能有效履行彼此在危机时期重视的职责。为此，酒店需要深入了解危机时期员工的心理动态，采取有效的内部管理措施，引导员工承担危机时期的责任，从而建立和谐、可持续发展的劳动关系。

在旅游业危机管理领域，学术界广泛关注宏观与中观层次的危机管理问题，例如危机对旅游业有何影响、旅游企业如何应对危机等，但旅游企业员工心理机制等微观层次的研究较为缺乏（Wang 和 Wu，2018）。危机时期酒店业人力资源管理的文献也聚焦于危机对酒店员工的影响、酒店应对危机的人力资源措施等（Townsendh 和 Wilkinson，2013；Baum，Mooney，Robinson 和 Solnet，2020），忽视从微观的员工层面研究其心理因素。此外，多数文献采用定量研究法探讨变量之间的关联，难以深入揭示危机时期复杂、动态的组织管理情况。

在酒店员工心理契约领域，学术界较关注正常经营环境中员工心理契约破裂与违背的负面影响（Metz，Kulik，Brown 和 Cregan，2012），但危机情境的相关研究鲜有涉及。酒店业的实证研究已经表明，员工心理契约破裂会降低其组织承诺和工作绩效（Li 等，2016），引发服务破坏行为（Park 和 Kim，2019）。在为数不多的危机背景下的相关研究中，学术界主要关注危机事件对心理契约造成的不利影响，缺乏对危机情境下心理契约的内涵与常态下的差异、其影响机制以及组织如何在危机中有效维护心理契约的关注。从研究视角来看，上述研究多数从单视角出发，即或关注组织视角，研究危机时期酒店的人力资源管理政策；或关注员工视角，研究危机时期酒店员工的心理状态。鲜有研究结合组织与员工的双重视角，从内部管理的角度出发，对比分析双方心理契约在危机时期的差异。

在危机情境中，组织与员工心理契约的关键内涵、影响作用、内部管理机制、后危机时期的期望与实际履行情况尚未得到有效解答。基于以上实践与理论研究需要，本研究以新冠疫情危机为背景，运用扎根理论方法对不同产权类型的高星级酒店开展多案例研究，探讨危机时期员工与酒店心理契约的关键内涵与过程机制。本研究能丰富和拓展旅游危机管理领域的内部管理相关成果，为危机时期酒店建立与员工"同进退、共患难"的和谐劳动关系，促使酒店业从危机中复苏提供相应的启示。

二、研究意义

（一）理论意义

第一，本研究运用扎根理论方法，对不同产权类型的高星级酒店开展多案例研究，能够揭示危机时期复杂、动态的组织内部管理情况，深入探讨危机时期双方心理契约的运行机制。目前，酒店业危机管理领域的研究主要关注危机对酒店业的影响以及酒店应对管理措施，较少涉及微观层次的研究，危机时期酒店（即雇主）与员工的心理机制尚不清楚。

第二，本研究探讨心理契约的内涵在危机与常态下的差异、其影响机制以及组织如何在危机中有效维护心理契约，能够丰富酒店危机管理研究在内部管理方面的成果。在危机时期，心理契约作为连接组织—员工关系的重要纽带,对危机时期酒店运营及恢复都具有潜移默化的影响。然而,目前酒店危机管理研究对心理契约缺乏足够的重视,本研究有助于丰富现有酒店危机管理文献在内部管理方面的研究成果。

第三,现有的酒店业危机时期内部管理的相关研究多数从单视角出发,而且主要是员工角度的调查,鲜有研究结合组织与员工的双重视角,对比分析双方在危机时期的认知差异。本研究结合组织与员工的双重视角,研究危机时期双方的心理契约内涵、双方对危机后彼此承担责任的期望、后危机时期双方是否满足彼此期望,在研究视角上丰富了酒店危机管理和心理契约的相关研究。

(二)实践意义

随着旅游与酒店业的兴起,各种危机的到来也逐渐体现出该行业的脆弱性。危机过后酒店如何迅速复苏,成了学界与业界的共同难题。本研究能为酒店提供有效的管理建议,帮助酒店建立与员工"同进退、共患难"的和谐劳动关系,从而促使酒店业从危机中复苏。

本研究有助于酒店了解危机时期员工对酒店承担责任的期望,以及双方在心理契约关键内涵方面的不同看法。首先,本研究明确了危机时期员工重视的企业责任,能够让酒店经营者意识到员工看法的重要性,在危机管理中更关注员工的需求。其次,本研究探讨了心理契约"破裂—维护—调整"的动态变化,为酒店提供了不同阶段维护员工心理契约的管理建议。最后,本研究指出员工个人因素对心理契约破裂的影响,提供了酒店如何有的放矢管理员工的建议。

三、研究目标与内容

本研究进行了两次调研,结合多案例研究和扎根理论两种研究方法,进行探索式理论建构,以新冠疫情暴发期(2020年初疫情大规模传播到4月武汉解封时期)与后疫情时期(2020年底中国新冠疫苗获准上市以来)为背景,以福建省高星级酒店为例,探讨危机情境下酒店与员工双重视角下双方责任(即心理契约)的关键内涵、发生与维护机制、后危机时期责任期望与实际履行情况。具体而言,本研究的目标主要有四个:

第一,探讨危机时期员工与酒店双重视角下心理契约的关键内涵,即从员工与管理人员(酒店代理人)视角,他们认为危机时期酒店和员工个人应分别为彼此承担哪些责任,以及常态与危机情境下承担责任的异同。

第二,明确危机时期员工与酒店心理契约破裂的发生机制及其影响。本研究将深入探讨影响危机时期双方心理契约破裂的关键因素、心理契约破裂的演化过程及双方心理契约破裂对彼此造成的影响。

第三,探讨危机时期酒店进行内部管理、维护员工心理契约的关键路径。本研究将揭示酒店采取哪些管理措施能够有效减轻危机时期心理契约破裂造成的负面影响,引导员工与酒店"同舟共济"。

第四,对比分析员工与酒店对危机后心理契约(即彼此承担责任)的期望、实际履约情况。本研究将揭示危机之后员工与酒店双方心理契约的动态变化,进一步挖掘后危机时期酒店忽视的员工心理契约。

四、研究方法

（一）案例研究法

本研究选取福建省8家具有代表性的、不同所有制的、危机时期内部管理成功或失效（即心理契约破裂）的高星级酒店进行多案例研究。

（二）扎根理论

本研究通过扎根理论方法，对访谈获得的原始资料进行编码分析，揭示各概念与范畴的抽象关系，并以自下而上的方式建构理论。

（三）访谈法

为调查危机情境中酒店与员工双重视角下的观点，本研究分别设计出针对酒店人力资源部门经理、一线部门经理和一线员工的访谈提纲（见附录3）。在访谈过程中及时记录关键信息，访谈结束后根据录音输出访谈内容的文本，用于后续文本分析。

（四）文本分析法

本研究使用软件Nvivo对访谈获取的一手文本资料，以及政府防疫政策、酒店内部资料、新闻报道等二手文本资料进行分析，挖掘和提炼文本内容中蕴含的信息。文本分析法旨在应用符号学理论、结构主义和语言学的分析法等，由表及里探寻文本的深层内涵，适用于本研究。

五、研究创新

一是本研究在危机情境下,不仅关注危机时期酒店与员工双方的心理契约,而且对心理契约的内涵在危机与常态下的差异进行比较。危机管理是旅游领域的重要研究方向之一,近年来已取得丰富的研究成果。但目前旅游业危机管理宏观和中观层面的研究占多数,微观层面的相关研究较少,这在一定程度上限制了旅游业危机管理的研究范围。因此,本研究在研究层次上有一定的创新性。

二是本研究透过酒店与员工的双重视角,对比分析双方心理契约在危机时期的关键内涵与过程机制,挖掘双方心理契约的异同点。酒店业危机管理的现有研究或关注员工层面的心理状态,或关注组织层面的管理措施,鲜有研究结合雇主与雇员的双重视角进行深入的对比分析。因此,本研究在研究视角上具有一定的创新性。

三是本研究不仅聚焦于危机时期酒店员工心理契约的影响机制,而且通过分阶段调研,了解危机前、危机时期、后危机时期双方心理契约的动态变化。在危机的不同阶段,酒店与员工的心理契约会产生动态变化,但目前多数研究仍采用静态的研究方式。因此,本研究在研究方式与主题方面具有一定的创新性。

第二节　文献综述

一、危机对酒店业的影响研究

（一）危机的概念

危机作为社会科学领域一个非常重要的概念，受到学术界广泛关注，现有文献对危机提出了几种定义。有学者将危机定义为"伴随着高度不确定性与决策紧迫感的、对组织有重大影响的低概率情况"（Seeger，Sellnow 和 Ulmer，2003）。还有学者认为任何可能造成负面影响，威胁组织或行业生存能力，且原因不明的重大事件都可以被定义为危机（Paraskevas 和 Quek，2019）。每类危机都具有三个共同要素，即意外、威胁和短反应时间（Williams，Woods 和 Staricek，2017）。学者们在旅游灾害管理的相关研究中区分"危机"与"灾难"（Faulkner，2001），将"危机"定义为源于组织内部的问题，如管理效率低下或无法适应变化；将"灾难"定义为不可预测的外部因素造成的情况。"危机"和"灾难"在旅游与酒店业的研究中经常交替使用（Smart，Ma，Qu 和 Ding，2021），因而本研究也未严格区分二者。本研究根据都恩（Doern）等总结的观点，将广义上的危机界定为一种极端、意外或不可预测的事件，需要组织做出紧急反应（Doern，Williams 和 Vorley，2019）。

学者对危机不同阶段进行了讨论。危机一般可以分为三个阶段：危机前阶段、危机阶段和危机后阶段（Freeman，1987）。基于不同原因，危机在各阶段的持续时间有所差异（De，2007），例如金融危机的危机前阶段较长、且有多个预测指标，而恐怖袭击没有危机前阶段与明显的预测指标。

关于危机的不同类型，学术界的观点不尽相同。例如，根据自然或人为因素引发的原因角度，危机可以分为自然灾害、恐怖主义和公共卫生流行病（Ritchie，2004）。根据危机的突然性，美国危机管理学会（The Institute for Crisis Management）则将危机分为突发危机与潜在危机（Louisville，2004）。前者涵盖了组织几乎难以控制的意外事件，自然灾害与恐怖袭击就属于这种类型的危机。后者指最初只是组织内部的小问题，往往与管理层责任相关，随着时间的推移而加剧的事件，例如丑闻、贿赂或性骚扰等危机事件。危机具有很强的情景性特点，不同危机均有其独特性，必须结合危机发生的时间、地点、严重程度、遭遇对象等进行特质分析。基于上述分类，本研究认为新冠疫情对旅游企业而言属于公共卫生危机，是一种突发危机，具有影响面广、组织几乎无法控制、组织责任有限的特质。

（二）危机对酒店业的影响

旅游与酒店业是对危机高度敏感的行业，易受经济危机、政治和社会不稳定事件、自然灾害和流行病的影响（Ritchie，2004）。危机的不可预测性和波动性在宏观和微观层面都对酒店业构成严峻挑战（Giousmpasoglou，Marinakou 和 Zopiatis，2021），使得旅游业在缺乏安全、稳定和自由流动等核心要素的情况下难以为继（Freeman，1987）。学术界从宏观和中观角度对危机产生的挑战进行了较多探讨（Zopiatis 和 Savva，2019），重点关注危机对旅游与酒店业的负面影响（Kubickova，Kirimhan 和 Li，2019；Wang，2020）。

在危机的负面影响方面，西方研究指出"9·11事件"标志着恐怖活动对旅游业和酒店业的影响发生了重大变化（Israeli, Mohsin 和 Kumar，2011）。恐怖主义会增加游客对旅游目的地安全的担忧，降低其旅游动机（Sonmez，1998）。典型的自然灾害，如地震、洪水、风暴和火山爆发，很容易给旅游和酒店业造成数十亿美元的损失（Smith 和 Katz，2013）。金融危机通常会降低旅游和住宿需求，并导致劳动力市场以及人力资源管理实践的变化，因而酒店可能采取裁员、减少零工岗位与培训等方式降低劳动成本（Edvardsson 和 Durst，2021）。

相关研究还指出不同类型危机对旅游与酒店业的负面影响存在差异（Rossell, Becken 和 Santana，2020）。例如，恶劣天气和恐怖主义引发的危机持续时间相对较短，但前者主要影响酒店业供给方，而后者主要影响行业需求方（Miller，2020）。相比之下，经济衰退和流行病引发的危机持续时间更长，可能造成经济衰退和失业等严重影响（Sheiner，2020）。

（三）酒店业的危机管理

危机管理是一个系统化的过程，其目的是减轻或预防危机可能造成的损失（Smart, Ma, Qu 和 Ding，2021）。危机管理问题涉及市场需求减少、企业成本上升、正常运营中断、决策失误、裁员、投资取消、心理压力及组织氛围压抑等多方面负面情况（Pappas，2015）。危机管理过程主要包括危机预防、危机准备、危机应对及危机修正四个阶段（Hoise 和 Smith，2004）。其中，危机预防的重要任务是检测任何预警信号；危机准备通常包括组建危机管理团队、制定危机准备计划和培养组织发言人；危机应对主要指组织采取多方面的补救措施，挽回危机损失；危机修正的中心话题是如何从危机中学习，并积累经验教训（Wut, Xu 和

Wong，2021）。

然而，直到近年来自然灾害、恐怖主义和流行病等研究主题兴起，危机管理在酒店和旅游研究中才得到足够的重视（Wut，Xu 和 Wong，2021）。随着信息技术被大量用于旅游与酒店行业（Navio，Ruiz 和 Sevilla，2018；Zeng 和 Gerritsen，2014），学术界逐渐关注公司机密信息和客户个人信息的数据安全性与隐私问题。此外，危机应对措施是危机管理领域的重要研究方向之一。现有文献从国家、目的地、行业等多个宏观角度提出了帮助酒店应对危机的措施，指出危机时期酒店采取适当的行动可以助其避免灾难性结果，并为提高盈利能力和未来发展创造条件。从宏观角度来看，当旅游目的地面临重大危机时，政府需要出台一系列制定、监测和评估旅游风险指标的危机管理政策（De，2007）。从旅游目的地恢复力的角度，旅游目的地网络的强度、类型和治理有助于提升目的地恢复力（Hall，Prayag 和 Amore，2018）。

2020 年新冠疫情的暴发导致许多国家面临经济衰退，危机管理再次吸引了学术界和业界的关注（Qiu，Park，Li 和 Song，2020）。例如，弗雷德里克（Frederick）等以新冠疫情为背景（Frederick，Charles，Francis 和 Issahaku，2020），聚焦于学术界忽视的小众旅游目的地（非洲西部国家加纳）的中小型酒店和旅游运营商，确定了中小型组织在公共卫生危机管理过程中的六个阶段：提高意识、抗击新冠疫情传播、应对机制、短期恢复措施、长期恢复措施、吸取经验教训。西方学者回顾了旅游和酒店危机管理领域自 1985 年至 2020 年的 512 篇文章（其中 79 篇关于新冠疫情），发现危机管理、危机影响和恢复等话题主导了主流危机管理研究（Wut，Xu 和 Wong，2021）。通过对过去十年（2010—2020 年）有关危机管理研究的回顾，作者指出与健康相关的危机（包括新冠疫情）、社交媒体、政治动荡和恐怖主义等主题是最主要的研究趋势（Wut，Xu和Wong，2021）。

中观层次的酒店危机管理研究侧重于危机时期的酒店管理策略。例如，一项以印度奢华酒店业为背景的问卷调查表明（Israeli，Mohsin和Kumar，2011），酒店危机管理侧重于围绕成本削减和效率提升的管理行动，而不是营销、运营维持、人力资源和政府援助。成功度过危机的酒店在削减成本时会尽力避免降低服务质量，这在危机时期十分重要，因为在经济衰退期间，顾客对服务的期望更高（Martin和Isozaki，2013）。酒店业主和管理人员通常认为危机期间最重要的竞争力因素是控制成本，其次是创新、人力资源管理和营销（Pappas，2015）。西方学者通过分析全球新闻媒体在2019年底至2021年3月期间发表的312篇新闻文章，研究新冠疫情影响下酒店如何创新转型与生存恢复，揭示了酒店经营者应对疫情的最佳实践包括服务转型、智能营销、战略联盟、并购、数字化等措施（Le，Phi和Le，2021）。上述研究为酒店在危机期间如何实施行动和应对竞争提供了管理建议，有助于酒店在危机期间加强竞争力和恢复业绩。

二、危机背景下的酒店人力资源管理研究

经检索（见表3-1），2020年新冠疫情暴发前，学术界对危机时期酒店人力资源管理的关注较少。在为数不多的相关研究中，卡莫奇（Kamoche，2003）以受到1997年亚洲金融危机严重影响的香港酒店业为研究对象，对其危机时期采取的人力资源实践进行批判性的审视。研究指出，尽管管理人员认识到危机时期管理的灵活性有利于组织变革和创新，但深层次的文化和其他因素阻碍了管理的灵活性，导致员工创造力激发不足。汤姆森（Townsend）和威尔金森（Wilkinson）（Townsendh和Wilkinson，

2013）则以 2008 年金融危机为研究背景，通过案例研究调查澳大利亚三家豪华酒店的管理策略。研究结果表明，管理人员主要通过以下方式应对危机：保留核心员工，减少临时工；打破部门壁垒，组织交叉培训和信息共享。上述研究表明，酒店危机管理实践正在发生转变，管理人员逐渐认识到危机时期人力资源工作的重要性，将员工视为组织战略资产，并以此培养和保留员工，能帮助酒店更好地从危机中复苏（Townsendh 和 Wilkinson，2013）。

新冠疫情导致酒店业遭受重创，学术界对危机期间的酒店人力资源管理进行了重点研究。现有研究表明新冠疫情的持续性变化与风险隐患导致旅游业员工面临极其不稳定的就业环境（Baum，Mooney，Robinson 和 Solnet，2020）。拉迪奇（Radic）等通过对邮轮员工的深度访谈，调查新冠疫情对邮轮旅游的影响，指出管理者应重视员工与健康相关的风险（Radic，Law，Luke 等，2020）。阿加瓦尔（Agarwal）的研究探讨了新冠疫情期间酒店采用的人力资源管理实践，并采用定性分析方法检验新冠疫情对酒店员工福利的影响，为酒店管理人员在危机时期进行有效的内部管理提供指导（Agarwal，2021）。史（Shi）等分阶段调查危机期间我国五星级酒店为维持竞争力而采取的战略与策略，以及影响管理人员策略选择的因素（Shi，Weaver 和 Samaniego 等，2021）。调查结果显示，酒店为在危机时期维持竞争力，会多方面调整人力资源管理措施，包括雇佣多技能型员工、引入灵活的培训方案、领导授权与员工关怀等。此外，管理人员的应对措施受到酒店组织文化、位置、品牌形象与竞争对手的影响。

表 3-1　危机时期酒店人力资源管理的研究现状

作者（年代）	研究方法	研究对象	主要发现
Kamoche（2003）	案例研究法	1997年亚洲金融危机时期的香港酒店	尽管管理人员认识到危机时期管理的灵活性有利于组织变革和创新，但深层次的文化和其他因素阻碍了管理的灵活性，导致员工创造力激发不足
Townsend 和 Wilkinson（2013）	案例研究法	2008年金融危机时期的澳大利亚豪华酒店	管理人员应对危机的主要方式包括：保留核心员工，减少临时工；打破部门壁垒，组织交叉培训和信息共享
Baum 等（2020）	文本分析法	2020年4至6月受新冠疫情影响的酒店员工	新冠疫情的持续性变化与风险隐患导致酒店员工面临极不稳定的就业环境
Hu（2020）	案例研究法	受新冠疫情影响的中国一家中小型酒店	员工遵守疫情防控规定会经历四个阶段的心理过程：风险和健康意识的提升；感知效用价值；适应防控行为；将防控行为融入工作实践
Agarwal（2021）	访谈法	受新冠疫情影响的印度酒店业	以员工为中心的人力资源管理实践对员工的幸福感有显著的影响
Shi 等（2021）	文本分析法、访谈法	2020年受新冠疫情影响的中国豪华酒店业	酒店为在危机时期维持竞争力，采取雇佣多技能员工、引入灵活的培训安排、领导授权和员工关怀等人力资源管理措施。管理人员应对措施的选择受到酒店组织文化、位置、品牌形象和竞争对手的影响

续表

作者 （年代）	研究方法	研究对象	主要发现
黄锐和谢朝武（2021）	问卷调查法	中国东南沿海16家星级酒店员工	酒店在疫情时期的管理行为和员工个体特征都会影响员工对职业前景的认知

资料来源：笔者整理汇总

上述研究聚焦于探索新冠疫情对酒店员工的影响、酒店人力资源管理应对措施等，却忽视从员工层面探讨其深层次的心理因素。仅有少数学者对员工心理进行深入的探讨。例如，黄锐、谢朝武（2021）通过问卷调查酒店员工在疫情时期的职业前景认知，并从员工压力、组织氛围和差异化管理等方面提出管理建议。然而，现有研究极少从管理人员与员工双重视角探讨危机时期的内部管理问题。

三、心理契约在常态与危机情境下的研究

（一）心理契约的概念

早期学者将心理契约视为"员工与其组织或主管之间的相互期望"（Schein，1965），该定义强调了许多与组织无关的影响（Coyle，Costa Doden 和 Chang，2019）。卢梭（Rousseau，1989）的定义将交换协议的条款从期望转变为承诺，认为心理契约是"个人对与组织（或主管）之间互惠互换协议条款的认知"。以卢梭的概念为依据，本研究将心理契约定义为"雇主与雇员双方对彼此责任与义务的主观理解"。

组织与员工之间的交换关系承诺包括显性契约和隐性契约（Coyle 等，2019）。显性契约是员工对口头和书面契约的解

释；与之相对，心理契约是一种更为动态、主观、隐性的契约（Li，Wong和Kim，2016）。卢梭将心理契约的概念从对关系的感知转变为对个体层面的感知，强调个人化、主观性和承诺性质（Coyle等，2019）。员工可以利用他们对观察结果的主观解释以及与组织中的主管、人力资源管理人员、同事的对话塑造自己的心理契约（Rousseau，1995）。因此，心理契约是一种主观感知，不一定与另一方共享。雇主和员工可能对他们的心理契约内涵以及彼此履行义务的程度有不同看法（Rousseau，1989）。

学者们将心理契约与期望的概念区分开来。二者的相似之处在于都描述了个人对组织的信念或看法（Robinson等，1994）。然而，员工在入职前就会形成对未来组织—员工关系的期望。随着员工与组织的互动交流，这些期望内容可能会发生变化，只有那些被雇主明示或暗示的期望才会成为心理契约的一部分（Robinson等，1994）。因此，与基于入职前经历的期望不同，心理契约是通过互动过程发展起来的，该过程通常始于招聘阶段（Rousseau，1990），但也可能受到其他人力资源管理措施的影响，如绩效评估、薪酬福利和培训发展等（Rousseau，1995）。此外，员工入职前的期望在内容上没有限制，源于员工一方的理解；相比之下，心理契约包含约定的义务，是员工进入组织后形成的交换，以雇主和员工双方为契约对象。

在现有实证研究中，心理契约主要分为两个维度：关系型契约和交易型契约（Macneil，1985）。二者的侧重点、时长、范围、稳定性和有形性有所差异（Coyle和Parzefall，2008）。关系型契约主要关注社会情感资源的长期交换，即员工需要对组织保持忠诚，从而获得工作保障和晋升发展的机会。交易型契约关注的重点是经济交换，它指在一定期限内以特定的、可货币化的交换为基础的义务（Rousseau，1995）。关系型契约和交易型契约是相对、而非相互排斥的。现有研究也指出，有些组织措施同时属于两类心理契约，例如企业的绩效评估系统，具有长期情感交换与短期经济交换的双重特质（Coyle等，2019）。

（二）组织正常经营环境下心理契约的研究现状

早期研究关注企业在常态化情境下关系型契约和交易型契约的内涵。研究结果表明员工主要重视的是关系型契约，包括组织文化、主管支持、成长和发展机会等，其次才是交易型契约，包括薪酬、福利和合理工作量等（Aggarwal和Bhargava，2009）。此外，心理契约内涵因员工级别不同而存在差异：基层员工对遭遇组织不公平待遇的担忧明显多于经理，尤其是在遭遇无正当理由的解雇和歧视方面（Atkinson和Cuthbert，2006）。

目前多数研究聚焦于检验员工对心理契约履行、破裂或违背的认知，以及相关结果对组织的影响。从雇主、员工或双方视角来看，心理契约可以被视为"已履行""破裂"或"违背"（Coyle等，2019）。其中，心理契约履行指"契约一方认为另一方已履行其义务的程度"（Lee，Liu，Rousseau，Hui和Chen，2011）；心理契约破裂指"员工对组织未能履行与员工付出相对应的责任与义务的认知"，而心理契约违背指"员工对组织未履行其责任与义务的情绪和情感反应"，如愤怒、震惊、怨恨等负面情绪反应（Rousseau，1989）。心理契约的履行和破裂包含个人的认知判断与评价，而违背则包含了情绪反应。因此，员工可能会感受到心理契约破裂，但不一定引发心理契约违背，这与责任未履行的原因和责任归属有关（Morrison和Robinson，1997）。

心理契约的履行有可能对双方关系产生积极影响，而破裂和违背则可能引起负面变化（Coyle等，2019），学术界对心理契约破裂与违背的广泛研究说明了其对组织的重要性。当员工感知心理契约破裂或违背时，员工的组织承诺、组织信任与工作满意感都会有所降低（Morrison 和 Robinson，1997）。员工从事组织公民行为、提升工作绩效等积极工作行为的意愿也会降低，更有可能表现出对领导、同事和顾客的消极行为，以此作为对组织的报复，从而重新平衡不平等的交换关系（Restubog，Bordia，Tang 和 Krebs，2010）。酒店业的实证研究也验证了该结论，例如李（Li）等对中国澳门 30 家酒店的员工进行问卷调查，探究心理契约破裂对组织的不利影响（Li，Wong 和 Kim，2016）。研究结果表明，心理契约破裂会降低员工的组织认同，进而影响他们的工作绩效。帕克（Park）等的研究将员工心理契约破裂视为酒店主管辱虐型管理与员工服务破坏行为的中介变量，结果还表明员工心理契约破裂本身可以是服务破坏行为的前因（Park 和 Kim，2019），这是对心理契约和服务破坏文献的重要补充。

学者们广泛认同，心理契约在解释组织变革引起的雇佣关系变化方面具有重要价值。在组织发生裁员、企业重组等变革时，员工可能认为组织违背承诺，导致自身利益受到侵犯，进而削弱他们的工作热情和士气（Conway 等，2014）。康威（Conway）等以 2008 年金融危机和英国公共部门颁布的一项重大的全国性预算削减公告为背景，研究国家公告后的组织投入削减是否导致公共部门员工心理契约破裂（Conway，Kiefer，Hartley 和 Briner，2014）。研究结果表明，组织变革可能带来员工心理契约破裂与违背，进而导致员工的组织承诺与公民行为的减少。

（三）危机情境下心理契约的研究现状

与正常经营情境下的心理契约研究相比，危机时期的心理契约长期以来未受到学术界足够重视，尤其在新冠疫情之前开展的研究有限。为数不多的相关研究主要关注危机事件对员工心理契约造成的不利影响。例如，梅茨（Metz）等使用金融危机前后收集的澳大利亚经理人的数据，从经理人的角度检验危机前后心理契约的变化（Metz, Kulik, Brown 和 Cregan, 2012）。问卷调查的结果表明，只有在受金融危机影响的行业，雇佣关系明显恶化，而且女性员工在遭受组织的不公正对待时更容易感到心理契约破裂，认为组织没有尽职尽责地履行对员工的义务。

新冠疫情以来，学术界逐渐关注危机情境下的心理契约。杜（Du）等以中国的疫情为背景，从员工角度研究心理契约对员工安全行为的作用机制，检验了工作倦怠和主人翁地位在复工过程中的中介作用（Du 和 Liu, 2020）。问卷结果表明在中国企业复工应对新冠疫情的过程中，心理契约对员工的安全行为有积极的促进作用，但心理契约违背可能导致员工工作倦怠增加。该研究从员工心理契约的角度为危机情境下员工安全行为提供建议对策。

在旅游与酒店业领域，梅卡威（Mekawy）等在新冠疫情后收集来自埃及旅行社员工的数据（Mekawy, Elbaz, Shabana 和 Soliman, 2021），探讨心理契约破裂对旅游企业员工工作态度和行为以及情绪衰竭的影响。定量分析结果表明，心理契约破裂对员工情绪衰竭不但有直接正向影响，还会通过工作相关的态度和行为影响其情绪衰竭。阿卜杜拉（Abdalla）等的研究（Abdalla, Said, Ali, Ali 和 Chen, 2021）以新冠疫情期间酒店员工为调查对象，发现心理契约违背对组织信任有显著的削弱作用，并通过情绪衰竭对组织信任产生不利的间接影响。

在研究方法方面，上述研究主要采用问卷法，收集大规模样本分析危机对组织内部管理以及员工心理契约的不利影响。但问卷法关注有限变量的关系，不能深入揭示危机时期心理契约的发生及影响机制。而且上述研究主要向员工收集问卷，缺乏对管理人员视角的系统关注。

（四）研究述评

本研究主要回顾危机对酒店业的影响、危机背景下的酒店人力资源管理、危机情境下的心理契约等方面的相关研究，并对现有研究进行总结和概括。在酒店业危机管理领域，前人研究深入探讨了危机对酒店业的影响、酒店在危机时期的应对措施等宏观和中观层次的危机管理问题。具体而言，现有研究以不同类型的危机为背景，探讨了不同危机对酒店业影响的差异。其次，由于危机不同阶段的特征各不相同，学者们对危机各阶段的影响进行了广泛讨论。此外，学者还对酒店在危机时期为维持竞争力做出的管理措施进行了调查和总结。旅游学界和业界都逐渐认识到危机时期内部管理的重要性。

在新冠疫情暴发之前，仅有少数研究调查危机时期酒店行业的人力资源管理实践。在研究方法上，学者们通常采用访谈或案例研究等定性分析方法进行相关主题的研究。新冠疫情以来，酒店业遭受重创，引起学术界的广泛关注。但现有研究重点关注疫情对酒店员工的影响、酒店人力资源方面的应对措施等，较少从微观角度探讨员工深层次的心理机制，以及从员工与管理人员双视角探讨内部管理的效果。因此，本研究从心理契约角度出发，探讨危机时期酒店内部管理工作，具有一定的理论意义。

在心理契约领域，学术界在新冠疫情前已进行关于在常态情境下或组织变革背景下心理契约破裂或违背的相关研究，但对其产生机制缺乏深入探讨。危机情境下的研究同样聚焦于危机事件对员工心理契约的不利影响，但危机情境下心理契约的内涵与常态情境有何差异、组织在危机中如何有效维护心理契约都未得到有效解答。在研究视角上，相关文献以员工视角为主，探讨员工心理契约破裂的影响，忽视了对组织视角的关注。在研究方法上，多数研究采用问卷调查法等定量研究方法，难以深入探讨心理契约的产生机制、影响机制及维护和补救机制。因此，本研究结合酒店与员工的双重视角，采用定性研究方法深入探讨危机时期的心理契约，具有较强的理论价值。

第三节　研究方法与研究设计

一、研究方法概述

（一）案例研究法

案例研究具有经验性研究的特质，适用于回答"为什么"以及"怎么样"的问题（Sieger, Zellweger, Nason 和 Clinton, 2011）。案例研究法是工商管理学科常用的研究方法，研究者通过详细描述案例现象、分析现象的产生原因以及从中探求现象的规律性，最终推导得到研究结论和明确新的研究命题（欧阳桃花，2004）。

案例研究法对工商管理学科有很大研究价值和意义（冯雪飞和董大海，2011）。首先，案例研究关注情境因素，有助于深入细致地分析某种情境下出现的独特现象、现象的发生原因以及背后的社会情境因素（冯雪飞和董大海，2011）。其次，案例研究要求研究者对某一现象进行透彻的调查分析，挖掘现象产生的根本原因，从而呈现更全面的研究结论、发掘更新颖的理论脉络、建构更创新的理论观点（冯雪飞和董大海，2011）。此外，案例研究法通过多种渠道收集数据资料，能够更准确地解释现象之间或现象所处情境的逻辑关系，有助于学者对组织内外部关系展开更深入的阐述（冯雪飞和董大海，2011）。最后，案例研究法要求研究者用"故事线"详细描述案例背景、现象产生过程与因果关系，呈现出"一个引人入胜的故事"（Dyer和Wilkins，1991）。

案例研究法"定性、经验性"的特质使其遭到定量研究者的质疑，认为文字的精确性、客观性和缜密性逊色于统计研究结果（毛基业和张霞，2008）。对此，学者们提出案例研究法更适用于以下情境（冯雪飞和董大海，2011）：一是案例研究法要回答的是"为什么"以及"怎么样"的问题（Yin，2009），这类问题通常更需要解释因果关系和建构新的理论；二是案例研究法更适用于研究复杂、动态、不受研究者控制的情境或现象（冯雪飞和董大海，2011）。

在案例设计方面，研究者可以根据研究目的选择单案例或多案例研究（张春娥，2015）。案例研究的代表学者殷（Yin）指出，多案例研究的结论更扎实和更具说服力（Yin，2009）。与单案例相比，多案例研究设计的来源更广，且案例之间能够相互比较、印证，从而提高结论的普适性和可靠性。

本研究选择多案例研究方法主要有三个原因：第一，本研究目的是探索危机后酒店改善和维护心理契约的路径，要回答的是"怎么样"的问题，案例研究法较适用于此情境（Sieger，Zellweger和Nason，2011）。第二，危机时期酒店和员工都面临极大不确定性，组织和员工行为也呈现复杂、动态等特征，采用案例研究法能够更透彻地分析危机时期内部管理与心理契约的动态变化（冯雪飞和董大海，2011）。第三，通过复制法则研究多个案例，对现象进行归纳与解释，能够对研究结果进行对比和印证（Glaser 和 Strauss，1967），有助于理解酒店在危机中如何改善内部管理、维护和谐的劳工关系。

（二）扎根理论

本研究遵循目前受社会科学领域广泛认可和应用的程序化扎根理论学派，根据开放性编码、主轴编码和选择性编码的操作程序对数据资料进行分析和解释（Glaser 和 Strauss，1967）。尽管扎根理论是社会科学领域广泛应用的质性研究方法（卢崴诩，2015），但也有其适用性。扎根理论研究法特别适用于微观层次、社会互动行为过程的研究（刘方龙，邱伟年，吴能全和曾楚宏，2019），严格按照该方法的操控程序进行研究，能够保证研究结论的可靠性（李艳双，马朝红和杨妍妍，2019）。

综上，案例研究要回答的是"怎么样"或者"为什么"的问题，通常以访谈形式进行，扎根理论研究法则能很好地解释分析访谈获得的文字资料以及建构理论（白长虹和刘欢，2019），因此近期学术界陆续出现结合案例研究法和扎根理论的研究。例如我国管理学界顶级期刊《管理世界》《南开管理评论》等收录了结合案例研究法和扎根理论研究方法的文章（吴先明和苏志文，2014；白长虹和刘欢，2019）。本研究通过访谈等形式开展案例研究，并获得新闻报道、政府公告等多种文字资料，主要结合案例研究法和扎根理论两种方法开展研究。

二、资料收集

（一）一手资料收集

本研究采用理论抽样方法，联系疫情期间具有代表性的高星级酒店，分两个阶段对疫情期间有轮岗经历的酒店管理人员与一线部门员工进行半结构化访谈，即研究者设计基础访谈提纲（见表3-2），在访谈过程中根据实际情况灵活调整访谈方式与顺序等要求。

第一次访谈在2020年5月进行，此时我国新冠疫情刚刚暴发不久，各地酒店陆续复工营业，但管控政策仍然较为严格；第二次访谈在2021年7月进行，此时我国疫情得到控制，只有少数地区零星发生病例。本研究选取这两次调研时间，能较好代表危机爆发时期和后危机疫情常态化时期两个阶段。所有访谈对象既经历了疫情期间在岗，也经历了阶段性歇业的待岗状态，对疫情期间酒店的管理措施有深刻的亲身体验。

表3-2 访谈提纲设计思路

	访谈时间	访谈对象	访谈目的	访谈问题示例
第一次访谈	2020年5月	9位人力资源主管，10位部门主管，16位基层员工	疫情期间酒店和员工分别受到的影响、酒店与员工认为彼此应该履行的责任（即心理契约）及实际履行情况、员工对未来履行责任的预期等	• 疫情期间，您认为酒店对员工应该承担哪些责任？在哪些方面给员工提供支持？ • 疫情期间，酒店对员工实际提供支持（承担上述责任）的情况如何？

续表

访谈时间	访谈对象	访谈目的	访谈问题示例
第二次访谈	2021年7月	4位人力资源主管，7位基层员工	后危机时期酒店与员工心理契约的动态变化；检验案例酒店与员工是否满足危机后对彼此承担责任的期望，挖掘"后危机"时期酒店忽视的员工心理契约	• 酒店人力资源管理在疫情不同阶段有哪些变化？现阶段与疫情期间相比有哪些异同？ • 经历疫情后，酒店在内部管理方面与疫情之前相比有哪些变化？为什么会有这样的变化？

资料来源：笔者整理汇总

第一次调研目的是获取危机时期案例酒店的人力资源政策与落实情况、员工工作状况等信息。调研题目包括疫情期间酒店和员工分别受到的影响、酒店与员工认为彼此应该履行的责任（即心理契约）及实际履行情况、员工对未来心理契约的预期等（访谈提纲见附录3）。第一次调研共获得8家酒店的35份访谈记录（19位管理人员、16位员工），每项访谈持续50~70分钟，共形成约18万字访谈稿，在征得访谈对象同意的情况下进行录音。访谈对象平均年龄为35.5岁，酒店行业平均从业时长为6.4年，47.2%访谈对象已婚已育，69.4%访谈对象受教育程度为大专及以下。本研究重点筛选了位于福建省厦门、泉州和宁德市的6家高星级酒店进行分析（详见表3-3），还有2家案例酒店的访谈资料用以检验理论饱和度。

表3-3 高星级酒店案例列表

案例编号	开业时间	房间数量	酒店星级	企业类型	访谈对象
A	2018	327	五	国际连锁	1位人力资源经理（A1）；1位前厅经理（A3）；1位餐饮经理（A5）；1位餐饮员工（A6）
B	2017	620	五	国有	1位人力资源经理（B1）；1位礼宾经理（B3）；1位安保员工（B5）；1位餐饮员工（B6）
C	2012	300	五	国际连锁	1位人力资源经理（C1）；1位销售经理（C3）；2位前厅员工（C5、C6）
D	2016	302	五	国有	2位人力资源经理（D1、D2）；1位前厅经理（D3）；1位餐饮员工（D5）
E	2017	249	四	私营	1位人力资源经理（E1）；1位客房员工（E5）
F	2006	1525	五	私营	1位人力资源部经理（F1）；2位宴会厅经理（F3、F4）；1位客房员工（F5）；1位前厅员工（F6）

资料来源：笔者整理汇总

据采访对象反馈，新冠疫情暴发对案例酒店造成巨大影响。2020年1月底至2月初上述酒店停业，3月逐步恢复酒店餐饮与住宿业务，4月酒店入住率仅恢复至往年同期的10%~15%。

在新冠疫情暴发初期，我国政府即根据病例数量和蔓延严重程度划分高中低风险地区。案例酒店所在地被划分为中风险区域，所在区域地方政府政策和防疫规定类似，以便于本研究更好地排除地域与防疫政策差异对研究结论内部效度造成的干扰。与高风险地区、被要求停业的酒店不同，位于中风险区域的案例酒店在疫情期间可以开展经营业务，但必须遵守政府相应的管控政策。

第二次调研作为对初次访谈研究的补充，目的是获取危机后案例酒店人力资源政策与员工工作状况的变化情况，从而分析危机前、危机时期、后危机时期酒店与员工心理契约的动态变化；检验案例酒店与员工是否满足危机后对彼此承担责任的期望，挖掘"后危机"时期酒店忽视的员工心理契约（访谈提纲见附录4）。本次调研回访对象包括第一次访谈案例酒店的4位人力资源经理、7位员工，每项访谈持续30~50分钟，共形成约5万字访谈稿，在征得访谈对象同意的情况下进行录音。回访对象平均年龄为28岁，平均从业时长为3年，36.4%回访对象已婚已育，72.7%回访对象受教育程度为大专及以下。

学术界对心理契约的双方界定非常清晰，反映了"雇主（或组织）—雇员"之间的关系。因而本研究使用"酒店"代表企业雇主，"员工"代表雇员。与该领域其他实证研究一致（Shi, Shi, Weaver和Samaniego, 2021），本研究依据代理理论（Agency Theory），采用管理人员的意见代表雇主方。

（二）二手资料收集

本研究根据三角测量法，利用多种渠道收集信息，从而提高案例研究的信度与效度（Yin, 2009）。本研究不仅通过深度访谈的方式收集一手数据，还通过多种渠道获取二手数据，主要包括政府防疫部门发布的相关通告（例如《关于进一步加强疫情期间餐饮行业管理、防止疫情传播的通知》《福建启动重大突发公共卫生事件一级响应》等）、案例酒店提供的有关防疫工作的内部资料（例如酒店复工通知等）、新闻报道、其他网络媒体资料和调研笔记等。

三、调研对象的选取原则与样本量

本研究采取多案例研究，以提高研究结论的普适性和可靠性。本研究选取案例的依据是：

一是典型性原则。鉴于本研究的目的在于探究危机期间酒店改善和维护心理契约的过程，因此本研究在正式访谈前与人力资源主管沟通确定酒店基本状况，确定案例具有典型的危机时期内部管理成功或失败特征后再开展研究。

二是多案例复制原则。为进一步洞悉酒店在危机期间改善和维护心理契约的行为，本研究选择不同产权类型的案例酒店，以便对比、印证从不同酒店获得的研究结论，从而提高研究结论的可靠性。

三是数据获取的方便性及准确性。笔者确保每个案例酒店可以提供危机期间酒店人力资源管理策略等详实的原始资料、访谈对象同意留下联系方式，以便后续对资料进行核实，从而形成三角验证。

四是内部效度的考虑。案例酒店都位于福建省，疫情期间案例酒店的地方政府政策相对一致，以便更好排除外部干扰因素的影响。

扎根理论的核心特征包含理论抽样，即为了明确概念之间的逻辑关系和构建新理论，在调研过程中持续对比、判断案例分析的推论，由理论引导和调整样本的抽取，其实质是资料分析和样本选择交替进行（苗学玲和解佳，2021）。在理论抽样过程中，研究者的目的是形成类属或理论的属性，既不是对挑选的人群随机抽样,也不是在特定的人口中按照代表性来分配抽样。在进行理论抽样的时候,研究者要根据人、事件或信息来解释和定义这些类属的边界的相关性。

当资料分析满足以下条件时,说明达到理论饱和,此时理论抽样即可停止(苗学玲和解佳,2021)。一是关于某个分类没有发现新的或相关的资料;二是研究者基于"条件—行动/互动策略—结果"的典范模型对分类进行详尽的解释分析;三是完整建立并验证分类间的逻辑关系。

本研究在对案例资料数据进行初步比较时,选取了部分聚焦编码,即初步类属,并撰写了关于这些编码的备忘录。但在该阶段类属较为单薄,大多只是假设,仍然存在不确定性或漏洞。此时笔者遵循理论抽样方法,搜集和寻找关于初步类属及其属性的更多相关数据,从而加工和完善研究过程中出现的类属。例如,本研究在分析案例A的数据时,预测到员工对危机的情境归因差异可能会影响员工对心理契约破裂的接受程度。在之后的数据搜集和分析过程中,该假设得到了验证。

本研究通过抽样形成类属的属性,直到没有新的属性再出现。具体而言,研究中对于一个理论类属,搜集更多的数据已不能揭示其新的属性,也不能推进关于该理论的见解时,即达到理论饱和。本研究在分析完第六个案例,继续搜集并分析第七个和第八个案例的数据时,发现各类属的属性没有新增,说明已达到理论饱和,即停止收集更多的案例。

四、定性研究的质量控制

为进一步提高本研究的科学性与严谨性,本研究从以下方面对定性研究的数据资料质量进行控制与检验:

一是在研究设计阶段,严格制定研究计划、建立资料库,详尽记录并分类保存相关资料,为后续开展研究及重复验证提供资料基础,从而提高研究信度(白长虹和刘欢,2019)。

二是在数据收集阶段,本研究采取多种方法,尽量减少调研偏差。为避免员工受访时因为联系人的潜在原因(例如联系人是其上级)产生访谈压力、影响访谈的可靠性,笔者联系人力资源主管或部门主管时,请其尽量介绍其他部门员工。在访谈前,受访对象被告知本次调研仅用于学术研究,且全部采用匿名处理,使受访对象更愿意在访谈中表达自己的真实观点。

三是正式编码前,笔者与另一名研究者对同一案例资料开展试编码,对结果进行比较、讨论,统一编码规则后分别进行正式编码,出现分歧时及时探讨并形成统一意见,提高研究信度和内部效度(白长虹和刘欢,2019)。

四是通过访谈、企业资料、新闻报道等证据形成三角证据链,并将初步研究结果反映给对研究问题较为熟悉的学者与酒店管理人员,并根据他们对研究结果的点评进行修正,以提高研究结果的建构效度。

五是本研究根据复制法则选取案例,考虑调研不同产权、规模的高星级酒店,进行深入挖掘与比较,从而增强研究的外部效度。

第四节 资料分析与理论建构

一、单案例分析

在进行资料分析时，本研究首先选取访谈对象提供信息最多、良好心理契约维护的案例（国际连锁酒店A）开展详尽的单案例分析，从而界定资料分析的范围和要点。本研究根据"程序化扎根理论研究"的操作路径（Glaser和Strauss，1967）开展资料分析，主要有三个阶段：开放性编码、主轴编码及选择性编码。

（一）开放性编码

开放性编码即对原始资料进行聚敛的过程（Patton，1990）。该操作过程需要先打散原始资料，再通过新的方式对其重新组合（陈向明，2000），主要操作程序包括：一是定义现象。拆分原始资料为相互独立的事件或故事（即"贴标签"），并为该事件进行命名（即"概念化"）。二是发掘范畴。将现象概念化后，聚拢相似概念（即"范畴化"），为其命名并确定其性质与面向（陈向明，2000）。基于以上流程，本研究首先对案例酒店A的资料开展开放性编码（举例见表3-4）。

首先，"贴标签"。该过程需要紧紧贴着数据，保持开放的态度，建立简短而精确的编码。两位研究者逐句分析资料，标记、简化并提炼与心理契约相关的词句，比较和组合不同编码后，共建立 379 个自由节点。

其次,"概念化"。对节点进行现象分类与命名,从而建立概念,共建立 79 个树节点。

最后,"范畴化"。聚拢相似概念并为其命名,新建 39 个树节点,并将上一步"概念化"的树节点降为二级树节点。

通过上述过程,最终得到描述 A 酒店案例心理契约的 379 个标签和 80 个概念以及 39 个次范畴。

表 3-4　开放性编码示例

代表性示例	贴标签示例	概念化示例	次范畴
他们不回来上班还可以拿 1800 元,我上班还要抵掉我的休假,最后拿 2400 元(C3)	内部薪酬对比	薪酬公平	收入保障
考虑到别的酒店在停工的那一个月都发工资,我们酒店没有,心理还是有点不平衡的(E5)	外部薪酬对比		
工资方面,待岗人群肯定需要按照厦门市最低工资发放的(B6)	最低工资	最低工资保障	
没有排班的员工只能领社会低保(C3)	社会低保		
在这个时候,酒店能按时发放工资,是应该做到的,我觉得是基本的(E6)	按时发放工资	发放工资及时性	
酒店帮员工去联系可以上班的需要做兼职的其他公司,增加员工收入(D3)	兼职增加员工收入	增加收入	
如果员工在外面兼职能够解决自己的温饱问题,酒店应该同意员工在外兼职(F3)			

资料来源:笔者整理汇总

(二)主轴编码

主轴编码即将范畴与副范畴进行组合、确定其内部逻辑关系的过程,该过程基于"条件—行动/互动策略—结果"的典范模型。其中,"条件"即某一现象所处的情境,"行动/互动策略"即对现象所处情境采取的针对性策略,"结果"即上述行动或互动策略的结果。例如,开放式编码示例表中的初始范畴可以在此模型下组合为一条轴线:A 酒店在疫情暴发后面临成本控制需要,采取成本紧缩的人力资源管理战略,出现薪酬分配不公等未能良好履行员工心理契约的情况。在此情境下,酒店采取与员工积极沟通等内部管理策略,员工因此产生组织认同和组织公民行为。本研究中,A 酒店共得到 10 个主范畴。主轴编码示例见图 3-1。

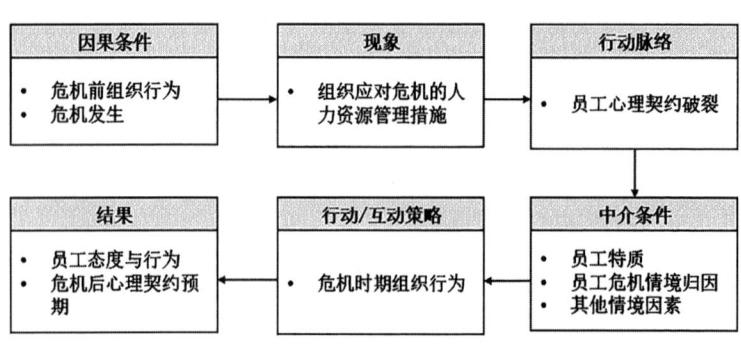

图 3-1 核心范畴典范模型

资料来源:笔者整理汇总

(三)选择性编码

选择性编码的操控程序是从主副范畴中选择核心范畴,并用故事线诠释全部范畴。在持续对比和印证 10 个主范畴与已有理论后,由于"危机时期组织行为"构成本研究重点,并连贯衔接其余范畴,因此本研究选择该范畴作为核心范畴,并得到以下故事线:A 酒店在危机发生前已存在维护员工心理契约的行为,但危机后酒店采取成本紧缩战略导致员工心理契约破裂。在此情况下,A 酒店为了改善和维护员工心理契约,采取与员工积极沟通、激励员工等措施,影响了员工态度和行为以及员工对危机后心理契约的期望,其中员工个人特质、对危机情境的归因方式以及其他情境因素也会对 A 酒店维护与补救心理契约的效果造成影响。

二、多案例分析

本研究采用多案例研究方法,并借助软件 Nvivo 进行编码分析。A 酒店的案例基本概括出危机后酒店维护员工心理契约过程的基本模式,但单案例分析存在范畴来源单一、结果单薄和普适性不足等问题(吴先明和苏志文,2014),因此需要进行多案例分析,以提高结论的全面性和代表性。在单案例分析之后,本研究对其余三个在危机期间良好维护心理契约关系的案例(国有酒店 B、国际连锁酒店 C、国有酒店 D)进行有重点的分析,验证初步分析结果。最后,基于差别复制的需要,对心理契约违背现象突出的两个案例(私营酒店 E、私营酒店 F)进行编码分析,对比、印证及修正与已有结果相冲突的要素和关系,从而实现理论饱和。

后续正面案例(B、C、D)的分析思路与 A 酒店的分析类似。笔者挖掘出的新概念和范畴与已有结果存在的冲突之处,为成功案例编码得到的范畴和概念提供了反面支持证据。在多案例比较分析后,本研究最终归纳出危机后酒店维护心理契约的模型(如图 3-2 所示),该模型反映了以下结果:

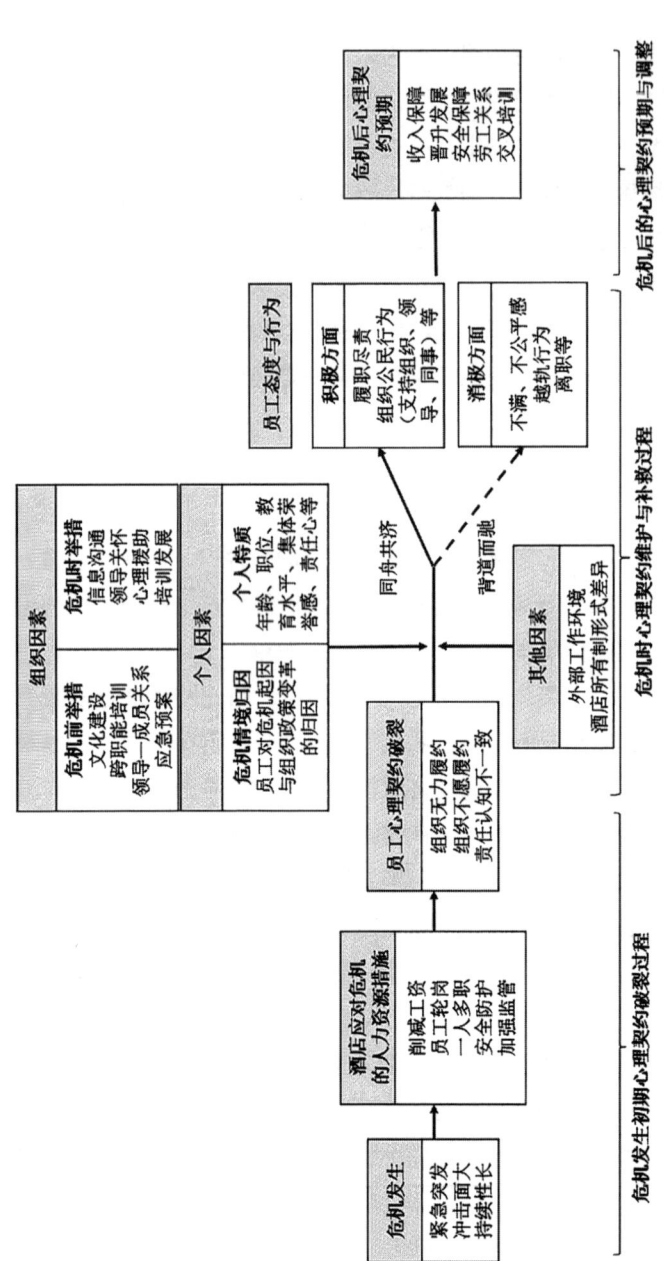

图 3-2 危机时期酒店—员工心理契约维护模型

资料来源：笔者整理汇总

（一）明确危机时期酒店与员工感知的关键心理契约内涵

本研究总结了危机时期酒店和员工对彼此应该承担责任看法的异同点（见表 3-5），进一步说明如下。

1. 危机时期酒店应承担的责任

在安全保障、领导关怀和心理疏导等组织责任方面，酒店与员工的观点相一致。具体而言，酒店应通过制定严格的安全防控措施，例如定期消毒、体温检测、提供防护物资、加强安全宣传等方式，保障员工的工作环境安全和食宿安全（C1、B5）。其次，酒店在危机时期应注重人文关怀，领导应增加和员工的交流，了解、体谅员工，帮助员工解决在工作与生活上的困难（F1、C6）。另外，在酒店入住率较低时，组织应加强对员工的技能培训和安全培训，并且鼓励支持员工进行多部门轮岗等交叉培训（E3、C5），一方面提高员工工作水平，为酒店复苏做准备，另一方面也能让员工有事可做，减少恐慌情绪的产生。最后，对于员工在危机时期产生的恐慌、茫然等负面情绪，酒店应当及时进行安抚，疏导员工工作压力，为员工提供心理支持（D1、B6）。

> 我们经理对前厅部门的团结、员工的心理素质与心理压力这些方面非常看重，他经常在我们管理人员工作群里说今天某个员工服务客人遇到的情况。他也会做疫情期间相应的疏导工作，让员工不要恐慌（B6）。
>
> 部门领导还是很好的，也有打电话关心我，问我有没有在外面兼职，说让我放心去做吧，会提前一周通知我回酒店上班，很理解我们（F5）。

酒店与员工在以下组织责任的内涵方面存在不同理解。在收入保障方面,管理人员认为酒店在危机时期提供基本工资即可(A1、E3),而员工更重视薪酬的公平性与及时性(A5、E6),呈现出"不患寡而患不均"的心理特征;在福利保障方面,管理人员认为应当根据酒店业绩恢复情况提供福利(B3),员工则认为不能因为酒店业绩下滑而削减必要福利(B6)。在岗位保障方面,管理人员认为危机时期酒店不能因为收缩成本随意开除员工(C3),但员工主动离职时不必挽留(A1),员工认为酒店有义务劝留员工(A5)。在工作安排方面,管理人员认为应以酒店住房率等指标为主,结合员工个人需求进行相应的工作安排,如无法安排轮休,员工应当配合工作(C3),员工则认为酒店应征求员工意见,根据员工诉求合理安排工作和轮休(B5)。在组织沟通方面,管理人员更重视政府防控政策等外部信息,因为会对酒店经营造成重要影响(C1),员工更希望及时获得与其薪酬绩效息息相关的人力资源管理政策等内部信息(A5)。

酒店的经济情况很差,工资甚至比平常还低,因为绩效奖、店龄奖这些都取消了,甚至除了补贴以外,比之前的工资还要低(F6)。

疫情期间员工加班,同样应有加班费,不能折算(B6)。

表3-5 危机时期管理人员与员工感知的关键心理契约内涵

	管理人员视角	员工视角
心理契约 （组织责任）	共同之处	
	• 安全保障：工作环境安全、食宿安全、防护物资保障、安全宣传 • 培训：技能培训、安全培训、交叉培训 • 领导关怀：关心员工、体谅员工、理解员工、帮助员工 • 心理疏导：安抚情绪、心理支持、压力疏导	
	不同之处	
	• 收入保障：基本工资 • 福利保障：根据酒店业绩情况提供相应水平的福利 • 岗位保障：保留岗位、不裁员 • 工作安排：根据组织和员工需要 • 沟通：政府防控政策	• 收入保障：薪酬公平、按时发放 • 福利保障：不应削减必要福利 • 岗位保障：劝留员工 • 工作安排：根据员工个人需要 • 沟通：酒店人力资源管理政策
心理契约 （员工责任）	共同之处	
	• 个人防护：对客安全防护行为、自身安全防护行为、防护风险警惕意识 • 岗位职责：坚守岗位、遵守规章制度、重视工作质量、良好工作态度 • 主动创收：协助酒店宣传促销活动、增加销售量 • 责任心：助人行为、组织忠诚	
	不同之处	
	• 服从工作安排：接受调动、一人多岗、积极参加培训 • 建言献策：主动提出建议 • 遵守道德底线：不信谣不传谣	• 爱护酒店资产：避免资产破损、节约节能

资料来源：笔者整理汇总

总而言之，正如表3-5所示，危机时期员工和管理人员感知的酒店应承担的责任（即心理契约的内涵）既包括交易型契约（如收入保障、福利保障、岗位保障等），也包括关系型契约（如领导关怀、心理疏导、工作安排等），但双方在部分心理契约的内涵上存在理解上的不一致。与关系型契约相比，在危机时期酒店和员工都更重视交易型契约。管理人员认为危机时期酒店做到不主动辞退员工、给员工发放基本工资、保障员工安全已经反映酒店对员工承担的内部责任，其他应以酒店需求为先；而受访员工不但希望酒店在危机时期能够保障员工生活基本开销、解除个人生活后顾之忧，而且特别重视危机时期的个人身心健康是否受损，希望酒店能够给予员工足够安全保障和合理工作安排。

2. 危机时期员工应承担的责任

对于危机时期员工应承担的责任，管理人员与员工在个人防护、岗位职责、主动帮助酒店创收和具备责任心等方面达成共识。首先，在个人防护方面，管理人员与员工都认为不论在对客工作还是个人生活中，员工都应重视安全防护，提高安全风险意识和警惕意识，保障自身和顾客的防护安全（C1、C5）；其次，在岗位职责方面，即使是在危机时期，员工也应克服困难坚守岗位，在遵守基本规章制度的同时，还应重视工作质量，保证良好的对客服务态度（B4、A5）；此外，管理人员与员工都认为，员工协助酒店进行宣传促销活动，不仅有助于提升酒店业绩，还有助于恢复员工正常工作，因此员工在危机时期应主动帮助酒店创收（E1、C6）；最后，管理人员与员工双方都认为员工在危机时期应具备责任心，既要与同事互帮互助，也要与酒店相互扶持、共渡难关（D1、C5）。

因为疫情，员工多了一道自我保护的要求（C3）。

个人的防护也要做好，口罩、消毒、测体温这些都是需要的（C5）。

除此之外，管理人员对员工危机时期应承担的责任有更多要求。在工作安排方面，酒店认为员工在危机时期应服从酒店的任何工作安排，包括接受集团酒店与部门间的工作调动、一人负责多个岗位的工作、积极参与酒店组织的培训等（C1、F3）；此外，组织希望员工在危机时期表现出更多组织公民行为，例如主动建言献策、不信谣不传谣、避免传染恐慌情绪等（E3、F3）。但员工对此较少关注，少数员工提出应当爱护酒店资产，工作中应注重节约能源等（A5）。

酒店要求大家必须每天学习15分钟到半个小时的防疫知识，就是每天的在线培训，安排下去，他们就会全力配合来执行（C1）。

餐饮部的财产方面，员工平常都会竭力避免餐具破损（A5）。

由此可见，管理人员与员工双方对于员工工作安全和基本工作职责的要求看法一致，双方也都认为员工在危机时期应当与酒店同舟共济、共渡难关。不同的是，危机时期员工对自我的要求较低，组织则对员工承担的责任有更高要求：一方面酒店对员工遵守特定的安全防护和工作规定的要求更为严格，一旦员工违反规定将会受到组织惩罚甚至辞退；另一方面组织希望员工在危机时期承担更多分外工作，在不增加酒店用人成本的同时，义务付出更多时间和精力，为酒店排忧解难。

3. 揭示危机时期心理契约破裂发生的原因

如表 3-6 所示,以下是导致酒店员工心理契约破裂的三个主要因素:

表 3-6 员工心理契约破裂的主要原因

主范畴	次范畴	概念	案例示例
员工心理契约破裂原因	酒店无力履约	收入保障无力履约、工作安排无力履约	按照全薪计算,总经理的工资打五折、副总打六折、总监打七折(F3)
			到目前为止(2020年5月)有些员工还是轮流上班,没有上满一个月,这样就没法领满工资,有时候连医社保都不够缴(E5)
	酒店有意违约	故意违背收入保障责任、故意引导员工辞职	酒店要求全体管理人员与员工签署"放弃最低工资"承诺,导致待岗员工没有最低工资保障,与同行相比较感觉不公平,疫情中后期引起员工不满(E1)
			酒店把性格内向的客房经理调到大堂工作,让她天天和客户打交道,就是想逼迫她主动辞职(F1)
	责任认知不一致	福利保障责任、工作安排责任、沟通责任	酒店因缩减成本,降低工作餐标准,导致员工不满与工作精力下降(E1)
			酒店出于安全考虑和国家政策,延长了部分员工的休假,但是安排的工作人力太少,人员配备不够到位(F6)
			酒店开会通常都是宣传疫情防控通知,但是员工迫切希望得知每月奖励体系变化(E1)

资料来源:笔者整理汇总

(1)无力履约,即危机时期酒店因业绩下滑无法正常履行对员工的责任。由于此次危机突如其来、影响深远,危机初期受疫情快速传播和政府严格管控政策影响,多数酒店暂停住宿和餐饮业务，相关订单全面取消，业绩骤然下滑且不确定疫情何时得到控制，导致酒店面临经营压力和安全风险。为在危机中生存和保障员工安全，案例酒店普遍采用成本紧缩的人力资源战略、出台严格的员工防控规定，表现为无法向员工正常发放工资、根据员工需求安排工作等。例如，案例酒店F在危机初期迫于生存压力，对酒店管理人员采取降薪措施以控制人力成本，且职位越高的管理人员降薪幅度越大。

（2）有意违约，即危机期间组织为自身利益考虑，有意违背其应当正常履行的责任。危机严重时期个别案例酒店（如案例E和F）缺乏危机管理经验，采取极端的人力资源管理措施，主观上有意违背员工心理契约。例如案例酒店E在疫情初期意图削减员工成本，对所有员工提出签署"放弃最低薪资"承诺的要求，导致员工失去收入保障；案例酒店F故意调离员工至不匹配的岗位，致使员工主动辞职以降低员工成本。

（3）组织与员工对责任认知不一致，即双方对危机期间组织应承担责任产生不同见解。危机发生后企业反应时间短，各案例酒店在未及时充分与员工进行沟通的情况下，提出多样的人力资源管理举措，员工未做好准备只能被迫接受酒店安排。正如前文所述，部分案例酒店与员工在福利保障、合理工作安排、组织沟通等组织责任方面存在诉求差异。例如，案例酒店E员工表示，酒店在员工培训时通常强调对政府防控政策的贯彻，对于员工重视的酒店人力资源政策变化却有所忽视。案例酒店F出于防控政策和员工安全的考虑，疫情初期在经营期间配备极少员工，导致员工工作负荷过大，产生不满情绪。

4. 探讨危机时期心理契约"破裂—维护—调整"的动态演化机制

在危机时期，尽管案例酒店普遍存在违背对员工应尽职责

(即心理契约破裂)的现象,但其对员工态度和行为的影响存在差异。除了酒店违背应尽责任的严重程度不同之外,该影响结果主要取决于组织措施、员工个人因素、酒店产权性质以及外部工作环境等因素,以下进行详述。

(1)危机时期酒店采取的心理契约维护与补救举措

危机时期正面与负面案例酒店在组织沟通、领导关怀、心理辅导和培训发展等心理契约维护与补救举措方面存在不同表现(见表3-7),影响员工在危机时期选择与酒店同舟共济或是背道而驰。

表3-7 酒店危机时期的内部管理关键举措

主范畴	次范畴	典型正面案例示例	典型反面案例示例
危机时期的组织行为	组织沟通	酒店对员工做访谈,会告知员工酒店目前的盈利状态,保障员工的知情权(A1)	对于工资政策,管理层在发工资的前三天才做出更改决定,没有提前通知员工(F1)
	领导关怀	我们当中的员工,有些是拖家带口打工的,考虑到他们的孩子或者家庭,我们的领导也体谅他们,尽量减少或者没有排他们上班(D3)	居家的员工收到的就是关于测量体温之类的,或者给一些培训之类的东西,在家就是坐等消息(F5)
	心理辅导	只要发现员工有点苗头不对,比如说想不做了,或者有点抱怨,我们都会跟员工多沟通(B4)	对于员工的工作压力,酒店没有进行心理疏导,都是员工内部消化,但是员工希望有心理疏导(E5)
	培训发展	休假期间酒店提供了线上培训学习,每天会把线上课程发给部门,要求部门负责技能培训,也让员工去回顾自主学习(B1)	员工培训和晋升全部都暂停了,办公都没有,也没有线上的培训(F1)

资料来源:笔者整理汇总

在组织沟通方面，正面案例酒店（如案例 A）在危机时期更改人力资源政策时，会保障员工知情权，告知员工酒店政策并听取员工建议，员工在危机时期更能理解酒店举措；负面案例酒店（如案例 F）未提前告知员工与其薪酬等自身利益息息相关的人力资源政策变化细节，导致员工难以接受酒店政策更改，可能出现不满、罢工、离职等负面态度与行为。

在领导关怀方面，正面案例酒店（如案例 D）领导在危机时期对员工身心健康的关心有所增加，了解员工在工作与生活中遇到的困难，引导和协助员工正确处理客户投诉等工作；负面案例酒店（如案例 F）员工较少提及领导对员工的关怀，因为酒店领导对员工的支持程度较低，并且对员工违规行为的惩罚力度有所加大。以上不同酒店领导的关怀行为导致员工在危机时期坚守岗位的意愿有所差异。

在心理辅导方面，正面案例酒店（如案例 B、D）在危机时期及时了解和排解员工的工作生活压力，对员工进行适当的心理疏导，减少焦虑恐慌等负面情绪，为员工提供心理支持；负面案例酒店（如案例 E）在危机时期并未为员工进行心理疏导工作，员工需自我消化工作压力，使得员工容易产生恐慌、迷茫等负面情绪，对员工的对客服务质量也有一定程度的不良影响。

在培训发展方面，正面案例酒店（如案例 B）在危机时期不间断地为员工提供线上培训，引导员工主动参与学习、积极提升多项技能，有助于危机过后员工能够有更大的个人发展空间；危机时期负面案例酒店（如案例 F）的员工晋升和培训活动全部暂停，员工在既无法正常工作获得相应薪资报酬，也无法通过培训提升技能的情况下，可能选择转向其他酒店或者其他行业寻找发展机会。

(2)危机前酒店采取的日常管理举措

危机前酒店的日常管理举措反映其管理理念与管理水平(见表3-8),潜移默化地影响了员工的态度与行为,并在危机时期显示出显著的成效。酒店的日常内部管理举措主要表现在以下四个方面:

在组织文化建设方面,正面案例酒店(案例A-D)在日常人力资源管理实践中重视企业文化输出和团队建设活动,使得员工在危机来临后表现出较强的凝聚力和主人翁精神,因而多数员工表示愿意承担责任、与组织和领导共进退;负面案例酒店(案例E-F)在日常管理中缺乏对文化建设的重视,危机时期员工向心力不足,离职现象严重。

表3-8 酒店危机前的内部管理关键举措

主范畴	次范畴	典型正面案例示例	典型反面案例示例
危机前的日常管理工作	企业文化建设	在人力资源主管对员工入职培训的时候都会提到企业文化,酒店还有关于企业文化的画报,每个月会有一次体现品牌文化、酒店文化的会议,管理层平常会提到也会抽查知识点,这方面做得挺好的(C5)	企业文化是非常差的,因为酒店大,要求员工不出错就好了,企业的文化理念跟员工没办法产生共鸣(E1)
	交叉培训	酒店去年做过交叉培训,每个人都会各种各样的技能,随时都可以排班(C3)	酒店对员工的技能培训较单一,导致员工不清楚其他部门的工作,遇到问题就要到处询问解决,效率非常低(E5)

续表

主范畴	次范畴	典型正面案例示例	典型反面案例示例
危机前的日常管理工作	领导—成员关系	很多员工已经跟了老板很多年了，好像跟朋友家人一样，所以他们跟老板比较亲近（A5）	大家互惠互利就不会很紧张，你争我吵的也不好，这种员工关系紧张一直都有（F1）
	应急预案建设	所有运作部门合在一起制定了一份应急预案，按照应急预案执行（B3）	疫情在12月就已经出现了，当时酒店都没有告诉大家有这么一件事，都是大家自己看新闻才知道，但是并没有预料到会蔓延到全国（E6）

资料来源：笔者整理汇总

在员工培训方面，正面案例酒店（案例A-D）在日常管理中引导员工积极参与多岗位交叉培训，提升个人多项工作技能，这一关键举措使得员工更能接受"一人多岗"的工作调动，在危机时期发挥出了重要作用；负面案例酒店（案例E-F）的员工培训内容较为单一，主要为在岗技能培训，导致员工在危机时期遇到疑问时需四处询问，严重降低了工作效率，增加了沟通成本。

在领导—成员关系方面，正面案例酒店（案例A-D）的领导者在日常管理中十分重视集体凝聚力的建设，与员工关系融洽，使得员工在危机时期也乐于与领导共进退，积极配合酒店领导的工作安排；而负面案例酒店（案例E-F）员工较少提及领导关怀，危机时期出现员工"有钱就干活、没钱就懈怠"的不良现象。

在应急预案方面，正面案例酒店（案例A-D）在日常管理中重视安全隐患，成立应急小组、设置管理人员为组长，并制定应急预案以备不时之需。这些措施在危机时期发挥了稳定员工情绪、避免恐慌的重要作用。而负面案例酒店（案例E-F）存在危机意识薄弱的问题，面对突如其来的危机，整个酒店管理混乱、朝令夕改，导致员工普遍出现抱怨、愤怒、工作懈怠等不良工作态度与行为。

总体而言，酒店在危机和日常时期的管理举措导致酒店员工在感知心理契约破裂时的反应有所差异。在正面案例酒店（案例A-D），员工表现出对酒店特定时期特殊决策的理解与支持，总体上比较服从组织在危机期间的工作安排与规章制度约束，除主动承担岗位职责之外，还愿意承担分外工作（例如帮助同事、协助酒店宣传营销活动等），与酒店同舟共济、共渡难关。与之相反，负面案例酒店（案例E-F）由于在危机时期未做好内部管理工作，造成员工表现出更多消极怠工、越轨行为（例如盗窃酒店财产、煽动集体罢工），员工集体凝聚力较弱，大量员工提出离职。

5. 员工个人对危机的情境归因的影响

根据归因理论，个体会对自身或他人行为背后的动机进行推断，特别在遭遇特定行为时会对背后原因和需要承担责任的对象进行认定，这种认知决定了个体产生相应的行为反应（Weiner，1979）。因此，酒店员工在此次危机来临后也会对其进行情境归因。另外，个体归因是通过可观察的行为信息，而非绝对的客观事实形成依据，进行推断（颜爱民，李亚丽，谢菊兰和李莹，2020）。

疫情暴发后，多数员工（如D6）认为此次疫情是突发、客观性的危机，即使酒店在特殊时期的人力资源管理政策使自身利益受损，但总体上仍然表现出理解与支持：

> 关乎自己切身利益的事情，还是会多想一些的。但是面对疫情影响，我们不能说是去责怪公司不人道、削减工资

（D6）。

也有少数员工（如 E5）认为虽然酒店行业遭受重创，但与其他酒店发放基本工资相比，酒店停薪等政策是组织主观上导致员工利益受损的不公正行为。因而员工认为组织没有正常履行危机时期应当承担的责任，并不支持和理解酒店的举措。

> 考虑到别的酒店在停工的那一个月都发工资，我们酒店没有，心理还是有点不平衡的（E5）。

酒店员工个人特质差异对危机反应的影响。不同年龄、职位、工作时长、受教育程度、心理特征的员工，在感知到心理契约破裂时呈现出不同的态度与行为反应（见表3-9）。

表3-9 酒店员工个人特质差异对危机反应的影响

个人特质	案例示例
年龄	往往不能理解的就是我们一线的那些大姐大叔，一听有传染性，就不愿上班，觉得患病风险太高（F1）
受教育程度	服务人员学历基本上就是中专上下，他们看中的是现在的工作状态，如果没什么工作，能找到全勤的就会离职（D1）
职位	基层员工占辞职的大多数，客房、餐饮、保洁这些占的数量比较大，高层比较稳定（F1）
工作时长	其实我们酒店员工很大一部分都是老员工，四五年的甚至十年的员工都有很多，对酒店都很有感情，没有轻易跳槽的员工。之前离职的，都是在这边工作不太久的（F1）
经济压力	有一些经济压力大的同事，可能会因为工资比较低，想去做一些兼职或者其他行业的工作（B3）

续表

个人特质	案例示例
心理特征	其实很多时候确实是要党员往前冲，那普通员工呢？自然而然就更考虑个人利益，我这一份工作到哪不是干呀（D1）
	最重要是看个人心态，如果自己调整心态，是可以接受并理解企业的，并且还会更热爱这个岗位和工作，但如果他容易抱怨，感恩只是一瞬间的，可能很快会开始抱怨，又想换工作（F1）

资料来源：笔者整理汇总

年长或受教育程度较低的酒店员工在危机时期更容易信谣传谣、制造和传播恐慌情绪，对酒店在危机期间的对客工作安排表现出明显抵触情绪，并且工作稳定性较差，离职倾向较高。

酒店管理层或工作年限较长的员工在危机时期表现出更强的责任感，更容易理解与支持酒店决策，愿意与酒店共进退。但基层员工或工作时间较短的员工在危机时期感知到自身利益受损时，会产生更高的离职倾向。

经济压力大的酒店员工希望组织在危机时期仍然能够承担正常支付薪资的责任，从而免除其生活后顾之忧。但当酒店在危机时期无力履行相应责任时，这类员工的稳定性较差。

危机时期集体荣誉感高、责任心强的员工在危机时期对组织的期望较低，对于酒店能够正常履行责任更容易感恩，相信组织未来会对员工进行回报；在感知到心理契约破裂时，这类员工仍然表现出较积极的态度与行为。而原本对组织抱有不满情绪的员工更容易在危机时期产生离职倾向，表现出较弱的凝聚力。

6. 不同产权性质酒店在危机时期内部管理的差异

我国酒店市场上国有、私营和国际连锁酒店并存（赵慧娟和龙立荣，2008）。在不同产权性质影响下，企业面临的制度约束和拥有的竞争优势不同（Gao，Murray，Kotabe 和 Lu，2010）。通常来说，国有企业往往拥有更丰富的资源，能够获得政府政策的大力支持（Li 和 Zhang，2007），对人才的吸引力也更强（陈小平和肖鸣政，2020）。与国有企业相比，私营企业往往只能得到有限资源与支持，人才短缺和员工离职等现象更加突出（陈小平和肖鸣政，2020）。上述差异是不同所有制企业在管理方式、企业文化、人力资源管理措施等方面有所差异的重要外部原因（赵慧娟和龙立荣，2008）。

本研究分别对国有、私营和国际连锁酒店开展调研后发现，危机时期不同产权性质的酒店在内部管理方面存在差异，也相应地影响到员工行为。访谈结果显示，国有酒店和国际连锁酒店在日常管理中重视企业文化建设，具有较强的企业社会责任意识；在危机时期这两类酒店能够获得更多政府资源或集团支持，仍然履行收入保障、福利保障等交易型契约，对员工关注的岗位保障、培训、领导关怀等关系型契约也比较重视。因而，在国有酒店和国际连锁酒店，员工对于危机时期酒店管理措施表现出更多理解和认同，相应地也更愿意承担员工应尽的责任。

> 可能对于一些本土酒店来说，他们更多想到的是怎么维护酒店的自身利益，通过裁员或者一些其他手段来降低成本。但是我们酒店不仅考虑怎样节省成本，更多关注怎样获得更多生意，赚得更多收益，让更多员工能够回到酒店继续工作。我们酒店考虑的东西比较全面，就是对你有益，对我也有利的一个局面（C3）。

与之相比，私营企业面临更严峻的营商环境，人力资源管理措施更务实、非正式,较少投资于员工关系建设和员工忠诚度培养。部分私营酒店在危机时期为降低人工成本,存在随意辞退员工或逼迫员工签署不平等承诺等漠视法律法规的现象,缺乏与员工建立长期稳定的关系型契约的意识。私营酒店员工在感知到心理契约破裂时,往往比国有酒店和国际连锁酒店员工更难接受企业违约行为,更易产生负面情绪及行为。

> 我们属于国有企业,相对来说社会责任感比私企更好。我们了解过私企,他们会考虑他们的收入和支出。我了解过一家私企酒店,员工上班有工资,没有上班的话,一分钱也没有发(D2)。

7. 外部工作环境的影响

进化搜寻模型指出,员工搜寻到更好的工作机会后,会产生更高的离职倾向(章凯和杨娜,2021)。与该模型一致,危机时期员工的态度与行为也会受到外部工作环境的影响。疫情对多数行业造成严重影响,酒店员工离职后仍然需要面对恶劣的就业环境,导致部分想要离开酒店行业的员工把酒店看作"临时避风港",认为组织只要履行基本责任即可,员工也相应地仅履行交易型契约。愿意留在酒店行业的员工担忧被酒店辞退后难以找到更好的工作机会,对危机时期的高强度工作、低薪资水平等苛刻工作要求表现出更高的容忍度。

> 可能员工现在都处于很纠结的状态,一方面想要辞职,因为工资太少,另一方面又不能辞职,因为现在酒店大部分都有这个现象。辞职也不能够百分百保证你能够跳槽到另外一家酒店、找一份更好的工作(F3)。

8.挖掘和验证酒店与员工对危机后彼此承担责任的期望

此次危机很大程度上影响了酒店与员工对彼此未来承担责任的期望。正值本研究撰写的 2022 年，新冠疫情在我国多地散点出现，但在境外持续蔓延且势态汹涌，境内外迥然不同的疫情状态意味着我国正处于常态化疫情防控阶段（陈岩英和谢朝武，2021）。在该阶段，我国部分地区的住宿业管理政策依然相对严格，酒店在落实防控措施前提下可以正常接待住宿顾客和举办各类会议会展活动，行业正处在缓慢复苏过程中。在此背景下，本研究探讨了在危机严重时期酒店与员工对危机后彼此承担责任的期望内涵，并在疫情常态化的后危机时期检验了双方的实际履行情况。

（1）危机后酒店员工对组织责任的期望与实际履行情况

关于组织责任，员工认为酒店在危机后应当回报员工在危机时期的辛苦付出与坚持，关注并尽量满足员工的深层次需求，与员工建立长期稳定的"关系型契约"（见表 3-10）。

表 3-10 酒店员工对危机后组织责任的期望

	期望内涵	危机严重时期案例示例	后危机时期案例示例
危机后心理契约（组织责任）	薪资、福利、晋升发展	酒店未来会去大力提拔坚守岗位的员工，在晋升发展机会上，包括薪资方面提升空间也会大一点（B4）	同事讨论起来说，食堂的饮食近期都不怎么好，很明显这段时间开始饮食质量有所提升（F5）
		员工福利、薪资这一方面怎样调节能够更让员工去接受，也不会让酒店有更多的损失（F6）	现在没有办法像疫情之前那样快速晋升员工。酒店行业受影响很大，生意也不如从前（C5）

续表

	期望内涵	危机严重时期案例示例	后危机时期案例示例
危机后心理契约（组织责任）	安全保障	酒店要更重视安保工作，养兵千日用兵一时，真正出现危险的时候，安保部门在关键时刻能发挥很大的作用（D5）	原先我们部门负责安全，别的领导不会听从约束，认为自己是领导，但现在违规我们去制止，他们很配合的（D5）
	交叉培训	未来会培养一些多技能的员工，以后会更吃香（E3）	在我们酒店，一些糕点烘焙及别的技能，其他部门可以交流学习（F5）
		我希望更加了解其他部门的运行，多多了解，总归是好事（F5）	
	员工关系管理	（疫情过后）我们会更多地关心员工的动态，包括员工的需求，包括离职访谈我们也会做得更细致一些（D1）	酒店基本上每个月都会举行一次类似拔河、篮球、羽毛球、乒乓球等各种娱乐活动，都有相应的奖励。组织工作之外的业务活动，员工还挺满意的（D5）
		酒店经过这次危机以后，未来会积累经验教训，与员工保持密切的关系（B6）	他们要求管理人员不应该出现这种错误。我很辛苦，因为我一个人既要做员工的事情，又要站在管理人员的角度看看哪里有什么纰漏（B5）

资料来源：笔者整理汇总

具体而言，在薪资、福利与晋升发展方面，酒店员工希望组织在危机过后能够将薪资和福利调整到正常水平，并渴望有一定程度的提升；组织还应恢复员工晋升发展机制，提拔危机时期坚守岗位、尽职尽责的员工（B4、F6）。回访调查的结果表明，多数酒店已经恢复正常的薪酬福利制度（如案例F）。但由于疫情对酒店业绩存在持续性影响，与危机前相比，部分酒店员工晋升发展速度有所放缓（如案例C）。

在安全保障方面，酒店员工认为组织在日常管理中应当充分重视安保工作，健全危机预防机制，提升全体员工的危机意识，在未来出现类似危机时能够发挥关键作用（D5）。回访结果显示，总体上多数酒店都建立了应急预案机制（如案例D），酒店员工的危机意识有所提升，而且更配合组织的安全防护工作。

在交叉培训方面，员工希望酒店能够提供更多学习多项技能、了解多部门运营的机会，例如提供跨部门、安全防范、紧急预案、心理健康等项目的培训（F5）。回访结果表明，酒店行业普遍意识到交叉培训的重要性，多数酒店都为员工提供了跨部门学习的机会，希望员工能够胜任多个岗位的工作（如案例F）。

在员工关系管理方面，员工认为酒店应当更细致地了解员工多样化需求，酒店领导要加强与员工的密切沟通，以及积极举办团队建设活动增强团队凝聚力（B6）。回访结果显示，多数酒店已经恢复团队建设活动，并且会参考员工的意见开展相关活动（如案例D）；但也有员工表示危机过后酒店对员工的要求提升，却并未充分考虑员工工作负荷，也未考虑员工分担管理人员角色带来的压力，导致员工产生不满情绪（如案例B）。

（2）危机后酒店对员工责任的期望与实际履行情况

关于员工责任，危机过后酒店管理人员普遍希望员工能够提升技能水平与心理素质，全方面发展自我，为酒店做出更大的贡献。

具体而言，在工作技能方面，酒店管理人员认为员工一方面要提升技能水平，适应高负荷甚至超负荷的工作状态（D3），另一方面希望员工积极参与跨部门交叉培训,学习多项技能,适应未来"一人多岗"的企业需求(F3)。回访结果显示,多数员工认同酒店组织交叉培训的举措,也认为应提升自我技能水平与工作竞争力(如案例D)。

在心理承受能力方面,酒店希望员工能够强韧心理素质,在工作中面对来自危机或顾客负面情绪时,能够及时调整心态,提供高质量的对客服务(F4)。回访结果表明,一方面员工在危机时期已经逐渐适应存在潜在风险的对客服务工作,另一方面由于外部工作环境不利,员工担心被酒店辞退,因而在后危机时期表现出更强的心理承受能力,对酒店政策的容忍度也更强(如案例F)。

在责任感方面,危机过后酒店在招聘员工时,会优先考虑有责任感、有担当的员工,期望员工对酒店有较高的忠诚感,能够与酒店共克时艰(E1)。回访结果显示,不同性格特征的员工表现存在较大差异。原本集体荣誉感较强的员工在后危机时期仍然对酒店保持高度责任感(B5),但也有少数在危机时期不遵守酒店防护制度的员工,在后危机时期仍不肯配合酒店工作(D5)。

在主动行为方面,酒店对员工有更高的期望,希望员工能够主动建言献策、主动学习、奉献自我,做出更多角色外行为(C1)。回访结果表明,部分年轻员工在危机时期和危机过后都敢于表达意见建议(C2),但也有员工出于领导层互相维护的考虑,担心自身利益受损,在后危机时期较少出现建言献策等主动行为。

总之,危机时期员工期望酒店在危机后能够满足员工的深层次需求,从晋升发展、安全保障、交叉培训及员工关系管理等方面与员工建立长期稳定的"关系型契约";危机过后酒店能够满足员工的多数需求,但由于疫情的持续性影响,仍然存在企业无力履约的现象。危机时期酒店期望员工在危机后能够提升技能水平、心理素质、责任感及增加主动行为；但由于员工个体差异及出于自身利益考虑，仍然存在员工不遵守防疫规定、不敢建言献策的现象。

第五节　研究结论、启示与展望

一、研究结论

旅游业相关研究虽然日益重视危机时期酒店人力资源管理实践，但现有文献较少从微观层次深入探讨在危机情景下员工心理机制的动态变化路径。本研究运用扎根理论方法，对不同产权类型的高星级酒店开展多案例研究，分析危机时期酒店与员工双重视角的心理契约内涵、心理契约破裂与维护机制、危机后酒店承担责任的期望与实际履行情况。本研究得出的主要结论有以下几点：

（一）危机时期组织与员工感知的关键心理契约内涵

本研究在国内外学术界较早地从组织与员工的双重视角，明确危机时期酒店与员工感知的关键心理契约内涵，比较组织与员工双方观点的异同。危机时期酒店与员工感知彼此应承担的责任包含关系型契约与交易型契约，但双方在心理契约的部分内涵上存在不一致的见解,表现出危机情景下双方对各自利益的维护。

对于酒店应履行的责任,本研究发现员工在危机时期更重视交易型契约(如收入保障、福利保障等)。这与部分学者在常态下的研究结论"员工更重视关系型契约"不同(Aggarwal 和 Bhargava,2009),本研究结论属于危机情境下员工的正常需求反应。结合我国社会文化背景来看,多数基层员工属于"风险规避者"。酒店行业薪资水平本就较低,当员工面临未来的不确定性时,更容易感到"匮乏焦虑"。因此当员工感到酒店可能无法正常履约时,会先争取薪酬等"显性"利益,再争取心理关怀等"隐性"利益。危机时期组织同样认为应履行对员工的交易型契约。究其原因,酒店业绩遭受重创难以为继,需要通过削减业务、合并部门、降薪等方式控制人力成本,能够保障员工的最低收入、工作岗位、人身安全等已实属不易。

对于员工应履行的责任,酒店比员工更看重危机时期的关系型契约,例如组织忠诚、助人行为、建言献策等。从员工角度而言,危机时期酒店只能履行最低工资保障等基本责任,员工出于公平交换和避免自身利益受损等原因考虑,会降低对酒店和自身的责任要求。从酒店角度而言,组织正面临重大危机,期望全体员工理解与支持酒店特定时期的特殊举措、自愿付出更多努力,帮助酒店尽快度过难关。此外,危机时期员工违规行为也会给酒店带来管理成本和经营风险。因此,酒店希望员工在危机时期既要严格遵守规定、服从工作安排,又要在不增加酒店成本的情况下自愿承担更多额外工作。

(二)心理契约内涵和影响机制在危机与常态下的异同

本研究对危机时期酒店与员工双重视角的心理契约关键内涵、心理契约破裂与维护机制进行了讨论,推进了心理契约在危机情境的研究。经过与酒店正常经营状态下的心理契约对比分析，本研究指出危机情境下组织与员工心理契约的内涵和影响机制存在以下差异（见表3-11）。

表3-11 常态与危机情境下酒店员工心理契约内涵与影响机制的异同

	相同点	不同点
心理契约的内涵	包括交易型契约（例如薪酬、福利、晋升等）和关系型契约（例如组织文化、主管支持、职业发展等）	• 常态情境下心理契约关系较稳定 • 相比于关系型契约，危机时期员工更注重企业是否履行交易型契约 • 员工在常态下更重视组织文化、主管支持、职业发展等关系型契约（Aggarwal和Bhargava，2009），在危机时期更看重工作安全、岗位保障等关系型契约 • 相比于交易型契约，危机时期酒店更希望员工能够履行关系型契约
心理契约破裂的影响机制	心理契约破裂的原因包括：酒店无力履约、有意违约和双方对组织责任认知不一致	• 企业无力履约是危机时期心理契约破裂的主要因素 • 危机时期心理契约破裂与维护机制更为复杂，同时受企业日常、危机情境下管理措施及企业产权性质的影响 • 员工危机责任归因、外部工作环境是影响危机时期心理契约的特定因素

资料来源：笔者整理汇总

在心理契约关键内容方面，与常态情境相比，危机时期酒店与员工的心理契约呈现不稳定状态。在组织责任方面，员工更重视酒店是否履行交易型契约，争取"显性"利益的维护，强调收入保障、福利保障等酒店责任的履行。此外，危机时期员工对关系型契约内涵的认知与常态情境也不同，常态情境下酒店员工重视组织文化、主管支持、职业发展等酒店责任（Aggarwal 和 Bhargava，2009）；危机时期员工更看重酒店提供安全保障、岗位保障等关系型契约。在员工责任方面，危机时期酒店更重视关系型契约的内容，期望员工能够与酒店同心协力、共渡难关。具体而言，酒店希望员工能够履行组织忠诚、主动学习、建言献策等责任。

在心理契约影响机制方面，本研究发现导致员工心理契约破裂的三个主要因素：酒店无力履约、有意违约和双方对组织责任认知不一致。在危机情境下，酒店无力履约是导致员工心理契约破裂的主要因素。与常态情境相比，危机时期心理契约破裂与维护机制是复杂、动态的，不仅受到危机情境下酒店管理措施的影响，同时受到酒店日常管理工作以及酒店产权性质的影响。此外，员工对危机责任的归因方式、不稳定的外部工作环境都是影响危机时期员工对心理契约破裂接受程度的特定因素。

（三）危机时期员工心理契约破裂的原因

本研究揭示了危机时期员工心理契约破裂的主要因素包括三类：酒店无力履约、有意违约以及双方对酒店责任的认知不一致。该分类与常态情境下的相关研究所提出的心理契约破裂模型（Morrison 和 Robinson，1997）基本一致，本研究将该模型的适用性扩展到危机情境，发现酒店无力履约是危机时期员工心理契约破裂的主要因素。

研究结果表明，不同产权性质的案例酒店都存在无力履约的情况。此次危机突如其来、影响深重且持续时间长，酒店在危机初期尚未做好面临如此严峻挑战的准备。订单全部取消导致酒店业绩骤然下滑，疫情大肆传播导致酒店员工的对客服务工作面临安全风险，严格管控政策导致酒店顾客投诉增加。面对重重压力和不确定性，案例酒店为维持生存，必须严格控制员工成本、遵守防控政策，因而普遍做出减员降薪、员工待岗等管理举措，无力正常履行对员工的责任。

少数案例酒店有意违背员工心理契约，且不同产权性质的案例酒店表现有所差异。危机时期部分案例酒店为控制员工成本，或主动辞退大量员工，或采用极端的换岗方式迫使员工主动提出离职，使员工的自身利益和身心健康严重受损。根据访谈结果，上述有意违背员工心理契约的行为，主要发生在私营酒店。与国有酒店和国际连锁酒店相比，私营酒店业主的经济压力更大，且较缺乏危机应急管理经验，在管理自主权完全由其掌控时，更易做出对员工的负面行为。

此外，案例酒店时常出现管理人员与基层员工对彼此责任认知不一致的现象，这是危机情景下心理契约破裂不可忽视的重要原因。此次危机具有突发性、不确定性、复杂性，危机发生后案例酒店快速应对，提出多样化的人力资源管理举措，但缺乏与员工及时充分沟通，导致酒店与员工在福利保障、工作安排、领导沟通等组织责任方面出现理解不一致的情况。在缺乏与员工及时沟通的案例酒店中，酒店希望员工无论何时都严格遵守酒店规定、服从工作安排，但员工对彼此责任的认知往往只出于自身利益考虑，导致双方责任认知不一致，体现了危机时期组织与员工缺乏及时双向沟通的负面后果。

（四）心理契约"破裂—维护—调整"的动态演化机制

本研究探讨了危机时期心理契约"破裂—维护—调整"的动态演化阶段，并指出酒店在危机时期维护和补救员工心理契约的关键路径。与现有文献仅关注常态下员工心理契约破裂对组织的不利影响（Li，Wong 和 Kim，2016；Park 和 Kim，2019）相比，本研究从内部管理角度出发，深化了危机时期心理契约维护与调整的相关成果。

虽然案例酒店在危机时期普遍出现员工心理契约破裂现象（即组织未能以与员工付出相匹配的方式履行责任），但不同案例酒店员工的反应有所差异。本研究发现员工能否与酒店同心协力、共渡难关，关键在于两个重要的方面：一是酒店在危机时期是否做出满足员工需求的关怀举措，二是在危机前酒店是否重视员工凝聚力的建设，具体分析如下：

在危机时期，酒店促使员工同舟共济的重点在于实施人性化管理，从而减轻员工心理契约破裂的负面影响，正面案例酒店（案例 A-D）的管理措施值得借鉴。研究结果表明，正面案例酒店在危机期间首先积极与员工进行信息沟通和交流，保障员工知情权的同时询问员工意见，使员工感受到自身在组织中的"主人翁"地位；其次，酒店管理人员对员工的工作与生活困难表现出理解与关怀，积极维护领导—成员关系；另外，酒店十分重视危机时期员工的心理健康，及时为员工做心理疏导工作，减轻员工压力和避免恐慌情绪蔓延；最后，酒店在危机时期仍未忽视员工培训与发展，积极组织线上培训和交叉培训，为酒店培养多技能型人才。在以上管理措施实施后，多数员工表现出积极态度与行为，酒店与员工之间心理契约得以良好维护。

促使员工与酒店同舟共济并非朝夕之功，危机前的组织内部管理工作同样重要，正面案例酒店（案例 A-D）在危机前就认识到组织文化、领导—成员关系建设以及应急管理的重要性。首先，正面案例酒店（案例 A-D）在日常管理中重视企业文化和价值观建设工作，加深了员工对企业文化的认同；团队建设活动的积极举办提升了员工的主人翁意识和团队凝聚力。此外，酒店在危机前同样具备安全防范意识，酒店应急小组和紧急预案的设立在危机中起到重要作用。上述日常管理实践使得员工在危机中支持配合酒店管理，且员工情绪更稳定，相信酒店在危机后会回报员工。

（五）员工个体差异、酒店产权性质及外部环境的影响

本研究对组织行为因素之外的员工个人因素、酒店产权性质及外部环境因素进行了讨论，发现员工归因方式、个人特质、酒店产权性质以及外部工作环境会影响员工对心理契约破裂的接受程度，扩展了酒店业危机管理研究中个体差异、酒店产权性质及外部环境影响的相关研究。

与归因理论相一致，员工在危机时期遭遇酒店特定管理措施时，会对其原因和需要承担责任的对象进行认定（Weiner,1979）。在案例酒店员工对危机的归因方式上，多数员工认为疫情是不可抗力因素造成的公共卫生危机，酒店主观上并不希望损害员工利益。员工认识到减员降薪、让员工待岗等管理措施是危机时期酒店的无奈之举，因而能够接受酒店的管理措施。但也有员工认为酒店采取某些极端行为迫使员工离职，是其主观上想要损害员工利益，酒店应为此承担主要责任。结合我国政府积极抗疫的背景来看，多数员工积极响应安全防护的号召，虽有抱怨酒店烦琐的防控规定，但仍然积极配合和支持相关规定。此外，多数员工相信酒店面临的困难是暂时的，与危机时期部分利益受损相比，员工更关注危机过后的酒店前景，以及酒店能够给予员工的回报。

在员工个人特质方面，员工个人背景（年龄、受教育程度、经济压力、职位、工作时长等）及心理特征（集体荣誉感、责任心等）因素的差异，是导致员工心理契约破裂后态度和行为差异化的原因之一，该结论印证了不同员工群体在心理契约方面存在

差异的观点（Atkinson 和 Cuthbert，2006）。从个人背景角度看，年轻和受教育程度较高的员工面对谣言时的恐慌情绪较少，因而他们对于服务工作安排的接受程度较高；经济压力较高的员工在感知到心理契约破裂时，个人对酒店管理措施的忍受程度较高，但对酒店交易性契约（如收入保障等）的期望也比其他员工更高；管理人员和工作年限较长的员工在危机时期责任感更强，普遍更为理解与支持酒店。从心理特征角度看，集体荣誉感和责任心强的员工在危机时期积极配合、主动付出的意愿更强，心理契约破裂后仍然理解酒店的行为，愿意与酒店共渡难关。

在酒店产权性质方面，国有酒店与国际连锁酒店在日常管理中就重视企业文化与价值观建设，危机时期仍然能够满足员工重视的部分心理契约；员工在危机时期也更追求稳定保障，因此这两种产权性质酒店的员工更理解和支持危机时期的酒店管理措施。一些私营酒店在危机时期为求生存，有意违背员工心理契约以缩减成本，员工更易产生负面情绪及行为。

在外部工作环境方面，由于危机时期就业环境恶劣，各行业的员工普遍面临工作岗位难以得到保障的处境。尽管酒店实施的管理举措可能导致员工心理契约破裂，但员工为能够获得稳定收入，表现出更高的容忍度。管理人员的访谈结果显示，危机时期员工工作强度更高、薪资水平更低，但是多数员工出于对岗位和收入的担忧，只能服从酒店安排。这对酒店而言是一个较大隐患，危机过后外部工作环境改善时，员工以往感知到的心理契约破裂可能爆发，进而表现出离职等不利于酒店的行为。

（六）危机后酒店与员工承担责任的期望

本研究通过对危机不同阶段的两次调研，挖掘了酒店与员工对危机后彼此承担责任的期望，以及后危机时期的实际履行情况。现有文献鲜少研究心理契约的动态变化（Coyle 等，2019），危机管理领域的相关研究也多从组织角度提出改善建议（Agarwal，2021），本研究的结果有助于拓展危机发生后组织与员工心理契约动态变化的相关研究。

在员工对酒店责任的期望上，员工认为酒店应加强内部管理，回报员工在危机时期的付出，与员工建立长期稳定的"关系型契约"。对此，多数酒店在后危机时期履行了员工认为应当承担的责任。根据回访结果，后危机时期酒店更重视建立健全危机预防机制，满足了员工对安全保障的期望。并且酒店普遍在后危机时期积极组织交叉培训，为员工提供学习多项技能的机会，满足员工了解多部门运营的需求。但在员工晋升与员工关系管理方面，少数酒店在后危机时期未满足员工期望。由于疫情持续时间长且多地散发，酒店业绩恢复缓慢，导致员工晋升发展速度与危机前相比较慢。此外，后危机时期酒店对管理人员和基层员工的工作要求有所提升。因而部分员工表示工作负荷过大，若没有得到相应的酒店关怀，就易产生负面情绪。

在酒店对员工责任的期望上，酒店认为员工应当主动提升技能水平与心理素质，履行更多角色外行为，而员工则表现出差异化反应。调查结果显示，在技能水平与心理承受能力方面，员工在后危机时期普遍有所提升，能够提供高质量的对客服务。这不仅是员工在危机后自我驱动的结果，也是酒店人才市场要求有所提高的结果。但是在责任感与主动行为方面，部分员工在后危机时期未满足酒店期望。员工责任感与集体荣誉感不仅受到组织文化的影响，还会受到自身背景因素的影响，因此后危机时期仍然存在少数员工不配合防护工作的现象。此外，员工的主动行为可能会给自身带来不利影响，例如建言献策可能导致领导的歧视对待，因此员工选择明哲保身、但求无过。

（七）小结

本节对资料分析结果进行总结与讨论，共得到以下结论：

一是危机时期酒店与员工感知彼此应承担的责任包含关系型契约与交易型契约，但双方在心理契约的部分内涵上存在不一致的见解，表现出危机情景下双方对各自利益的维护。

二是与常态情境相比，在危机时期的组织责任方面，员工更重视酒店是否履行交易型契约，员工对关系型契约内涵的认知与常态情境也不同；在员工责任方面，危机时期酒店更重视关系型契约的内容，期望员工能够与酒店同心协力、共渡难关。

三是与常态情境下的相关研究所提出的心理契约破裂模型（Morrison 和 Robinson，1997）相一致，危机时期员工心理契约破裂的主要因素有：所有案例酒店都存在无力履约的情况；少数案例酒店有意违背员工心理契约，且不同产权性质的案例酒店表现有所差异；案例酒店时常出现管理人员与基层员工对彼此责任认知不一致的现象。

四是危机时期员工能否与酒店同心协力、共渡难关，不仅取决于酒店在危机时期是否做出满足员工需求的关怀举措，还取决于危机前的日常管理中，酒店是否重视员工凝聚力的建设。

五是员工对危机的归因影响他们对酒店特定管理措施的认知和反应行为；员工个人背景、心理特征及酒店产权性质等因素的差异，使得员工心理契约破裂后态度和行为表现差异化；外部工作环境影响员工对心理契约破裂的接受、容忍程度。

六是危机时期员工与酒店对危机后彼此承担责任的期望产生了动态变化，但后危机时期双方仍然存在未良好维护和调整心理契约的情况，在一定程度上影响酒店从危机中全面复苏。

二、研究启示

根据上述研究结论,本研究为危机期间酒店与员工建立同舟共济的稳定关系,以及后危机时期酒店复苏,提供以下内部管理方面的建议。

(一)酒店应重视日常企业文化建设与领导—成员关系建设

酒店在危机时期的心理契约维护是一个长期、持续的过程,不能仅依赖于危机时期的补救,而应居安思危,重视日常经营情境中组织文化建设与领导—成员关系建设等工作。在组织文化建设方面,酒店应加强企业文化与价值观的建设与输出,提升员工的组织认同与归属感,在危机时期才能有效缓解员工心理契约破裂带来的不利影响。首先,酒店应重视企业文化的建设工作,树立相互协作、服务他人的理念与价值观。酒店可以通过积极举办团队建设活动等方式,融洽员工关系,增强员工的主人翁意识及团队凝聚力。其次,酒店还要重视企业文化宣传工作。在日常培训中,人力资源管理部门人员应当加强企业文化宣传,增强员工对酒店文化的认同。最后,酒店领导在日常管理工作中也应身体力行,发挥践行企业文化的模范表率作用。

在领导—成员关系建设方面,酒店管理人员应重视与员工的沟通、心理辅导等工作,建立友好、信任的领导—成员关系。在日常工作中,首先,领导应关注员工工作上遇到的困难并积极提出解决方案,提升员工工作效率和对客服务水平,长期来看能够降低领导的管理成本。其次,领导还应与员工积极沟通,询问员工对领导工作的意见建议,并针对性地做出改善。这不仅有助于提升领导的管理水平，还能使员工感受到被信任，危机时期也更敢于建言献策。此外，领导在日常管理中还应关注员工的心理健康，及时对心理压力较大的员工做心理疏导工作，避免员工工作受负面情绪影响。

（二）危机时期酒店应积极承担员工重视的企业责任

虽然危机发生以来酒店业绩遭受重创，但危机中的酒店经营仍离不开员工支持，酒店在危机时期也应积极承担员工重视的企业责任，包括安全保障、薪酬公平、信息沟通等。

安全保障是公共卫生危机中特殊的心理契约内涵之一。酒店行业的业务特点导致公共卫生危机来临时，员工将面临对客服务工作的安全风险，安全保障工作对员工的身心健康都会造成重要影响。在面临公共卫生危机时，酒店要贯彻落实安全物资（如口罩、测温仪等）保障，避免出现物资短缺现象，增强员工与酒店共同度过危机的信心。此外，酒店应重视健康常识的宣传，避免谣言和恐慌情绪的传播，引导员工提升安全意识。

薪酬公平在危机时期的重要性比常态下更突出，员工"不患寡而患不均"的心理特征要求组织履行薪酬公平分配的责任。对此，酒店在危机时期应加强公平制度的建设。一方面，酒店应调查市场同行的薪酬政策，在自身能力范围内减少有意违背员工心理契约情况，避免提出极端苛刻的薪酬管理政策，影响员工对酒店的理解与支持。另一方面，酒店内部员工工作安排的合理性与薪酬公平紧密相关。危机时期酒店在安排工作时应结合酒店与员工的双方需求，通过公平合理的制度建设，促使员工主动参与酒店管理工作。

危机时期信息沟通对维护员工心理契约起到重要作用，因此组织在危机中应重视政府政策与酒店管理政策的及时沟通。首先，政府对企业的管控政策随着危机变化而有所差异，酒店应关注不同危机阶段的政府政策，并及时对员工进行宣贯，加强员工对管控政策的理解与支持，减轻员工抱怨等不满情绪。其次，酒店薪酬政策也应随着危机的不同发展阶段而调整，酒店人力资源部门应及时对员工进行宣传，减少酒店与员工对组织责任理解不一致的情况。

（三）危机时期酒店应引导员工主动承担责任

酒店要在危机中维持生存，需要员工的鼎立支持与积极配合。酒店在积极承担员工重视的企业责任的同时，也要引导员工主动承担企业重视的责任（包括服从工作安排、助人行为、建言献策等），促使员工协助酒店度过危机。

危机时期员工对工作安排（如排班、加班等）的支持与配合是维系酒店经营的关键，对此酒店应从物质与心理两个方面引导员工服从工作安排。首先，员工在危机中更关注交易型契约（如收入保障、福利保障等），酒店在对员工进行工作安排时应避免有意违背交易型契约的情况，通过物质保障提升员工工作积极性。其次，管理人员在安排工作时应与员工进行充分沟通，关怀员工工作量和心理压力是否超负荷，保障员工的心理健康，从而引导员工做出更多主动行为。

员工助人行为在危机时期能够在一定程度上降低酒店用人成本，酒店应引导员工在部门内部和部门之间相互帮助。酒店领导应重视团队氛围建设，在酒店内部营造友好互助的工作氛围，对有突出贡献的员工予以嘉奖，树立典范。此外，酒店还可以积极组织跨部门沟通和交叉技能培训，提升不同业务部门员工的沟通协调能力与交叉技能，增强员工处理复杂问题的能力。

多数酒店缺乏应对突发危机的管理经验，希望员工在危机时期能够建言献策,与酒店同心协力、共渡难关。对此,酒店管理人员应发挥表率作用,在员工大会上积极提出意见建议,引导员工进行广泛讨论,在酒店内营造开明、信任的话语环境。另外,酒店可以通过举办"金点子"大赛等方式,告知员工酒店目前的处境与主要困难,激发员工帮助酒店度过危机的积极性。

(四)后危机时期的员工管理举措应有的放矢

后危机时期酒店业绩缓慢恢复,但危机的持续性影响仍然存在。酒店在此期间应重视危机时期组织忽视、但员工重视的心理契约,并引导员工满足酒店对危机后员工责任的期望。

在危机后对组织责任的期望上,酒店在员工晋升发展与员工关系管理方面有待提升。后危机时期酒店应制定计划逐步恢复员工招聘与晋升,以应对日益增加的市场需求;同时注重员工的全方面发展,积极组织和引导员工参与交叉培训。在员工关系管理方面,酒店在后危机时期也要关注员工心理健康,通过心理健康培训和领导沟通等方式,关怀员工在应对后危机时期的高负荷工作时,是否存在过大心理压力与负面情绪。

在危机后关于员工责任方面,员工集体荣誉感可以通过后危机时期举办团建活动、组织文化输出等方式培养。酒店要引导员工展现更多主动行为,就需为员工创造开明、信任的工作环境。对此,酒店人力资源管理部门在后危机时期应加强与员工的交流,了解员工的真实需求并保护员工隐私。酒店领导也要鼓励支持员工建言献策等主动行为,对提出意见建议并被酒店采纳的员工给与肯定与奖励。

(五)差异化管理不同背景和心理特征的酒店员工

由于不同背景和心理特征的员工在危机时期的需求、对心理契约破裂的接受程度不同，酒店的管理方式也应有所差异。酒店应关注到在危机时期，不同背景员工对心理契约存在不同需求。对于年长、受教育程度较低的员工，酒店应关注信息沟通、安全保障等需求。危机时期这类员工更易受谣言影响，导致恐慌情绪传播，酒店应及时向员工宣贯政府政策和酒店管理政策，树立员工与酒店共同度过危机的信心。在安全方面，酒店应重视关键物资的保障和员工心理健康问题，做好员工工作安全防范工作，保障员工的身心健康。对于年轻员工，危机时期酒店应关注员工培训、心理疏导等需求。酒店应根据危机不同阶段更换培训内容与形式，以交叉培训满足员工学习多技能的需求，以线上培训和小型线下培训满足员工的安全需求。

危机时期不同心理特征员工的态度与行为迥异，主人翁意识和心理承受能力强的员工更能体谅酒店处境。对此，酒店在进行招聘工作时应强调员工的主人翁精神和心理承受能力，招聘责任感更强的员工。在内部管理工作中，酒店也应重视员工责任感的培养。酒店领导可以通过授权的方式，给予员工一定范围内的权限，培养员工自主帮助酒店解决问题的能力。

三、局限与展望

本研究以新冠疫情为危机背景，从酒店与员工的双重视角出发，探究危机时期的心理契约关键内涵、心理契约破裂与维护的动态演化机制、后危机时期双方对彼此承担责任的期望与实际履行情况，取得了一定的研究成果。但受研究时间、精力等条件限制，本研究存在以下局限。

首先，本研究基于扎根理论方法进行探索式案例研究，虽然深入探讨了危机时期酒店—员工心理契约关键内涵和"破裂—维护—调整"的动态变化，但由于时间和条件限制，尚未通过定量方法进行大规模样本的验证。因此，未来研究可以采用定量方法或混合研究法验证本研究的相关结果。本研究采用扎根理论对文本资料进行分析提升建构理论，具有扎根理论分析方法固有的一些局限性。例如扎根理论要求扎根于研究情境，要求研究者保持高度客观性，避免任何主观的干扰。但从实际操作角度，绝对的客观是任何研究者都难以保证的，其教育背景、生活经历和经验等必然反映其中。这是运用扎根理论研究中不可避免的问题，本研究也不例外。同时，本研究运用的扎根理论分析方法属于归纳式探索性研究，其研究结论的可推广性仍有待进一步的实证检验。

其次，本研究发现危机严重时期和后危机时期，酒店与员工心理契约的关键内涵存在差异。因此，未来学术界可以持续追踪危机不同阶段心理契约内容和影响的差异，深化酒店业危机管理和心理契约理论的相关研究。

此外，本研究以公共卫生危机类型中的新冠疫情为研究背景，但不同类型危机的发生时间、地点、严重程度、遭遇对象呈现不同特征，不同危机背景下酒店管理措施、员工归因方式也有所差异。因此，建议未来研究进一步探讨不同危机类型中心理契约内涵与机制的异同之处。

最后，本研究考虑内部效度对结果的影响以及调查研究的方便性，主要调查福建省内的高星级酒店，但危机对中小型酒店的影响同样不容忽视。因此，未来研究可以关注本研究结果对不同地区酒店及其他星级酒店的适用性。

第四章

旅游数字平台算法管理模式对内部管理的影响

第一节 研究背景

一、现实背景

近年来,我国的数字经济发展被提至重要高度,习近平总书记指出,发展数字经济是把握新一轮科技革命和产业变革新机遇的战略选择[①]。数字经济为经济社会持续健康发展提供了强大动力,我国数字经济增加值规模由 2005 年的 2.6 万亿元,扩张到 2020 年的 39.2 万亿元,占 GDP 比重为 38.6%[②]。

数字经济对旅游业发展带来了巨大的影响,也是旅游业未来发展的大势所趋。国务院发布的《"十四五"数字经济发展规划》中明确提出要通过数字化推动文旅融合等多领域、跨行业深度合作。数字技术与旅游业态的融合逐步深入,一个数字文旅的新时代正在加速形成(徐菲菲和何云梦,2021)。旅游业和酒店业使用数字化、网络平台的速度加快。一方面,许多酒店和餐饮企业通过数字平台进行在线销售,并获得更广泛的临时用工,以进行业务扩张、减少运营成本、弥补劳动力短缺(Myhill 等,2021)。另一方面,诸如 Uber、Deliveroo、滴滴出行与美团等平台公司正在取代传统的出租车和送餐工作,建立基于算法系统的在线平

---

① 资料来源:2022 年 1 月《求是》杂志发表的习近平总书记在十九届中央政治局第三十四次集体学习时的讲话《不断做强做优做大我国数字经济》。

② 资料来源:2021 年 4 月中国信息通信研究院发布的《中国数字经济发展白皮书》。

台，在旅游相关市场中为多方利益群体（如商家、顾客和员工）牵线搭桥（Meijerink 等，2021），改变了传统旅游业的市场格局。

算法管理（Algorithmic Management）是指企业使用信息技术实现决策和控制过程的自动化或部分自动化的一种管理方式（Bucher 等，2021）。算法系统的使用正在改变市场和企业的运作方式，越来越多的企业依靠算法系统进行数据汇总分析、决策预测，对员工实施自动化管理控制（Bucher 等，2021）。算法管理作为旅游和酒店业的一个新趋势，近年来受到了业界的极大关注。在旅游领域，很多景区建立了旅游信息管理系统，通过算法系统综合协调景区各类资源的使用状态，进行客流的预测，提升景区的整体智慧化水平。数字化与大型共享经济平台的出现，为旅游和酒店业的发展提供了有利条件。

自 2020 年以来的新冠疫情给餐饮行业造成巨大冲击，使得众多餐饮企业转型开展在线销售，加速了餐饮企业数字化进程。自新冠疫情暴发后，餐饮业成为受损最严重的行业之一，但餐饮企业的外卖业务有一定程度的拓展。国家统计局数据显示，2020 年我国全年餐饮收入 39 527 亿元，同比下降 16.6%，全国餐饮门店总数从 2019 年的约 712 万降至约 635 万[①]。随着疫情防控常态化，餐饮行业迎来回暖。在 2021 年，我国实现全年餐饮收入 46 895 亿元，同比增长 18.6%。这与线上餐饮显现出强劲的恢复速度有关。越来越多的餐饮企业依托美团、饿了么等数字经济平台开通外卖业务，线上订单量爆发式增长，预计在线餐饮市场规模将持续上升。根据《中国餐饮大数据2021》显示，2020 年 12 月份餐饮整体线上订单量实现同比增长 107.9%。中国餐饮行业线上订单量继 2020 年的 V 型反弹之后，在 2021 年持续保持稳定

---

① 2021年3月30日中国餐饮产业峰会发布的《2021中国餐饮产业生态白皮书》。

的恢复性增长①。越来越多的餐饮企业依托餐饮配送平台的算法管理，线上化经营能力显著提升，已经实现服务全流程的智能化管理。我国两大餐饮配送巨头——饿了么和美团公布的送餐骑手分别为近400万与近300万，成为餐饮业发展重要的劳动助力。

算法管理可对员工进行人员甄选、任务分配、绩效评估等自动化的管理（Waldkirch, Bucher, Schou, 和 Grünwald, 2021），在一定程度上替代了部分由传统管理人员承担的角色与任务（Möhlmann, Zalmanson, Henfridsson, 和 Gregory, 2021）。算法管理的一些突出特征，包括数字监控、动态定价、游戏化设计和实时在线顾客评价，极大地改变了员工的工作态度和行为（Glavin, Bierman 和 Schieman, 2021；Tan 等, 2021）。然而，算法管理绝非完美，在发挥拓展就业岗位、改善工作的灵活性等方面的积极作用的同时也会产生消极影响（Myhill 等, 2021）。2020年9月，《人物》杂志发表的一篇文章《外卖骑手，困在系统里》成为社会关注热点。该文章揭露了在外卖平台系统的算法与数据驱动下，严格的时间限制、惩罚机制、顾客评价体系、算法与现实的冲突等给送餐员带来极大的工作压力，使送餐员被系统所困。这引起社会各界对送餐员处境的广泛关注，也让社会各界思考在数字经济背景下，平台的算法系统应当充当什么样的角色，承担哪些责任。

算法管理模式对员工工作可能造成的消极影响不容忽视。员工受到算法管理广泛的监督和制约，并且受信息不对称的影响，他们的选择往往会受到限制（Galière, 2020）。在算法系统严格的工作监控与绩效管控下，算法管理可能会削弱平台与员工之间

---

① 2022年12月9日中国连锁经营协会、美团发布《2022年中国餐饮加盟行业白皮书》。

的信任，破坏员工的积极性，并降低客户满意度和品牌声誉。因此，在数字经济背景下，餐饮配送平台如何利用算法管理长期保持员工的服务质量是一个亟待解决的问题。

二、理论背景

近五年来，社会科学领域的学者愈加关注算法管理的重要性，主要从社会学、人力资源管理、伦理学等学科视角对算法管理进行研究。算法管理在旅游学背景下的研究还极少受到关注。在现有文献中，学者们主要关注算法管理的机制和特点（Griesbach 等，2019；Kellogg 等，2020），并从人力资源角度探讨算法管理对员工心理状态的影响。尽管现有研究关注算法管理如何改变传统的人力资源管理实践（Meijerink 等，2021；Waldkirch 等，2021），但忽视了算法管理如何改变员工的服务工作（Huysman，2020）。尤其是在以数字为中心的服务环境中，算法如何重新配置员工的服务工作，对员工工作造成何种积极与消极影响等问题仍未得到有效的解答。此外，"员工如何应对算法管理，调整自己的工作行为与表现"这个问题还缺乏深入的实证探索。在该领域，有限的实证研究重点关注员工集体形式的抵制行为，缺乏对员工个人抵制行为的深入研究，并且对算法管理下的员工应对行为（Coping Behavior）产生的影响还知之甚少。

此外，学者们普遍认为不同平台的算法管理模式差异很大（Griesbach 等，2019），因而学术界关注中国送餐平台的算法管理利弊、挖掘其独特性是十分重要的。算法管理在旅游和酒店业的研究中受到的关注还很少，其相关理论研究在很大程度上落后于实践。不同于传统的层级式的组织管理方式，算法管理具有信息不对称、监控严格等特征，这给员工的工作带来巨大的挑战。

因此，对此展开研究是很重要的，本研究有助于理解与传统的人力资源管理相比，在算法管理新情境下，员工的服务行为会发生哪些转变，以及员工在实际工作中对算法管理模式的态度与行为反应。

三、研究目的与内容

美团与饿了么两大餐饮配送平台的数据显示注册的送餐员有近1000万名。本研究旨在对这两个平台的送餐员在线评论进行文本内容分析，并对送餐员以及管理人员进行半结构化访谈，了解中国餐饮配送平台的算法管理模式、算法管理如何影响员工的服务工作，以及员工如何应对算法管理模式，进而为构建公平、合理、持续发展的平台算法管理系统提供建议对策。本研究的具体目标包括：

第一，探讨中国餐饮配送平台对送餐员的算法管理模式与特点，即在管理员工过程中算法与人工分别承担哪些职能，算法管理与人工管理具有哪些特点，以及二者之间究竟存在着何种关系。

第二，明确餐饮配送平台算法管理模式对送餐员工作，特别是对客服务工作的影响，即平台的算法管理模式在送餐员对客服务过程中产生哪些积极影响与消极影响。

第三，探讨送餐员在工作过程中如何适应算法管理模式，在多大程度上会遵循平台的算法管理，是否有相应的行为来规避或抵制算法管理，算法管理模式的哪些因素会引发员工的应对行为。

四、研究意义

（一）理论意义

本研究的理论意义在于：

第一，现有算法管理的研究主要是在西方背景下完成的，算法管理模式与传统的组织管理模式具有很大的差异，且不同的平台其管理方式存在很大的差异。本研究有助于识别中国餐饮配送平台的算法管理模式的典型性，了解在多方利益群体互动过程中的算法管理的功能和特点。

第二，现有研究很少系统探讨算法管理对员工服务行为的影响，本研究有助于探讨算法管理如何影响送餐员的服务行为，并且明确其与传统服务业中的服务行为的区别。

第三，现有研究很少深入探讨员工如何应对算法管理，本研究有助于探讨送餐员在多方互动的平台生态系统中如何应对算法管理，以及人与算法的交互关系，为员工应对算法管理的方式提供新视角。

（二）理论意义

本研究对于指导旅游数字平台算法管理的实践有一定的意义：

第一，本研究通过检验算法管理特征对员工服务行为的影响，提出针对性的建议改进平台算法管理，从而增强员工对算法管理的信任，改善员工服务工作，促使企业提升服务质量、保持长期竞争优势。本研究对以数字化为中心的服务背景下的服务管理有所贡献，并对旅游和酒店领域的算法管理实践带来启发，推动算法管理更好地服务于旅游业发展。

第二，本研究探究送餐人员对算法管理的认知和反应，从而帮助企业将从业人员的工作体验纳入算法管理设计，有助于企业更好地平衡各方利益。本研究希望企业在利用算法管理提升用户体验的同时，也要注重算法管理的公平性、透明性等，让算法更加人性化、更具人情味，实现科技改善工作体验的向善作用，更好地保障员工的权益。

第三，本研究通过识别算法管理的特征与功能，为其他旅游和酒店企业借鉴算法管理系统的优势，进行员工管理提供一定的建议对策。

总而言之，算法管理问题是旅游与酒店领域值得深入研究的主题，也是迎合时代发展所需。本研究对餐饮配送平台算法管理展开研究将促进平台企业完善劳动关系，把员工的实际工作体验纳入算法管理设计过程中，让平台的算法管理模式更好地服务于员工工作，促进餐饮配送行业健康可持续发展。

第二节　文献综述

在文献检索和筛选阶段，笔者以"算法管理""算法控制""算法决定""在线劳动平台""平台管理""零工经济"等为关键词，查阅到约 90 篇算法管理中英文文献，并对其进行了梳理总结，发现现有研究主要关注以下四个方面：算法管理的特征与运作机制；算法管理对企业管理的影响；算法管理对员工的影响；员工对算法管理的应对行为研究。由于算法管理是一个较新的研究领域，学术界主要采用案例分析、扎根理论等定性研究方法，相关的量化研究较为少见。本节根据上述四个方面进行文献述评。

一、算法管理的定义、特征与控制机制

算法管理指通过一系列科技手段，对员工数据进行收集与监控，进而对员工进行远程管理，实现自动化或半自动化决策的一种管理模式（Bucher 等，2021）。算法管理依靠智能算法和先进的数字技术管控员工，使员工行为与组织的目标相一致，达到对员工的算法控制（Kellogg 等，2020）。

与传统的管理控制不同，算法管理是一种新型、基于自动化流程、更为直接的理性控制（Parth 和 Bathini，2021）。在传统的组织系统，管理控制主要包括规范性控制（Normative control）和理性控制（Rational control）（Kellogg 等，2020）。为激发员工做出符合企业期望的行为，企业既可以通过领导倡导、文化建设等规范性控制增进员工对企业的承诺（Kunda，1992），也可以通过利益捆绑等奖惩机制对员工进行理性控制（Kellogg 等，2020）。算法管理依赖技术手段对员工进行技术控制，在本质上通过各种规范与流程促使员工做出效益与利益最优的决策与行为，对员工实施更为直接的理性控制。算法管理更具全面性、实时性、交互性及不透明性的特点（Kellogg 等，2020），使员工在拥有更多工作灵活性与自主性的同时，承担更为多样性和复杂性的工作任务（Wood 等，2019）。

（一）算法管理的特征

本研究总结与传统的组织管理相比，算法管理的典型特征

如下：

一是智能化控制（Smart Machinery Control）。算法系统通常采用大数据处理、匹配学习、人工智能（Artificial Intelligence，简称AI）等多种先进技术，进行智能决策与控制，构建数据导向的工作流程。以食品配送平台为例，AI订单分配系统和AI动力配送助手是平台智能化控制的基础（Huang，2022）。与静态的、标准化的传统管理制度相比，算法系统能提供更具时效性、个性化的奖惩制度（Kellogg等，2020）。熊浩和鄢慧丽（2021）对美团与饿了么平台进行研究，发现智能派单优化决策涉及动态实时优化、扰动管理、运筹优化、机器学习、仿真分析等多方面的内容。智能派单采用数据驱动，即通过机器学习进行数据挖掘，例如对商家的出餐时间、节点之间的距离、送餐员服务水平、顾客签收时间等多种大数据信息进行处理，提升任务分配的效率与准确率。

二是灵活性（Flexibility）。精巧的算法可以帮助组织实现灵活、动态的设计（谢小云等，2021），赋予员工在工作节奏、工作时间与工作方式上更多的控制权。算法管理使员工不再受到空间与时间的束缚，提升了员工在工作中的灵活性、自主权及任务多样性，帮助员工赋予更多工作意义（Wood等，2019；Duggan等，2020）。工作班次的灵活性以及员工在日程安排上的自我决定权也成为平台工作的主要卖点之一。算法管理不仅提供灵活的工作设计，还为员工提供工作建议、咨询服务、绩效反馈等技术支持，以提升员工针对平台劳动过程的自主权、认知和评价（刘善仕等，2022）。遵守算法规则的员工会获得更高的劳动回报、更多的工作机会与选择权限（Kellogg等，2020）。

三是不透明性（Opaque）。不透明性是平台算法管理屡受批评的一个特征（Tan等，2021），因为在算法模式下，平台通常为员工提供不对称、频繁变化的信息政策（Glavin 等，2021；Parth 和 Bathini，2021）。为了保守商业机密，算法系统的规则制度与数据收集通常不对外公开，只有高层管理者或程序员才能真正掌控（Shapiro，2018）。平台利用算法系统的不透明性，强化对市场的控制（Tan 等，2021），同时加强对平台员工的管控（Veen 等，2020）。例如，平台决定传递给员工的信息内容、信息传递时间，使员工仅了解部分算法评估规则，因而只能被动接受规则（Wood 等，2019）。此外，由于技术的复杂性，大多数员工无法完全理解平台收集了哪些数据、如何应用数据，因此难以提出质疑（Bolin 和 Andersson Schwarz，2015）。例如，由于员工不清楚平台收集他们行为表现的具体数据，因而无法针对平台判决提出上诉或纠正缺失、错误的信息（Kellogg 等，2020）。总而言之，算法管理的不透明特性方便企业追踪员工的行为，但限制了员工对企业策略的理解（Kellogg 等，2020）。

　　四是交互性（Interactive）。不同于传统的人力资源管理模式，平台通过算法系统协调市场供应方与需求方的诉求，并引入利益相关者参与员工管理（Huang，2022；Meijerink 等，2021）。平台就如一个数据终端，将参与市场交易的不同主体连接起来（陈龙，2020）。学者杜根（Duggan 等，2019）认为所有的算法管理平台工作至少涉及三方，平台协调顾客、员工以及供应商之间的关系（见图4-1）。其中，顾客评价成为平台对送餐员进行监管的一个核心管理手段（Huang，2022）。各主体交互性的实现得益于平台在"幕后"拥有强大的计算能力与交互式界面，可以让不同地点、不同类别的利益相关者通过个人设备登录访问平台（Holzinger 和 Jurisica，2014），而算法为各节点的交互性提供技术支持（Kellogg 等，2020）。熊浩和鄢慧丽（2021）把外卖平台派单的交互场景和过程分为三个步骤：平台生成数据、智能派单优化决策、分配优化结果。平台可以通过促进数据和程序的互动性来加强对各节点、利益相关群体的算法控制，包括对员工行为进行算法监控（Kellogg等，2020）。

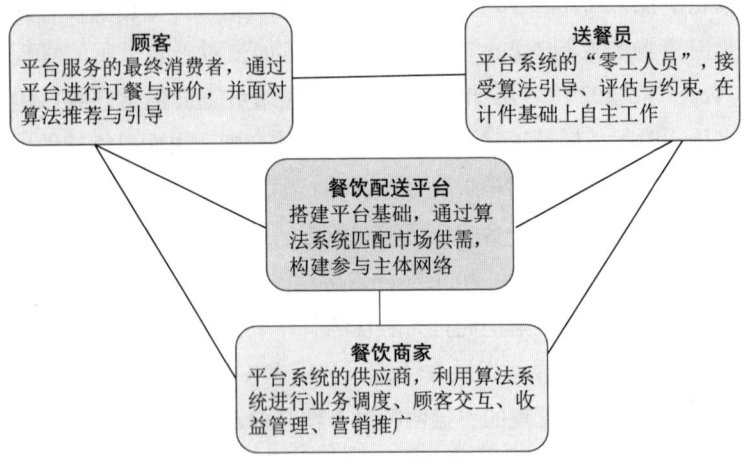

图4-1　餐饮配送平台的核心利益群体

资料来源：笔者根据杜根等（Duggan等，2020）的研究整理绘制

（二）算法对员工的控制机制

学者对算法对员工的关键控制机制进行探索。算法控制机制包括为员工和顾客匹配合适的技能并分配任务，以及对员工的表现进行评估、惩罚和奖励等，其中一些算法过程几乎不需要人工干预（Cheng和Foley，2019）。平台公司通过多种方式对员工进行管控，包括信息不对称、客户评级等绩效措施及动态定价策略等（Griesbach等，2019）。学术界对餐饮配送平台算法管理控制机制的相关研究如表4-1所示。对外卖配送平台UberEATS和Deliveroo的研究发现，平台通过以下三个措施对员工进行管

控：技术基础设施、故意制造信息不对称约束员工的选择、绩效管理系统的模糊性（Veen 等，2020）。研究结果还强调时间控制的重要性，即平台实施一种混合控制制度，不仅充分利用最优化的算法管理模式，而且还嵌套限定的工作时间制度，对劳动力分配以及劳动过程控制进行有效管控（Heiland，2021）。算法控制可以为两类：一类是把关型算法控制（Gatekeeping Algorithmic Control），平台可通过这种控制方式筛选员工并持续监控员工，决定员工的去留；另一类是引导型算法控制（Guiding Algorithmic Control），是指平台用于监督和指导员工的行为，并对员工的表现提供反馈，以控制员工日常工作的方式，相应的控制措施通常包括设定员工评级和排名、工作数量要求和响应速度等指标（Wiener 等，2021）。

表 4-1 餐饮配送平台算法管理相关研究

作者	研究方法	研究对象	研究发现
Goods 等（2019）	案例研究	澳大利亚 Deliveroo 与 UberEats 的 58 位员工	算法管理有三种不同的控制机制：信息不对称、技术基础设施和模糊的绩效管理系统
Sun（2019）	田野调查与访谈	中国的 45 位送餐员	在严格的算法管理下，送餐员找到绕过算法的应对措施
Veen 等（2020）	案例研究	澳大利亚 Deliveroo 与 UberEats 的 58 位员工	技术基础设施、信息不对称和模糊的绩效管理系统导致了高度标准化的服务
van Doorn 和 Chen（2021）	田野调查	46 位中国的送餐员与 33 位曼哈顿的送餐员	平台将劳动过程数据化作为算法管理的前提

续表

作者	研究方法	研究对象	研究发现
Heiland（2021）	多案例研究	德国 Foodora 的 21 位送餐员与 Deliveroo 的 14 位送餐员	平台和员工都在不断调整他们的策略，以重新获得控制权
Popan（2021）	田野调查与访谈	伦敦和曼彻斯特的 3 位送餐员	算法管理通过持续监控和信息不对称剥夺送餐员的权力
Huang（2022）	田野调查	中国的 68 位送餐员	平台通过信息垄断、智能化控制、多方利益相关者管理、奖惩规则等手段来管控员工
Zheng 和 Wu（2022）	案例研究	中国的 27 位送餐员与 3 位站点管理人员	平台通过广泛的数字监控、客户评级、地理跟踪、绩效排名和游戏化对员工施加影响

资料来源：笔者根据学者研究成果整理所得

本研究参照克罗格等（Kellogg 等，2020）的研究，认为算法系统主要通过以下三个机制（共六个方面）对员工进行监督与控制：算法指导，包括限制（Restricting）和推荐（Recommending）两个方面；算法评估，包括记录（Recording）和评级（Rating）两个方面；算法约束，包括替换（Replacing）和奖励（Rewarding）两个方面，具体如下：

一是算法指导（Algorithmic Direction），指组织通过算法系统，明确工作的执行标准和具体规则，向员工说明工作内容、完成顺序及时间周期。平台通常通过智能调度、任务匹配、路线规划等指导机制，引导员工采取符合组织目标的行动。在智能调度方面，调度系统的最终目的是实现顾客需求端与平台员工供给端的精准匹配（刘善仕等，2022）。以 Uber 为例，平台使用先进的算法，根据历史模式、节假日、天气、当前事件和交通状况，实时预测市场对额外司机的需求。此外，Uber 还设计了一套自动匹配算法，通过限制司机的拒单率来保证在线人力资源的可调度性（Wood 等，2019）。在任务匹配方面，平台利用数据驱动、智能算法等先进技术进行订单分配和路径优化，使派单效率达到整体最优（邓娜和张建军，2018）。以共享车平台为例，司机在打开手机应用的 15 秒内会收到乘客的出行请求，如果他们接受请求，应用程序会向他们提供乘客的位置信息；此外，平台可供司机拒单的时间十分有限，司机几乎没有选择，只能接受系统的工作分配（Lee 等，2015）。与此类似，外卖平台可对动态出现的订单和送餐员进行实时智能分派，这是一个复杂的多目标优化问题，需要同时考虑平台、送餐员、商家和顾客四个方面，具体包括平台利润、订单派送时间、送餐员等待时间、送餐员空驶距离、订单服务水平等（熊浩和鄢慧丽，2021）。在路线规划方面，算法系统同样引导员工遵循线路指引。如果员工选择不遵守平台的指示，他们可能会因为没有遵循"有效路线"而被扣工资（Rosenblat 和 Stark，2016）。Deliveroo 和 UberEATS 会为送餐员推荐到达下车地点的路线，尽管员工可以选择其他路线，但他们的实际工作权限受到限制。因为员工的工作过程与路线受到监视，如果员工走错方向或者耗时超过算法预估时间，他们就会收到来自该平台的提醒（Veen 等，2020）。

二是算法评估（Algorithmic Evaluation），指组织通过算法系统，记录员工劳动过程中的信息，并据此评估员工的业绩表现。平台企业广泛应用客户评价对员工进行算法排名和任务分配（魏巍等，2022）。平台收集客户满意度评分、员工行为（包括接受或拒绝订单的比例、工作时长、工作速度等）和生理特征

（包括员工的地理位置、声音和动作）等数据，作为算法计算依据，密切监控员工的工作表现，自动评估员工的工作业绩（Veen等，2020；Wood，2021）。例如，网约车乘客对司机进行评分，司机可以通过应用程序收到每周的绩效指标（Rosenblat 和 Stark，2016）。关于评价机制，算法评价具有不透明性，这会给员工创造一个"无形的枷锁"，进而引导甚至控制员工的行为（Rahman，2021）。一方面，这种控制系统将员工置于不稳定的环境，因为它赋予客户极大的控制权，而客户可能随意评价、对不当评价鲜少承担责任（Cameron，2021；Maffie，2022）。另一方面，评价系统的不透明让员工难以理解评估标准，也无法深刻理解评估标准与制度的变化。算法评估与传统评估方式存在关键差异（Rahman，2021）：首先，与传统评估方式相比，算法运行速度快、规模大，这有助于保持算法的不透明性，避免外界审查。即使员工对某一时刻的算法逻辑有所理解、进行逆向推导，算法也可以根据实时数据进行即时更新，让员工对当前算法的理解缺乏时效性与准确性。这使得政府机构对组织的算法监管变得尤为困难，尤其在对算法的运作方式知之甚少的情况下。其次，算法缺乏自反性（Reflexivity），仅能按部就班地执行程序指令，无法分辨具体情境。当遇到复杂的新情境时，这种局限性就会凸显。例如，当顾客无意中为员工提供了错误的评分时，算法评估会把这个条目解释为一个有效的、消极的信号，并执行其程序指令，这会对员工评级产生直接的不良影响。在类似情况下，传统的人工评估则易于立即识别错误并进行调整，且不需要接受额外的培训与数据。因而算法系统适用于熟悉、可预测的情况，但无法处理不可预测且复杂的情况。

三是算法约束（Algorithmic Discipline），指组织通过算法系统，采取奖惩措施，引导员工遵守规章制度，管控员工劳动过程与结果。平台通常采取动态定价、工作任务游戏化设计、在线违规检测等方式，激励和约束员工行为，增加员工在平台的劳动时间与接单率，增加用户黏性（Guda，2019）。在算法管理的激励措施方面，魏巍等（2021）研究发现平台基于算法的工作游戏化设计对网约配送员的工作投入存在倒 U 型影响，当游戏设计与网约配送员内在动机匹配时将激发员工的挑战性认知评价，促使员工把游戏情境理解为一种挑战，产生更多的资源充盈感，更倾力投入工作。然而，算法奖励有时也会失效，给员工带来挫败感和压力，因为员工经常对不透明、不明确的平台指引表示怀疑和失望（Kellogg 等，2020）。在算法管理的惩罚措施方面，平台基于对员工的算法评估，可以自动限制员工未来的工作机会。算法评估系统得分较低的员工无法获得最佳排班和派单，甚至被平台停用、解雇，他们的工作会被自动筛选给表现更好的员工，（Wood，2021）。例如，Uber 司机必须"保持 4.6/5 左右的评分"，否则他们的账户将被停用，将无法在该平台上工作（Lee 等，2015；Rosenblat 和 Stark，2016）。此外，平台通过隐瞒信息，故意制造司机与平台之间的信息不对称。例如，Uber、Lyft 平台不会在司机接受行程前告知他们将获得多少收入。如果他们选择不接受或取消调度，则可能会被罚暂停工作，甚至遭遇解雇。

二、算法管理对企业管理的影响

学术界对算法管理对组织的影响进行探讨，重点关注以下四个方面的影响：

第一，算法管理对传统组织形式与监管方式的革新。算法作为企业技术创新的产物，不仅逐渐成为在线劳动平台的核心竞争优势，而且积极地承担虚拟化管理的职能，为传统的组织管理实践向数字化管理实践转型提供技术支持（刘善仕等，2022）。基于算法的自动化管理决策引发企业内部的去中介化现象，使得组织变得更为扁平（Kellogg等，2020）。由于算法系统的使用，企业减少了对基层主管的依赖（Wood，2021）。同时由于垂直信息的传输越来越便利，负责沟通与传达信息的中层管理者逐渐被架空，组织层级也因而得以削减（Collins等，1999）。平台通过算法程序建立了利益相关者的生态系统网络，把跨越地域、成千上万的顾客、商家、员工联系起来。在组织监管方面，传统组织主要基于生产流程进行技术控制，基于组织规范和角色分配进行官僚控制。算法管理创造了一种新型的更为全面、彻底、即时型的组织监管环境（Kellogg等，2020）：一方面使得员工时刻处于被关注、被评价的状态中，另一方面可以同时对员工行为决策给出推荐、施加限制，影响员工的行为选择（Kellogg等，2020）。平台的算法控制扩展到任务的执行过程之外，延伸至劳动过程的各个阶段，即任务实施的全流程（Cameron，2021）。

第二，算法管理对传统雇佣关系的重构。算法管理弱化传统的雇佣关系，构建出一种新型的理性控制形式（裴嘉良等，2021）。算法管理给组织与员工之间的关系带来了深刻影响，使雇主与员工之间的雇佣关系弱化、更加依赖技术手段，并加强对员工的控制权（Anicich，2022；谢小云等，2021）。算法技术已经由单调重复地执行既定的控制程序，转变为能够随着数据流持续输入而不断升级的高级系统，这使得算法对组织管理情境中复杂问题的分析、推导和处理变为可能（Wilson和Daugherty，2018）。算法控制可以将传统官僚控制的逻辑思想与新型技术控制的方式手段相结合，应用于扁平化的平台型组织（裴嘉良等，2021）。在无边界化的工作环境中，传统的员工与组织间的双向沟通被数字化工具主导的单向沟通所取代，闭塞了员工直接向管理者反馈、沟通甚至抗争的通道。由于数字化工具减少了管理者和员工之间的面对面交流和评估,一旦员工成功地破解、操纵算法,组织获得的数据将失真,而员工也会因此获得不小的收益。在管理者与员工经由数字化技术进行的种种博弈中,如何切实保证双方的公平和权益合理,将是研究者和管理者需要共同面对的难题(谢小云等,2021)。

第三,算法管理对传统决策方式的变革。决策是组织的核心,人工智能算法越来越多地取代传统的组织决策,表现为一种基于预先设定的规则或目标而进行的自动化决策(Lindebaum等,2020)。由于智能算法的纯粹理性与高计算能力,算法决策在许多情况下已优于人工决策(陈冬梅等,2020)。各类技术发展,例如摄像头、传感器、音频设备、生物识别等,扩展了数据的收集和处理范围,算法决策的潜在经济优势也得到了扩展(Kellogg等,2020)。算法管理在仓储等传统行业得到广泛应用,此外在零售、制造、营销、酒店等背景下也有一定程度的推广(Wood,2021)。学者们探讨算法决策的效率问题,例如有学者研究按需经济中的供应管理,即服务系统如何通过算法管理进行成本最小化的人员配置决策,以有效平衡运营成本、不同的客户需求模式以及供应方的不确定性,同时不降低对客服务质量(Dong,2020)。

第四,算法管理对企业运营效率的影响。经济管理学的相关研究普遍认为算法系统能有效促进组织内外协调、管理决策与组织学习,从而提升经济效率与创新成效(Kellogg等,2020)。一方面,平台通过算法管理高效地匹配大规模市场供需,增强平台快速响应市场需求的能力,同时以较低的成本提供高品质服务,从而提升平台运营效率(Duggan等,2020)。另一方面,数字化技术正通过高效计算、全面监控、实时反馈、快速决策推荐提升人力资源的管理效率、降低劳动成本（谢小云等，2021）。算法系统作为一种数字技术本身具有控制、优化和自动化的功能优势，可以大幅提升企业运营效率（刘洋等，2020）。重要的是，数字平台可以通过实时监控、共享 GPS 导航、买家和卖家的评级、低成本的投诉渠道等多种工具，减少信息不对称，显著提高市场透明度和效率。通过比较 Uber 和传统出租车可发现，由于平台提升市场透明度，增加了对司机不道德行为的惩罚，Uber 司机的出行路线可能比传统出租车司机的路线更有效（Liu 等，2021）。

此外，学者们也关注到算法管理给企业带来的负面影响，总结为三个方面。首先，企业面临算法管理重构传统的雇佣关系产生的负面影响。现有证据表明，算法管理可能会加速形成不稳定的雇佣关系，包括外包、特许经营、临时工作机构、劳工中介和数字劳工平台等形式（Wood，2021）。平台降低员工的替代成本，例如亚马逊平台雇佣大量临时员工或自营平台员工，可能导致不稳定的雇佣关系的产生（Delfanti，2021）。平台培养了员工对工作和客户的承诺，而非对组织的承诺（Veen 等，2020）。数字化技术也使得员工之间、组织与员工之间缺乏"人情味"（谢小云等，2021）。平台企业看似放弃了对员工的直接控制，实则淡化了雇主责任；将劳资冲突转嫁到平台系统与顾客之间，进而摆脱雇佣关系和雇主责任（陈龙，2020）。其次，企业过度依赖自动化决策，会对组织造成不利影响。例如，算法管理增加工作标准化、减少员工自主决定权，使得工作条件恶化（Wood，2021），可能会减少公司对员工技能的投入（Wood，2021）；过度依赖数字工具的自动化还可能造成员工技能丧失、组织路径依赖等负面后果。此外，企业面临道德风险。大量平台企业把自己描绘成中立的"技术平台"，恰恰是为了逃避雇主的道德、法律和社会责任。一些企业利用算法工具剥削员工（Leighton 等，2016），"算法垄断""算法歧视""算法共谋"会引发平台企业社会责任缺失的异化行为（阳镇，陈劲，2021）。

部分学者站在企业视角为企业如何更好地利用算法管理，处理好企业与员工之间的关系提出了针对性的建议。刘善仕等（2022）认为企业既要关注员工的现实需求，改善员工的就业环境、提升就业质量，又要将管理伦理的因素有效地嵌入到算法管理的实践过程中，使算法技术的管理逻辑体现人文关怀与公平法则。例如，平台不仅要注重算法管理的效率问题，还需尊重劳动者的主体性和基本需求（Felstead 和 Henseke，2017），支持数字化情境下员工自我管理、自我领导力建设（刘善仕等，2022）。此外，企业要尊重员工的话语权，允许员工在提升平台技术、改善平台决策方面献计献策，解决平台与其员工之间权力分配不平衡的问题。过度依赖算法监视会让组织面临风险，若缺乏顾客或管理人员的监督，组织将失去对其业务活动的洞察力，以及对员工所处的具体现实的洞察力。因此，组织需要为员工代表、中层管理人员以及顾客提供反馈信息的渠道（Newlands，2021）。

三、算法管理对员工的影响

学者们普遍认为算法管理对员工的影响有利有弊。部分研究探究了算法管理对员工的心理状态、工作表现的影响以及算法管理相关的伦理问题。然而，学术界很少探讨算法管理对员工服务工作的影响。

学者们主要应用劳动过程理论（Labor Process Theory）对算法管理模式下的工作进行理论探讨。劳动过程理论聚焦于工作中生产关系的研究，着眼于将劳动力转化为商品的过程，强调雇主如何通过控制员工以实现劳动创造价值的最大化（Burawoy，1982）。根据劳动过程理论，管理者总是希望尽可能控制员工的工作过程，获取员工的剩余价值，并同时模糊化他们实现这一目的的手段和过程（Kellogg 等，2020）。因为雇主控制劳动的过程中不可避免地埋下员工反抗的隐患。学者在讨论时所围绕的核心就是在劳动过程中企业与劳动者的控制与抵抗关系。戛帝尼（Gandini，2019）认为劳动过程理论代表了一种基本的、目前未得到充分利用的资源，可用于研究数字平台的工作管理和组织实践，以及研究数字数据和平台指标在劳动力转化为商品过程中的作用。裴嘉良等（2021）以劳动过程理论为基础，基于扎根理论和实证研究构建出员工感知算法控制的测量模型，包含"规范指导""追踪评估"和"行为约束"三个维度。陈龙（2020）以外卖平台为例，基于劳动过程理论从组织技术和科学技术两个视角对其劳动过程进行研究：一方面，由于控制权的重新分配，平台系统与顾客代替平台公司对送餐员进行管理；另一方面，平台系统通过软件和数据削弱送餐员的自主性与反抗意愿，让其参与自主管理，维持规范化的劳动秩序。上述研究结果回应了劳动过程理论的核心议题，即资本如何控制劳动以及员工如何反抗。

（一）算法管理对员工心理状态的影响研究

现有研究主要关注算法管理对员工心理层面的影响，包括工作动机与工作意义（Lin 等，2020）、工作满意度与归属感、工作压力、工作控制感等。

算法管理与员工工作动机、工作意义之间的关系。学者们对算法管理背景下的员工工作动机的类别及其影响展开研究。一项以送餐平台为例的定性研究确定了员工的九种工作动机，可划分为三类（Lin 等，2021）：内在动机（便利、自主性、归属感、享受和知识)、外在动机(金钱、公平)以及规避动机(惩罚、服务失败)。其中,除了惩罚、服务失败、公平这三个新的激励动机凸显了算法管理系统的独特性,其他动机均与酒店领域的相关研究一致(Lundberg 等,2009)。具体而言,绩效工资制度使员工根据劳动结果得到相应的报酬,其竞争性质触发了员工与同事竞争的斗志,并促使他们避免服务失败,提高算法排名(Cheng 和 Foley,2019)。当送餐员受到内在因素的激励,面对来自公司或顾客的不可预测且相互矛盾的期望时,他们可能在工作中感到无助(Cheng 和 Foley,2019)。共享车平台 Uber 的司机强调灵活性是吸引他们加入平台的重要原因,他们也会表现出更高的主观幸福感(Berger 等,2019)。此外,也有学者对在社会隔离、算法管理模式中,员工如何解读并构建工作意义进行探索。研究发现,司机能够创造意义,从而避免与日常工作疏远(Cameron,2021)。司机的主要目标是与顾客建立联系,提供良好的服务。为了达到这个目标,员工们精心为顾客提供积极的服务,甚至额外的服务,以追求更高的顾客评级。评分、赞美和徽章作为反馈方式,表明员工的努力受到了重视,这与 RideHail 平台追求高水平的顾客满意度的目标相一致。此外,员工与顾客设定界限,尽量减少任何"额外"行为,以实现工作时间价值最大化。

算法管理对员工工作满意度的影响。学者们对于算法管理与工作满意度的关系存在两种观点。一些学者认为算法管理对员工工作满意度具有积极影响,因而倡导利用科技的力量提高劳动者的工作体验与工作投入(魏巍,刘贝妮,凌亚如,2021)。以平台游戏化为例,平台将设计元素引入算法系统中,以缓解工作无聊、提高员工的工作满意度(Mollick 和 Werbach,2015)。与此同时,算法系统嵌套的内在激励措施,例如更灵活的工作时间、团队建设活动、培训课程等,可以有效地激发员工的工作满意度并减少员工的离职倾向（Lin 等，2021）。也有学者通过实证研究发现算法管理对工作满意度有消极影响。已有研究依据工作资源—需求模型推导并发现数字化监控降低员工的满意度，并提升员工的离职意向（Carlson 等，2017）。其他学者也有类似的发现，其实证研究分析了摄像监控、电话监控、网络聊天记录监控等不同形式的数字化监控对员工的工作满意度、情感承诺以及自我效能感等结果具有负向影响（Jeske 和 Santuzzi，2015）。而以特质激活理论为基础，研究发现平台工作的角色模糊对工作满意度有显著的负向影响，进而增加员工的离职意愿（Lin 等，2021）。有学者对企业如何改进算法管理，进而提升员工的满意度进行展望。平台应让员工参与算法管理的实施，以确保他们保持自主性和控制力，促使自我实现且提升工作满意度。员工参与有利于问责并且减少算法管理歧视的可能性（Spencer 等，2021）。还有研究提出，平台需要进一步地开发追责的机器学习算法系统，以自动地进行追责，提升员工的满意度（Duggan 等，2020）。

算法管理对员工工作压力的影响。研究表明，员工在算法管理中往往承受着包括算法偏差（algorithmic bias）、工作负荷大等工作压力（Petriglieri 等，2019）。基于文献梳理，本研究将员工在算法管理模式下承受的工作压力归纳为四类，分别是角色压力、社会隔离、替代风险以及不公平感。关于角色压力，现有研究发现在传统组织管理模式下，员工角色通常固定在某一部门，而算法系统中的员工通常需要进行组织角色转换（Lin 等，2021）。因而送餐员可能会面临角色冲突（例如商家和平台指引之间的不兼容要求）和角色模糊（例如送餐员作为"独立工作者"的角色定位）带来的压力。算法管理背景下独特的角色结构带来的压力可能会降低员工的工作满意度，进而增加员工的离职意愿（Furunes 和 Mkono，2019）。此外，算法管理会使员工产生社会隔离感（Social Isolation）（Wood等，2019）。这是由于开放化、无边界化的环境会让组织与员工联系更为松散，降低了员工对组织工作环境的参与程度（谢小云等，2021）。同时，按需工作本身的性质限制了员工与客户建立深入人际关系的机会。缺乏共同聚集的工作场所也会影响员工形成团队归属感与工作归属感（Cameron，2021）。现有研究发现在平台工作背景下，司机的个性化特征被剥夺了（Anicich，2022）。然而，通过在线论坛，司机可与其他有类似经历和视角的司机联系，从而帮助他们稳定其叙事身份。员工在算法管理下面临被替代的风险。数字化技术把岗位职责拆解为微小的工作任务，员工只能从事低技能、碎片化的工作（闻效仪，2020）。未来需要警惕"去技能化"的风险，即员工的生存技能逐渐被机器所替代，例如无人驾驶技术最终会替代网约车司机，不利于平台员工的可持续发展（刘善仕等，2022）。不公平感也是员工的主要压力来源。当员工感受到公平公正的环境，才更可能提升对组织的认同感（朱飞等，2020）。然而，算法管理模式中的不公平现象普遍存在，较为典型的是平台的评价机制。对员工而言，评级直接影响其工作机会和收入，但平台将评估监管的部分权力转移给顾客，员工可能长期处于顾客评价的不确定性风险中，担心收到顾客恶意差评，这会影响他们的公平体验（Doorn，2017）。魏巍等（2022）认为平台算法漏洞和算法垄断造成员工感知的任务获取和评价机制的"不透明""不可控"以及缺乏"话语权"，加上认知比较过程中产生的不公平感，直接加剧了相对剥夺感的产生。这种相对剥夺感会让员工产生组织不认同感、工作场所退缩行为等，进而促进员工的离职倾向。此外，平台以时间为单位和节点，记录和监管员工的整个劳动过程。这种信息不对称和地位不平等进一步加剧了员工的心理压力。实证研究发现，相比人类决策，由于算法本身缺乏直觉和主观判断力，员工认为算法决策更不公平、缺乏人性化（Lee，2018）。

算法管理对员工工作控制感的影响。实时、全面的算法监控会让员工在工作过程中会形成被监视感、被控制感。感知算法控制是指员工对算法如何通过规范指导、追踪评估和行为约束对其提供劳动服务的过程进行实时动态控制的综合感知（裴嘉良等，2021）。算法控制创造了一种新型的、更为彻底的组织监管环境，它一方面使得员工时刻处于被注视、被评价的状态中；另一方面，它可以随时且持续对员工的行为决策给出推荐、施加限制，在记录和评价员工行为结果的同时影响员工的行为选择（Kellogg等，2020）。感知算法控制实际表明了员工对平台制定和倡导的服务政策、标准及程序规范等内容的个性化、内在化理解，进而形成自己的判断，影响其服务行为。现有研究表明员工感知算法控制对其服务绩效具有正向影响作用（裴嘉良等，2021）。引导型算法控制对 Uber 平台员工的合法性感知有显著的积极影响，并激发员工的持续工作意愿。算法制定针对员工的行为规范，引导、要求员工按照平台既定的规范完成甚至超额完成任务，从而实现平台目标（Wiener等，2021）。此外，员工感受到算法的持续监控反过来会促使他们监督自身行为，使之符合组织期望。也有学者探讨与传统管理系统相比，算法管理是否增强员工的工作控制感。其实证研究结果表明，Uber 司机比传统出租车司机感受到更强的组织控制，这是由于平台司机面临许多额外的控制，需要接受平台确定的定价、评级、定位、行车速度、顾客互动等各项条件与奖惩措施。此外，平台拥有随时修改条款的权力，比出租车公司拥有更大的权限来设定车费、支付司机工资、调节纠纷，网约车司机比传统制度下的出租车司机面临更大的监督和组织控制（Norlander 等，2021）。工作控制感也会给员工造成压力。

外卖平台对送餐员的送餐过程实行全程节点管理，并且平台系统将送餐员的工作动态实时反馈传递给顾客，这增强了送餐员配送工作的可预见性，却使送餐员压力增加、灵活性受限（陈龙，2020）。

（二）算法管理对员工工作表现的影响研究

学者们对算法管理与员工的工作表现之间的关系展开了研究。一方面，算法管理能提高员工的工作能力。例如，平台通过广泛的数字监控、地理跟踪、客户评级、KPI 排名和游戏化对送餐员施加控制，员工在工作过程中展示出高水平的能动性、学习能力、隐性知识和具体技能，不断提升送餐速度（Zheng，2022）。另一方面，算法管理能改善员工的服务效率。裴嘉良等（2021）以认知交互理论为基础，发现员工感知算法控制正向影响服务绩效。以 Uber 和出租车为例，研究发现与传统环境相比，数字平台在减少员工不道德行为、提高服务质量方面的效果显著（Liu，2021）。这是因为机器学习、技术监控等手段可能会防止司机铤而走险，从事机会主义行为；此外，数字平台可以通过减少信息不对称性，大幅提升市场效率。例如，Uber 的监测、评级、冲突解决机制提高了市场透明度，并在大多数情况下有效阻止了司机的机会主义行为。有学者从"人—机"关系视角讨论人工智能如何重塑服务工作，以及如何取代服务人员（Huang 和 Rust，2018）。学者们普遍认为，人工智能技术可以改善服务，创造更有利、定制化且有价值的服务交互（Marinova 等，2017）。人工智能可以通过增强员工的分析能力和提供高效的日常任务来帮助员工（Huang 和 Rust，2018；Wirtz 等，2018）。此外，人工智能系统会赋予人员权力，这样双方可通过合作实现工作目标（Kaur，Uslu，Rittichier 和 Durresi，2022）。

学者们关注算法管理的灵活性对员工工作表现的影响。学术界对平台工作时间是否具有灵活性仍存在分歧（Heiland，2021）。一些学者认为灵活性和自主性是算法管理的突出特点，也是吸引员工从事零工工作的重要原因（Bucher 等，2021；Parth 和 Bathini，2021），因为灵活的工作安排有助于解放员工，使员工可以更自由地选择自己的工作时间，而且减少为单一雇主服务的束缚（Griesbach 等，2019）。然而，也有学者认为算法管理使员工受到限制，多重管理决策和社会技术因素造成了工作的非灵活性（Sun 等，2021）。研究表明，与其他工薪阶层和创业者相比，平台员工感受更强的无力感和孤独感（Glavin 等，2021）。算法持续控制员工的工作地点、工作时间以及工作方式，违背了在线劳动平台所倡导的灵活自主的工作状态（Wood 等，2019）。为了降低劳动力成本，平台将劳动力招聘和管理外包给第三方人事代理公司合作，二者共同部署算法系统和通信技术，以培养"劳动黏性"，而且固定时间工作的全职员工比例呈上升趋势（Sun 等，2021）。有研究表明，劳动力市场的灵活性对雇主的好处远远大于对员工的好处。人事代理公司的招聘和管理技术更加灵活，以满足平台的需求，但同时加剧了送餐员的不稳定性，使他们经常面临工作条款的临时变化。算法管理的"灵活性"与不稳定性密切相关，员工被迫承担市场风险与不确定性，如无医疗保险、退休福利等，几乎丧失与传统就业相关的员工权益（Griesbach 等，2019）。此外，许多外卖平台确实允许员工在工作时间、接受特定任务等方面拥有相对的自主性，但这种自主性受算法控制的限制，包括激励定价、评级、信息不对称性以及收入不确定性和不可预测性（Griesbach 等，2019）。在某种意义上，员工的自由和灵活性被隐藏的劳动监督和控制形式所抵消（Shapiro，2018）。因此，员工的自由往往是虚幻的，至少受到平台严格限制（Griesbach 等，2019）。

还有研究对算法管理的不透明性和员工的工作表现进行了探讨。算法系统的不透明性限制了员工的权限，促使员工做出符合平台目标的行为选择。当员工接受不透明的算法评估时，他们很难确定评估的潜在影响，包括有何奖惩以及各种行为带来的影响有多大（Rahman，2021）。经历评估分数下降且高度依赖平台的高绩效员工可能会增加他们在平台上的活跃度，并尝试各种方法提高评级分数，以保持高绩效状态带来的好处。以外卖平台 Deliveroo 与 UberEATS 为例，这两家平台都对员工隐瞒关键信息，例如平台只提供取货地点和隐藏的顾客地址。当送餐员到达商家地址，并且确认已经拿到订单，才会得到顾客的地址。任务分配过程的不透明进一步影响了员工的行为，使他们无法掌控商家距离、绩效评级等因素如何影响其订单分配。平台故意制造的信息不对称代表了一种独特的控制机制，使信息决定权把控于管理层，并对员工的劳动过程产生重大影响。这使得送餐员缺乏订单信息的知情权，削弱了他们筛选有利订单的能力（Veen 等，2020）。其他研究也有类似的发现，Uber 平台通过隐藏关键信息，如票价和目的地，进一步限制了员工拒绝算法派单的能力（Rosenblat 和 Stark，2016）。

（三）算法管理的伦理问题

算法管理引发的一系列伦理问题受到学术界的高度重视。相关问题聚焦在算法威胁员工自主性（孙保学，2019）、算法在应用性场景下的员工隐私以及算法偏见与歧视等。

算法管理模式下的员工隐私问题。算法监控具有强大的侵入性，毫无疑问对员工隐私、自主性等方面带来挑战，给员工带来各类负面感受与影响结果。员工会围绕个人隐私与数字化技术进行博弈（谢小云等，2021）。平台系统的数据收集过程非常隐秘并且数据来源广泛，例如可以通过智能手机及软件完成数据收集，往往是在员工不知情的情况下进行的（陈龙，2020）。员工会权衡在什么时间分享哪些信息，因为披露的信息可能会导致自己丧失对信息的控制，但有助于构建良好的雇佣关系；组织也在做利弊权衡，一方面侵犯隐私可能会引起员工敌对，另一方面拥有尽可能多的信息有利于组织做出更好的决策（Bhave等，2020）。在组织与员工隐私博弈的过程中，员工的人格特质、隐私偏好以及组织的文化和规范等因素又会分别影响双方的利弊权衡。学术界需要进一步研究算法管理带来的数据保护和隐私挑战问题。例如平台应如何正确地使用员工的个人数据并且保护员工的隐私不受侵犯，以及关于员工的数据保护权利范围的问题（Tan等，2021）。此外，鉴于我国组织场景的隐私研究仍处于起步的阶段，学者需要从理论和实证上持续探索组织对员工施加的算法监控的结果，以及员工相应的态度和行为表现（谢小云等，2021）。

算法偏见与歧视（bias and discrimination）。魏巍等（2022）认为算法技术异化带来了一系列的负面社会问题，产生"算法歧视""算法偏见""算法霸权""算法合谋"等诸多负面社会问题。关于算法的价值取向，有学者认为算法是价值中立的，由其使用情境决定，责任完全由用户甚至社会承担（Kraemer等，2011）。然而，也有学者提出算法承载着价值偏见，并非中立（Mittelstadt等，2016），即设计人员在创建算法时已展现道德立场，对事物"应该如何、何为好坏、是否可取"表明了观点，因而应当承担责任（Kraemer等，2011）。以外卖平台为例，尽管平台系统用于管理送餐员的数据是客观的，但其背后存在利益导向，并非客观中立的"管理者"（陈龙，2020）。算法偏见中的典型例子包括"种族歧视"或"少数群体歧视"。代表性事例是亚马逊曾经开发"算法筛选系统"用于招聘简历筛选,但算法明显偏好于男性应聘者而歧视女性(肖红军,2022)。越来越多的企业利用算法进行自动化决策,引发了人们的深切担忧,认为这种自动化的选择可能造成歧视(Lambrech,2019)。此外,零工经济平台上价格歧视的范围扩大,也导致人们对工作稳定性和安全性的担忧(Tan 等,2021)。算法歧视比传统意义的歧视更为隐蔽,算法操控也比人为直接操控更为隐蔽,其结果是算法责任成为一种高隐蔽性的责任形态(肖红军,2022)。

算法管理对员工工作自主性的威胁。一旦管理者将数据视为最客观可靠的事实,他们便倾向于放弃对员工工作行为进行直接、细致的观察和解读(Duggan 等,2020)。盖尔等(Gal 等,2020)进一步指出,如果组织将这种定量的、循证的人才分析工具与结论视为"最高真理",就会加剧组织工作场所的数据化(datafication)与不透明性,导致管理者进一步操控引导员工行为,并潜移默化地改变员工的观念与行为。例如,平台的评价机制可能会激化工作分配的矛盾,评分高、经验丰富的员工往往获得更多的工作资源与份额,导致"马太效应"的产生(Wood 等,2019)。学者对网约车平台的研究发现,智能算法会优先给综合评级高的司机派单,从技术层面削弱了员工获取工作机会的自主性(Wood 等,2019)。在这样的工作场景中,员工工作行为被抽象为定量的数值。员工自身则由于难以理解不透明的绩效评价逻辑,无法对自身工作进行有效的反思,其价值主张、自主选择也面临挑战(Gal 等,2020),不利于员工持久的成长发展和自我实现(谢小云等,2021)。在算法持续监控下,员工不断自主地进行劳动强化,从而陷入到工作自主的认知悖论中(刘善仕等,2021)。吴清军和李贞(2018)以网约车司机为例,发现尽管相较于传统雇佣条件下的工作，员工在工作时间上感受到更多的自主性，但在劳动过程中必须接受算法的工作指令，服务的过程和结果均要受到算法持续隐蔽的监控，这导致平台员工自主性的认知受限。

四、员工对算法管理的应对行为研究

（一）应对行为的前因及分类

应对行为（Coping Behavior）指人们处理特定情境而采取的行为措施，通常用于调节压力情境和随之而来的负面情绪的认知与行为策略（Aldwin 和 Revenson，1987）。文献表明，员工在面对压力事件时可能采取多种应对行为（Achnak 和 Vantilborgh，2021），通常划分为两种类型：问题主导型（problem-based）和情绪主导性（emotion-based）（Krischer 等，2010）。问题主导型的应对行为旨在直接解决问题，一般指人们通过实际行动来消除压力或改变其负面影响；情绪主导型的应对行为侧重于人们通过减少负面情绪、缓解情绪困扰、寻求情绪支持等情绪调节方式，进而重新解读事件（Latack 和 Havlovic，1992）。情绪主导型的应对行为着重改变消极情绪，而非改变压力带来的直接结果。相较而言，员工采取问题主导型的应对方式更有利于提升他们的幸福感、工作绩效（Achnak 和 Vantiborgh，2021）。

首先，平台员工会采取积极的应对行为主动适应算法管理。算法管理实际上向平台员工传递了平台制定且倡导的工作标准和规范，当这些信息被平台员工内化理解并形成自己的价值判断后，大部分员工会按照算法的指令做出符合平台预期的行为。例如，送餐员会在平台划定的特定送餐区域内展开工作，并在送餐过程中按照算法分配的订单提供服务（Heiland，2021）。

员工在顺应算法管理外，也会采取直接反抗、回避甚至操纵算法等方式应对算法管理，服务于自身目的。面对雇主严格的控制，员工采取抵制措施并捍卫自己的自主权，这可能会重塑平台与员工之间的生产关系（Thompson 和 Vincent，2010）。算法控制会让员工感到沮丧，使他们质疑算法控制的合法性，这可能导致员工违反平台控制或退出平台工作（Curchod 等，2020）。员工的不当行为在零工和远程工作环境中可能会更普遍，他们可以采取不同的措施来避免算法审查和惩罚（Bucher 等，2021）。尽管员工的自主权有限，但他们偶尔能够破坏平台对其进行的空间控制（Heiland，2021）。谢小云等（2021）同样认为面对算法监控给员工带来的负面影响，员工也并非处于全然被动和屈从的地位，始终保有一定的选择权和能动性，能自主选择如何应对甚至反抗数字化技术。

关于员工应对算法系统的前因，学者们认为两类偏差影响员工对算法管理的执行（Sun 等，2020）。第一类是信息偏差。当员工拥有比算法系统更多的客观信息，而算法系统缺乏足量信息、不能推荐可行或最优的决策时，就会出现这种偏差。第二类是复杂性偏差，当算法决策过于复杂，用户无法理解、信任或执行决策时，复杂性偏差通常会发生。例如，实证研究发现一些网约车司机表示对算法预测是否代表真实的市场情况缺乏信任，怀疑只是平台操纵他们转移到指定区域的工具（Rosenblat 和 Stark，2016）。因此，即使算法推荐在实践中是可行的、最优的，用户也会转而执行更简单但次优的决策。从员工层面来看，一方面，平台员工随着时间的推移变得更加理性（Shapiro，2018），他们能够根据自己的经验和非正式的社交活动来识别监控中的缺陷（Galiere，2020）。例如，经验丰富的送餐员可以识别外卖平台系统的"管理漏洞"，进而采取一些利己行为。另一方面，员工利用在线社区互相分享经验和做法，加深对算法管理的了解，提升工作经验（Bucher等，2021；Wood等，2019）。通过自发组织的渠道，如在线聊天群和论坛，送餐员交流日常或与工作有关的信息，评价工作条件甚至组织抗议活动（Heiland，2021）。

部分研究对员工应对算法系统的行为进行分类。克罗格（Kellogg等，2020）在理论综述中总结了员工面对算法监控可能采取的三种个人抵制策略，并称之为算法激进主义。第一，员工可以采取不合作态度，阻挠组织的数据采集或者忽略算法推荐。例如，Uber司机偶尔退出Uber软件，选择就近载客或者回避长途订单。司机在执行任务时并不总是遵循算法的指示，可能会偏离算法规定（Sun等，2020）。第二，员工可以利用算法的运算机制来抵制算法控制，可以对影响其评分的活动进行排序，从而有选择地表现自己，避免惩罚。例如Uber司机采用变通方法（workaround use）应对算法管理，即员工有意识地调整工作活动，而这种调整是不按组织期望或规定允许的方式进行的，当组织和个人利益之间存在脱节时，变通方法更有可能被采用（Wiener等，2021）。第三，员工还可以私下与客户谈判来抵抗算法控制，从而绕过或改变算法评分，属于员工利用算法的典型不当行为。例如员工利用他们对平台运作方式的优势知识，欺骗客户不发表负面评价，或争取顺从的客户来帮助他们夸大评级（Cameron，2021）。实证研究还发现除了个人抵制策略外，员工还可通过集体行动抵制算法管理（Kellogg等。2020）。与传统工作环境下密集的社会关系网络相比，算法控制下的员工联系往往是有限、独立、非正式、虚拟的。员工往往通过在线论坛、平台等组织起来，进行知识共享与信息沟通，交流工作经验与技巧，从而帮助员工解决平台信息不对称问题。刘善仕等（2022）认为员工的应对策略主要包括：根据新的环境结构做出新的行为选择以主动适应算法管理;寻找算法系统的漏洞并拒绝与算法合作以逃避算法管理;以及通过解码算法的运算机制使算法有利于增加自身利益以操纵算法管理。

(二)平台算法管理与员工应对行为的关系

员工如何应对算法管理以及这种应对行为带来的影响,学术界对此还缺乏深入的实证研究。以往的研究强调算法有利于雇主创造经济价值,却极少对算法系统如何影响雇主和员工之间争夺控制权进行深入探索(Kellogg等,2020)。根据劳动过程理论,控制是一个辩证的过程,在这个过程中,雇主不断创新机制,以最大限度地获取员工价值,而员工则不可避免地进行抵制,以维护个人自主性、尊严和身份(Thompson和Van den Broek,2010)。在任何一种管理模式下,组织控制和员工抵抗都是共同存在、相互影响的(Parth和Bathini,2021)。在算法管理模式下,平台和员工均不断调整各自策略,以获得更多的控制权(Heiland,2021)。有研究表明网约车司机能发现并利用平台漏洞,而管理层则组建"防欺诈团队",阻止司机利用平台漏洞获利(Parth和Bathini,2021)。再如,许多平台对其评级和奖励算法保密,以防止员工操纵算法(Kellogg等,2020)。

有学者对平台应如何改进并减少员工的不当行为提出了针对性的建议,主要可分为两大类。一类是平台建设与发展的角度。例如,学者们认为雇主可以通过提高员工和组织之间的利益目标一致性,以及降低信息不对称程度来减少员工的不当行为(Burbano,2021)。还有学者认为建立信任关系对平台发展至关重要。现有实证结果表明,组织向员工宣扬伦理价值观,能增强员工对组织价值观的认同,减少员工的不当行为,增加员工与雇主之间的利益一致性(Gu,2020)。然而,当员工感知他们受到算法监控时，这种影响不显著，因为监控威胁大大降低员工对雇主的信任感（Burbano，2021）。另一类则是关注保障员工权益。例如，在组织架构消失、行业监管缺乏的零工经济新业态中，关注网约配送员的劳动时间、劳动强度，对维持平台算法管理创新激励作用具有重要意义（魏巍等，2021）。学术界和实践界都需要未雨绸缪，思考如何避免员工的"算法激进主义"行为，在提升监管有效性的同时保护员工的隐私、尊重其独立性（谢小云等，2021）。

五、算法管理研究概述与现存问题

学术界对算法管理进行了卓有成效的探索，然而现有研究仍有以下不足：

首先，学术界忽略了探究算法管理如何履行具体的员工管理职能，以及与传统人工管理相比，如何体现相应的优势。以往研究关注了企业运用算法管理对传统的组织形式、监管形式、雇佣关系的变革，发现算法管理在提升企业运营效率的同时，也可能给企业带来相应的负面影响。然而，算法管理与传统组织管理在现实中是如何共同作用于实践的，二者之间究竟存在何种关系，如何取长补短有待进一步的研究检验。此外，算法管理是否存在缺陷，员工视角下算法管理在哪些方面可以改进，仍未得到有效探索。

其次，少有研究关注算法管理的特征（如智能化控制、灵活性、不透明性、交互性）以及其关键运行机制在实际运行过程中会对员工带来何种影响。不同于传统的人力资源管理，算法管理是一种受自动化技术影响的新型管理方式，具有全面、实时、不透明等特点。在这种新的管理方式下，员工的心理状态与行为表现是否有差异还缺乏深入的探究，并且学术界很少对算法管理对员工服务工作的影响进行探索。因此，本研究以典型的餐饮配送平台为例，关注算法管理对员工服务行为的影响，有助于推动旅游与酒店业算法管理领域的研究。

再次，迄今为止，学术界关于员工对算法管理的应对行为的探究目前仍停留在理论层面。关于算法管理对员工应对行为直接影响的实证研究仍然不足。关于员工抵制算法管理的行为，以往研究的重点是显性的集体抵制形式，但在员工的个人实际抵制策略方面，仍然缺乏深入探索。有研究归纳出员工在面对算法管理时的各种反应，但没有分析导致这些行为的内在原因。只有少数研究探究了影响员工应对行为的因素，如个人与平台利益的冲突、员工的工作经验以及员工之间的社交互动等。此外，少有研究探究算法管理与员工应对行为之间的关系。因此，员工采取不同应对行为的前因以及后果亟待实证研究予以深入探讨。

总之，尽管所有的餐饮配送平台都使用算法管理模式，现有研究主要是在西方背景下完成的，学术界对中国平台的算法管理的独特性进行探讨是必要的（Griesbach等，2019）。本研究关注中国餐饮配送平台算法管理模式对送餐员服务行为的影响，结合网络文本分析与深度访谈的方式，对中国背景下员工对算法管理的反应形成更丰富和更真实的理解。这种理解有利于本研究更好地探究员工、顾客、商家与算法管理之间的关系，具有较强的理论意义与实践价值。

第三节 研究设计

一、研究对象

本研究选取美团与饿了么平台送餐员作为研究对象有三个原因:第一,餐饮配送与其他工作(如远程在线工作人群或Uber司机)以及其他工薪阶层相比,员工在算法系统中面临更广泛、更严格的控制(Glavin等,2021)。第二,餐饮配送平台是三方的,由送餐员、商家和顾客组成,而两方平台(例如Uber)只涉及员工和顾客的互动(Meijerink等,2021)。餐饮配送平台是典型的算法管理案例,其服务交付和关系是复杂的。第三,美团与饿了么这两大餐饮配送平台主导中国的外卖市场(见表4-2)。2017年,百度外卖(国内第三大外卖平台)被饿了么收购,至此外卖行业逐渐形成双头垄断局面(Sun,Chen,和Rani,2021)。目前,美团与饿了么外卖配送服务范围已涵盖中国2800个城镇,美团是中国外卖市场的引领者。重要的是,二者都通过算法提升效率,建立了自己设计的即时配送网络(饿了么的"方舟智能调度系统"和美团的"超脑配送系统"),以智能调度订单,匹配送餐员,管理送餐员的服务工作。因此,美团与饿了么这两个餐饮配送平台具有一定的典型性。

2021年10月,国家市场监督管理总局为监管外卖行业公平竞争、长期健康发展,对美团作出行政处罚决定,罚款金额为34.42亿元。原因是美团滥用在中国境内网络餐饮外卖平台服务市场支配地位，实施"二选一"的垄断行为，限制了相关市场竞争。同时，市场监管总局还要求美团完善算法规则与平台佣金收费机制，维护商家合法利益、加强送餐员合法权益保护。对此，美团表示会深入自查整改并自觉维护公平竞争秩序。饿了么也表示将以此为鉴，坚持依法合规经营。人力资源和社会保障部等四部门就维护新就业形态劳动者劳动保障权益对美团、饿了么等平台企业开展联合行政指导。会议强调平台要切实维护劳动者权益，积极履行社会责任，优化平台算法规则，健全保障劳动者权益的制度机制，畅通其诉求表达渠道。由此可见，国家相关部门重视对餐饮配送平台的监管与指导工作，号召加强对商家、送餐员合法权益的保护，实现平台公平竞争、良性发展。

近年来，美团、饿了么平台在政府指导下，围绕劳动保障、骑手关怀、算法取中等在送餐员权益保障方面采取了相应的措施。以美团发布的"同舟计划"为例，将"差评超时扣款改扣分"的服务评价体系推广至全国80余个城市；"预计送达时间段"替代"预计送达时间"，有效减少了送餐员因超时、差评等问题导致的异常情况。饿了么平台与中国气象局公共气象服务中心推出送餐员天气安全防护体系，保障恶劣天气配送安全。平台的这些举措显著改善送餐员的配送体验，有利于提高送餐员就业质量。

表4-2　美团与饿了么平台基本信息汇总

平台简介	美团	饿了么
成立时间与地点	2010年，北京	2008年，上海
平台使命	帮大家吃得更好，生活更好	Everything 30 min
送餐员数量	约400万	约300万

续表

平台简介	美团	饿了么
市场规模	630万商家和4.6亿顾客	350万商家和2.6亿顾客
日均完成订单量	4000万份	450万份
配送系统	超脑配送系统	方舟智能调度系统

资料来源：笔者根据美团与饿了么官网数据汇总所得

二、研究方法

本研究采用内容分析法与深度访谈法，研究分两个阶段展开，即在网络文本分析的基础上展开访谈。这两个阶段的结合可以在最大限度上发挥每种研究方法的优势，也可以相互弥补彼此的不足，增强研究结果的完整性和可理解性，提高研究结论的效度。

（一）内容分析法

在第一阶段，本研究采用内容分析法（Content Analysis）对送餐员在线评论文本进行分析。内容分析法是指研究被记载下来的人类传播媒介，如网络、法律、书籍等（彭丹和黄燕婷，2019）。这种方法具有通过运用数理统计学知识将不系统的、定性的研究对象的信息内容如文字、图像等转化为系统的、定量的数据资料的优点。换言之，基于这种方法，可以将质性问题转为量化问题，具有定量、客观和系统的优点（胡传东等，2015；陈俊彤和殷平，2021）。近年来，内容分析法在旅游领域主要应用在旅游体验、旅游地意象、游客情感特征等方面（丛丽和何继红，2020；彭丹和黄燕婷，2019）。内容分析法在具体操作上的分析步骤可以概括为：提出研究问题或假设、抽取样本、确定分析单元、制定分析类目、定量处理与计算、分析与解释（邱均平和邹菲，2004）。

（二）深度访谈法

在第二阶段，本研究采用深度访谈法，对美团、饿了么两个中国主流餐饮配送平台的送餐员采用个人深度访谈法收集一手数据。作为定性研究方法，半结构式深度访谈使研究围绕主要的问题与框架，为受访者提供足够的自由，关注受访者有关态度、动机和行为的表述，"深入事实的内部"（杨善华等，2005）。本研究为探索性研究，基于深度访谈法，可更深入地探索送餐员对餐饮配送平台的看法与评价，发掘送餐员相关态度与服务行为背后的深层原因。本研究对访谈数据进行理论饱和度检验，在连续比较了多个数据对象、没有新的内容后停止采样，此时达到了数据饱和状态（Flick，2002）。本研究采用扎根理论对访谈数据进行分析，同时收集企业网站、新闻报道、骑手社区等二手数据，进而对访谈数据进行补充和完善。

（三）扎根理论分析

本研究使用扎根理论方法对访谈文本进行分析（Strauss 和 Corbin，1998），在 NVivo 20 软件的帮助下对访谈数据进行编码，以确定主题和类别。此外，其他数据用以交叉检验资料的可靠性和补充细节。在第一阶段（即开放式编码），笔者参照 Locke（2001）的方法，以开放式的心态在确保编码接近真实内容的同时生成尽可能多的主题。通过对访谈数据进行编码和分类，本研究最初确定了 243 个主题。在第二阶段（即主轴式编码），本研究对所有主题进行进一步的分类和合并，经过反复比较，由此形成子范畴和主范畴来解释本研究主题的逻辑关系（Strauss 和 Corbin，1998）。在第三阶段（即选择式编码），笔者查阅了有关组织控制、应对行为和人机协作的文献，以更好地发展本研究的理论框架。最后，本研究结合理论对数据进行仔细分析，将类别集成到一个连贯的框架中，形成系统性的表述（Anicich，2022）。

第四节 送餐员对算法管理感知与评价的网络文本分析

本研究以送餐员发表的对美团与饿了么平台的网络评论作为分析单元，并且根据研究问题基于"刺激—认同—反应"（stimulus-organism-response，SOR）理论框架（Mehrabian 和 Russell，1974），制定分析框架。"刺激—认同—反应"理论认为，刺激是一种外部情景与个体内部的影响因素，会对个体的认同认知状态或心理状态产生影响，继而会使其采用相应的行为反应以应对刺激，分别主要表现在个体态度与个体行为上（梁阜等，2017）。基于此，结合网络评论文本的真实含义，本研究提取了送餐员视角下的平台工作环境、感知特征、情感与行为反应这三个维度作为分析与归类的基础。本研究借助由武汉大学沈阳老师团队开发的 ROST CM 6（内容挖掘软件）对评论文本进行词频分析、社会语义网络图分析以及情感分析。

一、数据来源与处理方法

本研究通过八爪鱼网络爬虫工具从美团骑手贴吧、饿了么骑手贴吧中抓取送餐员的评论。在线评论样本量足、时效性强,包含大量评论者的个人观点,其评论文本是重要的数据资源(从丽等,2020)。因此,本研究通过抓取送餐员的在线评论以获得其关于餐饮配送平台真实、客观、丰富的感知与评价信息。本研究共获取评论13 636条,评论时间集中于2016年1月至2022年4月。

参照邱均平和邹菲(2004)关于文本分析法的建议,本研究对网络评论文本进行预处理,筛选评论的原则如下:首先,仅选择送餐员发布的评论;其次,剔除广告与重复的、空白的评论,以及无关平台评价和情感表达的评论;最后,删除无意义文本,如符号表情,并且筛选、替换同义词,将评论文本中表示和指向同一对象的不同表述进行统一,如"单子""订单"统称为"订单";"高峰时段""高峰期"统称为"高峰期";此外,修正某些不正确的用语。经过筛选,本研究最终搜集了5136条有效评论作为研究样本,总字数为240 649。最后,本研究将经过处理的文档保存为.txt文件,并且将编码格式设为ANSI。

二、高频词分析

本研究首先进行词频分析,经过人工处理,建立自定义词典,词典内容涵盖送餐工作中的专有地点名称、工作流程、服务行为等特有词汇,如"站点""调度""跑单",自定义词典共包含192个词汇。此外,本研究设立自定义过滤词表,对"全部""左右"等与研究主题无关的词进行过滤,来确保分词和词频分析结果的准确性，获得有意义的高频词。本研究通过使用ROST CM 6对文本进行分词处理，通过词频统计生成词汇频数表，选取频数排名前150位的词汇（见表4-3），作为研究送餐员对餐饮配送平台算法管理感知与评价的基础数据。

表4-3 送餐员在线评论高频词统计

词汇	频数	词汇	频数	词汇	频数	词汇	频数	词汇	频数
骑手	1540	公里	158	账号	69	麻烦	44	沟通	32
美团	1473	联系	157	团队	69	区域	44	规定	32
顾客	626	客服	152	报备	68	地图	43	下雨天	31
订单	481	跑单	147	培训	68	异常	42	帮忙	31
众包	479	接单	131	安全	67	提示	41	专职	31
外卖	469	平台	128	申请	66	垃圾	41	衣服	31
老骑手	427	地方	120	蜂鸟	66	不懂	41	同事	30
专送	427	奖励	104	提前	65	微笑行动	41	太坑	30
商家	418	补贴	100	取消	65	请假	40	违规	30
站点	395	离职	98	软件	60	找不到	40	地区	29
工资	384	出餐	96	熟悉	58	操作	40	事故	29
饿了么	368	距离	95	审核	58	范围	40	路线	29
新手	362	办法	91	抢单	57	完成	39	恶心	29
站长	359	罚款	90	后台	56	上报	39	理解	29
超时	357	保险	88	高峰期	56	下雨	39	爆单	29
时间	349	上线	85	解释	55	取消订单	39	坚持	27
差评	320	装备	83	辛苦	55	不容易	39	准时	27
送外卖	315	赚钱	83	朋友	54	头盔	39	任务	27
兼职	259	健康证	82	到店	54	请教	38	自动	27
系统	239	取餐	80	天气	52	调度	38	关系	26

续表

词汇	频数	词汇	频数	词汇	频数	词汇	频数	词汇	频数
投诉	230	努力	79	限制	52	拉黑	38	下线	26
配送	225	导航	75	前辈	52	态度	38	下单	26
分钟	220	定位	75	通知	50	人工	37	技巧	25
问题	220	申诉	74	收入	49	退款	37	忙碌	25
派单	208	处理	74	提前点送达	49	服务	37	合理	25
单量	186	入坑	74	指点	48	数据	36	旷工	25
打电话	182	辞职	74	注销	46	交流	34	顺路	24
单价	175	注册	74	自由	45	经验	33	备注	23
送达	171	位置	73	封号	44	取货	33	准时率	23
手机	169	好评	70	待遇	44	迟到	32	评价	23

资料来源：笔者根据 ROST CM 6 整理所得

注：150 个送餐员在线评论高频词汇数总和为 18 633

根据表 4-3 可知，150 个高频词汇由名词、动词与形容词构成。词频在 300 以上的高频词以名词居多，包括"美团、饿了么、站点、骑手、众包、专送、老骑手、新手、顾客、商家、站长、订单、外卖、工资、时间、差评"，反映了送餐员的工作平台、人员类型、利益相关者以及其他主要关注点。参照已有研究成果与评论文本描述内容，本研究对 150 个高频词进行归类。在归纳与分类过程中，笔者发现有些词汇脱离了原有的语境无法判断其维度，这是由于词频分析中句子的完整性被破坏了，对此，本研究将词汇还原于原始评论文本，结合语境以明确词汇的所属维度。通过此方式，最终 150 个高频词可以被归纳为 3 个维度，15 个子维度，如表 4-4 至表 4-6 所示，分别为"平台算法系统的管理模式""感知平台算法系统的特征""送餐员的情感与应对行为"。克罗格等（Kellogg 等，2020）总结出工作场所的算法控制通过六个主要机制运作，即平台可以通过限制和推荐来指导员工（算法指导），通过记录和评级来评估员工（算法评估），并通过替换和奖励来约束员工（算法约束）。笔者以此为依据并结合原始资料将"平台算法系统的管理模式"分为算法与人工管理、培训与指导、工作分配、工作限制、工作评估、替换与奖励这六个子维度。

表4-4 送餐员在线评论高频词维度（平台算法系统的管理模式）

维度	子维度	高频词汇	词汇数量及频数占比	原始资料举例
平台算法系统的管理模式	算法与人工管理	骑手，美团，顾客，众包，老骑手，专送，商家，饿了么，新手，站长，兼职，客服，团队，蜂鸟，人工，专职，站点，手机，地方，软件，区域，地区，系统，平台，后台	25（44.72%）	A521. 平台派单 A2812. 站长人好，帮忙解决问题 A1572. 联系客服，客服让我联系站长处理，专送不能让顾客取消订单
	培训与指导	导航，定位，位置，培训，审核，通知，地图，提示，调度，退款，数据，路线，申请，报备	14（4.06%）	A1483. 线下站点培训 A3599. 参加线上培训 A3093. 顾客确认定位准确，可以直接导航

续表

维度	子维度	高频词汇	词汇数量及频数占比	原始资料举例
平台算法系统的管理模式	工作分配	订单，外卖，送外卖，配送，派单，单量，打电话，送达，公里，跑单，接单，出餐，上线，取餐，取消，抢单，到店，操作，完成，取消订单，服务，取货，任务，下线，下单，备注	26（18.25%）	A1564. 系统派单一般都顺路 A1340. 配送到达顾客地址 A2368. 站长打电话让骑手上线接单
	工作限制	时间，分钟，距离，保险，装备，健康证，注册，账号，安全，微笑行动，请假，范围，头盔，规定，衣服，准时率	16（7.37%）	A5. 没上传健康证不能接单 A9. 跑够15单，在线时长要6小时 A2598. 微笑行动没过被永久拉黑
	工作评估	差评，投诉，好评，态度，评价	5（3.65%）	A2331. 商家卡餐35分钟，餐凉了，顾客给差评 A1524. 我的好评率很高
	替换与奖励	工资，单价，奖励，补贴，收入，待遇，罚款，注销，封号，拉黑	10（5.76%）	A1946. 有额外补贴，准时率100%，奖励500 A2546. 骑手刷单被查出来虚假配送，罚款一百块

资料来源：笔者根据 ROST CM 6 整理所得

表4-5 送餐员在线评论高频词维度（感知平台算法系统的特征）

维度	子维度	高频词汇	词汇数量及频数占比	原始资料举例
感知平台算法系统的特征	交互性	联系，朋友，前辈，指点，请教，交流，经验，沟通，帮忙，同事，关系，技巧	12（3.01%）	A2870. 交流跑外卖经验 A3720. 向资深的骑手讨教，学习一些送外卖的技巧
	高强度	高峰期，爆单，忙碌	3（0.59%）	A9. 高峰期一次最少跑四五单 A434. 下雨天，系统爆单很难扛
	挑战性	问题，天气，异常，找不到，下雨，不容易，下雨天，事故	8（2.64%）	A3766. 冒着风雨送外卖真得不容易 A86. 跑单时出事故
	限制性	限制	1（0.28%）	A119. 众包一直被限制，太难了 A124. 需参加线下培训，不然限制接单
	透明性	不懂，理解	2（0.38%）	A997. 预约单早到了也不行，不懂
	有用性	顺路，自动	2（0.27%）	A3851. 系统可以派顺路单 A958. 系统自动派单

资料来源：笔者根据 ROST CM 6 整理所得

表4-6　送餐员在线评论高频词维度（送餐员的情感与应对行为）

维度	子维度	高频词汇	词汇数量及频数占比	原始资料举例
送餐员的情感与应对行为	情感	赚钱，努力，入坑，熟悉，辛苦，自由，垃圾，太坑，恶心，坚持，合理，麻烦	12（3.17%）	A206. 多劳多得，工作时间自由 A1419. 无缘无故给差评，美团还不让看，得三天后，太坑了
	应对行为	超时，离职，办法，申诉，处理，辞职，提前，解释，提前点送达，上报，迟到，违规，准时，旷工	14（5.85%）	A562. 按照正常流程去申诉，报备商家出餐慢 A37. 商户索赔提前点送达 A3620. 有骑手意气用事，送外卖违规被拉黑

资料来源：笔者根据 ROST CM 6 整理所得

结合各维度高频词词汇频数占比，可得出送餐员对餐饮配送平台评价的重点依次为"平台算法系统的管理模式""送餐员的情感与应对行为""感知平台算法系统的特征"。其中，"平台算法系统的管理模式"是送餐员评价餐饮配送平台最重要的维度，其词汇频数为83.82%。根据各子维度高频词词汇频数占比（如图4-2），可知，"算法与人工管理""工作分配""工作限制"是被送餐员提到最多的子维度。这三个词汇均属于平台算法系统的管理模式维度，集中反映了餐饮配送平台算法管理的特征：送餐员在工作过程中面临算法与人工相结合的混合管理，并且与平台以及其他利益相关者交互作用。

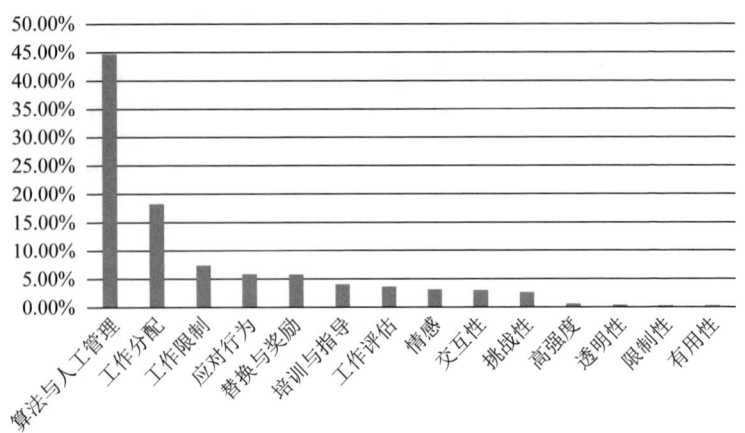

图 4-2 送餐员在线评论高频词子维度统计

资料来源：笔者根据数据整理所得

通过对"平台算法系统的管理模式"维度的高频词进行分析，本研究将其细分为"算法与人工管理""培训与指导""工作分配""工作限制""工作评估""替换与奖励"。其中，"算法与人工管理"反映了餐饮配送平台为方便管理送餐员而采取一种算法与人工管理相结合的混合管理方式，送餐员需接受算法与人工的双重监管。此外，餐饮配送平台划分配送区域便于管理送餐员工作。送餐员在工作过程中需要接触到多个利益相关者，包括商家、顾客、其他送餐员、后台工作人员。"培训与指导"既包括平台为支持配送工作的顺利开展而提供给送餐员的多种技术支持，如导航技术、信息通讯技术等；也包括人员支持，如站点管理人员开展的定期培训、处理订单调度、优化送餐员的配送路线。"工作分配"与"工作限制"的高频词词汇频数之和为 25.62%，反映了送餐员在配送过程中需要遵循多项要求，尤其是配送的时效性；平台对送餐员实行节点管理，送餐流程高度标准化、规范化。"工作评估"和"替换与奖励"可反映出平台通过评价体系与明确的奖惩机制引导、约束送餐员的行为。平台将顾客纳入对送餐员的评价体系中，顾客有权对送餐员的服务工作进行评级，并且顾客线上发布的差评与投诉将使送餐员面临处罚；此外，送餐员的服务工作按劳计酬，是"多劳多得"的具体体现。

从感知特征来看，一方面，有正面的评价，如"交互性"是送餐员对餐饮配送平台感知特征最重要的属性，这体现出送餐员渴望与同事交流经验，注重团队沟通与协作，尤其是刚入职的新手会向经验丰富的送餐员请教配送技巧。这在一定程度上也表明，平台工作并不一定会让员工产生"社会隔离感"。"有用性"也反映出平台依托精确的智能调度系统、实时定位技术等极大地便利了送餐员的工作。然而，另一方面，送餐员也感知到平台一些较为负面的特征，如"高强度""挑战性"与"限制性"，此外，也有送餐员表示无法理解平台的规则，系统缺乏"透明性"。这些特征会加剧送餐员的工作压力，给送餐工作带来不利影响。

通过分析送餐员情感与行为反应维度，从"情感"子维度可看出，送餐员不仅有积极情感的表达，如"自由""坚持""合理"等，也包含消极情感的表达，如"麻烦""太坑"等。根据"行为"子维度，可看出送餐员的行为反应包括：遵循平台的算法管理，如"准时""上报"；积极的应对行为，如"解释""处理""申诉"等；除此，也存在违规行为，如"迟到""旷工""提前点送达"。由此可知，送餐员的应对行为是多种多样的，并且离职行为普遍发生，反映出平台送餐员流失率高。

三、社会网络与语义网络分析

为进一步探究高频词之间的关系以及联系的紧密程度，本研究通过 ROST CM 6 软件的 Net Draw 功能对评论文本进行社会网络与语义网络分析，生成送餐员对餐饮配送平台感知与评价的高频词间的语义网络图（如图 4-3）。整体来看，语义网络图展现出一种"核心—边缘"结构，具体可分为四个层次。从语义网络图可以直观明了地看出美团、饿了么、商家、骑手、顾客为一级核心高频词，构成语义网络图的核心层。第二层为次核心层，主要由订单、时间、超时、站点、系统构成，是对核心层感知的进一步拓展。第三层则为过渡层，主要由配送、送外卖、派单、联系、打电话、工资、超时、差评、投诉、专送、众包等词汇构成。最后一层为边缘层，包括注册、出餐、送达、单量、单价、客服等外围词汇，呈发射状分布。因此，送餐员评论的语义网络通过"核心—次核心—过渡—边缘"四层结构，将送餐员对于餐饮配送平台的整体认知和感知直观地体现出来，可看出送餐员对平台的主要关注点。

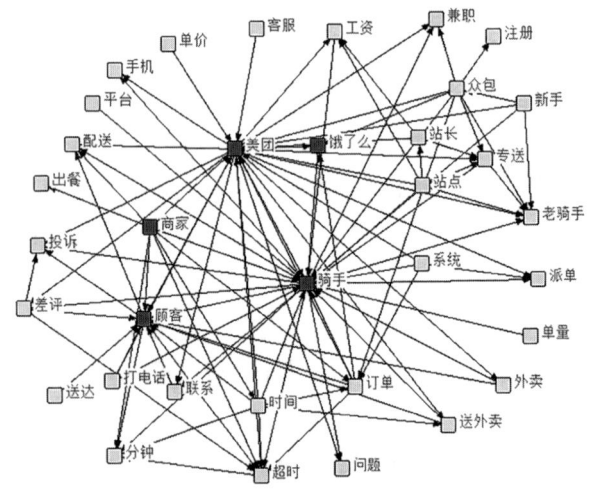

图 4-3　送餐员总体评论语义网络图

资料来源：笔者根据 ROST CM 6 整理所得

四、情感倾向分析

本研究为探讨送餐员在感知与评价平台算法管理过程中所表达出的情感倾向，使用 ROST CM 6 中的情感分析功能来对送餐员的在线评论文本进行情感分析。情感倾向可分为三种类型：积极情绪、中性情绪与消极情绪。这是基于情感词典对文本进行情感词抽取后，结合计算程序和语法规则来计算文本情感值，并依据情感值的正负情况来判断文本的情感倾向（丛丽和何继红，2020）。分析结果如表 4-7 所示：

表 4-7　送餐员情感倾向

情感类型	数量	比例（%）
积极情绪	2894	56.35
一般	1661	32.34
中度	817	15.91
高度	416	8.10
中性情绪	1037	20.19
消极情绪	1205	23.46
一般	871	16.96
中度	236	4.60
高度	28	0.55

资料来源：根据 ROST CM 6 整理所得

总体来看，送餐员对于餐饮配送平台表现出的情感类型以积极情绪为主，中性情绪和消极情绪较少。积极情绪评论数量（2894 条）占到总体样本数量的 56.35%，消极情绪评论数量（1205条）仅占23.46%；而在积极情绪与消极情绪的程度划分中，一般积极情绪与一般消极情绪所占比例较大，合计占比为49.30%，并且一般积极情绪的比例大约是一般消极情绪比例的2倍；此外，高度消极情绪（0.55%）所占的比例要远低于高度积极情绪（8.10%）所占的比例。

从文本内容来看，影响送餐员积极情绪形成的重要因素主要包括自动派单、订单多、单价高、时间自由。然而，随着越来越多的人加入送餐员的行列，很多送餐员反映其配送区域存在"人多单少"的窘境，这是导致送餐员产生消极情绪的重要因素。另外，由于平台的自动化派单并非完美，尤其是在订单高峰期会出现派单混乱的局面，送餐员表示系统分配的订单在路线方向上根本不一致，甚至完全相反。此外，繁重的罚款也是送餐员对平台抱有不满情绪的重要原因。

五、餐饮配送平台算法管理感知与评价的初步发现

基本网络评论文本分析，本研究探究了送餐员对美团、饿了么平台算法管理模式的感知和评价。基于对高频词的分析，本研究发现送餐员在谈及平台算法管理时主要涉及平台算法系统的管理模式、感知平台算法系统的特征、送餐员的情感与应对行为这三个方面的内容。

平台算法系统的管理模式是送餐员在评价平台算法管理模式时最为看重的维度，其中的"算法与人工管理""工作分配""工作限制"是被送餐员提到最多的子维度。感知平台算法系统的特征维度反映了送餐员对平台算法管理模式的属性评价，"交互性"是送餐员最集中的评价，反映了送餐员在与多方互动中完成工作任务；"高强度""挑战性"与"限制性"等属性反映了送餐员在

工作过程中面临多种压力源,然而这些会对送餐员的工作带来哪些影响还不得而知。根据送餐员的情感与应对行为维度高频词,送餐员对平台算法管理模式的感受具有多样性,并且除了遵循算法管理的规则外,送餐员采取如积极处理问题、故意违反规则等多种方式应对平台的算法管理。

不容忽视的是,尽管网络文本分析具有定量研究的优势,然而也存在信息碎片化的缺陷。通过网络文本分析,本研究可以为送餐员对餐饮配送平台算法管理模式的感知与评价勾勒出一个轮廓,但得出的研究发现是局部的,具有一定局限性,无法深入揭示平台工作环境、感知的算法管理特征、情感与行为反应之间的复杂关系。因此,本研究在网络文本分析结果的基础上,结合深度访谈,对送餐员进行针对性的关于平台算法管理的半结构化访谈,以进一步揭示餐饮平台算法管理模式对送餐员工作的影响机制。

第五节 基于深度访谈的平台算法管理影响机制分析

本研究对美团与饿了么餐饮配送平台的送餐员和管理人员开展半结构化访谈,目的是深入探索平台有哪些具体的算法管理方式及其产生的影响,送餐员对餐饮配送平台算法管理的看法以及应对方式。

一、数据来源与处理方法

本研究采用目的抽样法（Purposive Sampling）来确保受访者的多样性，本次调研于 2021 年 11 月至 12 月进行，访谈对象的选取采用滚雪球法，受访者均来自厦门、广州与上海。这三个东南沿海城市的餐饮外卖市场发展成熟、管理规范。每个城市采访 10 至 11 名员工，本研究一共采访了 27 名送餐员以及 5 名管理人员，每次访谈大约持续一个小时，最终形成近 31 万字的访谈文本。本研究在回顾相关文献、结合送餐员在线评论的基础上，设计访谈提纲，访谈提纲见附录 5。本研究采用扎根理论法对访谈文本进行分析，在 NVivo 20 软件的帮助下逐字逐句对访谈数据进行编码。笔者在编码的过程中对概念与概念的关系不断迭代、比较，使所得范畴达到理论饱和（Theoretical Saturation）。

本研究对受访者的工作城市、工作平台、年龄、婚姻状况、受教育程度、工作时长、全职或兼职情况进行统计（见附录 6）。受访者中男性 31 人（占比 96.9%），高中或中专学历 29 人（占比 90.6%），平均年龄 27 岁，平均工作时长为 1.5 年。送餐员配送每份订单获得收入近 6 元人民币。全职送餐员每月收入约 8000 元人民币，超过被调查城市城镇居民的平均月薪（即 6200 元，三个城市的城镇居民的平均月薪在 5600~6869 元；中国国家统计局，2022）。

二、中国餐饮配送平台算法管理模式

本研究发现我国餐饮配送平台公司采用一种算法与人工相结合的混合管理方式，即综合人工决策与自动化决策的方式进行员工管理。这种方法明显不同于单一的算法管理或以人为中心的管理方式（Goods 等，2019）。在中国市场经济背景下，餐饮配送平台通过基于"站点"的人工管理具备实体店管理能力，对平台的算法管理起补充作用。美团与饿了么餐饮配送平台实施算法管理与人工管理相结合的管理模式对送餐员的工作产生重要影响。本研究总结出中国餐饮配送平台算法管理和人工管理的功能，如表4-8所示。

表4-8　算法管理与人工管理的功能

主范畴	子范畴	队长N（%）	送餐员N（%）	主题
算法管理	工作分配	5（100%）	16（59%）	基于距离的订单分配，自动分配订单，匹配送餐员、商家和顾客
	工作评估	4（80%）	25（93%）	客户评价，准时率，完成订单量，取消订单量
	在线培训	5（100%）	23（85%）	在线安全培训，在线服务培训，在线考试
	在线沟通	4（80%）	16（59%）	在线沟通渠道，发送短信，与顾客沟通，与商家沟通
	常规问题处理	3（60%）	18（67%）	向系统报告异常情况，纠正常规错误，及时援助，高峰期管理，检测送餐员违规行为
人工管理	安全与规则说明	5（100%）	17（63%）	规则提醒，规则解释（安全规则、送餐规则、新规则通知）
	培训与指导	5（100%）	24（89%）	召开早会，有经验的队长担任导师，心理辅导，技能培训，安全教育，职业发展培训
	服务补救	4（80%）	20（74%）	调整不合理的订单，处理突发事件，协调各方矛盾

资料来源：笔者根据本研究结果整理所得

在算法管理方面,平台主要发挥工作安排以及工作评估的作用,具体包括工作分配、工作评估、在线培训、在线沟通与常规问题处理这五大功能。平台的算法管理系统根据完成订单量、取消订单量、准时率和顾客评价这四个关键指标对送餐员进行评价(D1、D17、D27)。总体而言,送餐员认为算法系统在管理常规化的任务方面具有优势(D2、C2)。平台的报备功能被送餐员广泛使用,例如在商家出餐速度慢的情况下,送餐员可以向平台报备以增加配送时间或取消订单(D23、C5),从而增加送餐员的自主权。算法系统还可以识别一些特殊场景,例如恶劣天气和高峰期,从而自动调整对送餐员的工作要求以及评价标准(C4)。此外,算法管理还可以帮助送餐员改善其负面排名(C4、D7)。一方面,算法系统可以通过实时的地理空间GPS数据、摄像和录音功能等多种技术手段,追踪记录送餐员的服务行为,甚至可以自动纠正一些不合理的顾客评论,例如顾客谎报送餐超时、餐品丢失或送餐员态度恶劣等。此外,对于一些非送餐员个人原因造成的超时情况,例如手机网络卡顿导致无法及时完成任务(D17),送餐员可以通过申诉进行解决,取消这一订单对他们准时率的影响。另一方面,算法管理也能促使送餐员通过遵循制度规范来提升他们的绩效排名。例如,算法管理系统的排名机制和游戏化设计会促使送餐员追求更高的评级,从而获得更好的奖励以及在未来的订单分配中享有优先级(C2、D1)。受访送餐员认为算法管理发挥积极作用的典型评论如下所示:

一些顾客谎称餐品丢失,给我差评。平台可以通过系统的电话录音和送餐路线来判断餐品是否被如实送达顾客所在地,从而让我免责(C4)。

我通过软件上传照片来证明我已经把餐品送到了指定的

地点。系统可以进行责任划分进而取消差评（D7）。

对于有听力障碍的送餐员来说，他可以在系统上编辑一条短信来告知顾客餐品已送达，不用拨打电话（C2）。

然而，正如众多送餐员所描述的，算法管理的一些功能并没有很好地发挥作用，其运行方式仍然缺乏灵活性与透明度（D21、C4）。以算法系统的游戏化设计为例，平台要求送餐员在既定时间内完成一定的单量，唯有达标才能得到相应的奖励。然而这项设计的作用有限，对新入职的送餐员而言是很难完成的任务，对有经验的送餐员而言却轻而易举，不能起到有效的激励作用（D16、D3）。还有送餐员表示希望达成平台的活动奖励任务额，但有时却无法被分配到足够的订单，因而无法实现平台设定的奖励门槛。这使送餐员陷入两难境地，放弃活动奖励会觉得不舍，但继续这项活动又会产生无力感（C4）。此外，系统存在"算法欺骗"现象（D27），没有较好地履行算法规则。例如，

在天气好的情况下，我们每天需要在线8小时，至少完成40个订单。在雨天或下雪天，我们必须在线10.5小时，每天至少完成50个订单……但系统无法区分恶劣天气的严重程度（D21）。

我们确实不清楚某些指标，例如取消订单量和准时率，究竟如何影响我们的工作分配和评估（C4）。

平台答应向我们支付雨天补贴。前几天下雨了，但是津贴没有发放。我们的队长向平台报告以解决这个问题（D27）。

关于人工管理，一个名为"站点"的微型组织承担类似于传

统服务组织的支持性职责，负责人工指导送餐员的部分工作。站点的功能主要集中在安全与规则说明、培训与指导、服务补救这三个方面，在一定承担上弥补了算法管理的缺陷。每个配送城市均设有若干固定站点，对送餐员进行集中管理，以满足平台业务发展的需要。每个站点都配备一名经理和数名队长，他们往往是从有经验的送餐员中提拔而来，每位队长负责管理一个由近20名送餐员组成的工作队伍。站点经理每天主持约半个小时的早会。早会的典型内容包括：反馈前一天的配送数据和工作问题、安全提醒、应急演练和技能培训（D1）。站点经理和站长通过每日早会对员工进行面对面的通知发布，与送餐员分享其工作经验，帮助送餐员了解算法管理规则，提高送餐技能和送餐效率，并避免顾客差评和投诉（D15）。送餐员经常通过微信等在线沟通工具在团队中交流与工作相关的问题或其他话题（C1）。送餐员认为这种以团队为基础的管理模式在帮助他们提高团队意识、解决工作问题方面具有不可替代的好处。此外，站点的安全提醒可以强化送餐员的安全意识。

> 交管部门会向站点发送一份违反交通规则的送餐员名单。这些违规的送餐员需要在站点接受专门的培训（D1）。
> 我是一个新来的送餐员，没有什么送餐技能，但是有很多送餐员朋友帮助我，在一个团队中我感到很温暖（在线评论）。

更重要的是，当送餐员遇到意外情况时，站点可以及时提供服务补救。特别是在送餐高峰期，算法的订单分配和路线安排可能出现不合理之处，站长可以调节订单，进而有效地改善配送路线（D4、C1）。当遇到复杂的问题时（例如，交通事故和系统故障），送餐员通常会向站点寻求帮助（D6、D25）。此外，对于非送餐员个人原因造成的顾客差评，站点管理人员可以协助送餐员进行申诉，撤销平台系统相应的差评（D17）。受访送餐员对"站点"人工管理方式的典型描述如下：

> 如果是高峰期，商家太忙，站长负责与顾客沟通（C1）。
> 我曾经遭遇过系统崩溃，一个完成的订单显示为待处理，最后由站点帮忙解决（D25）。

然而，一些送餐员，尤其是有经验的送餐员会抱怨站点的早会机制，因为参加早会需要他们付出额外的时间与精力（D15）。送餐员还抱怨早会的规定非常严格，迟到或缺席都要面临罚款（D13）。此外，不同于系统的即时性，站点有时无法立即处理送餐员的问题（D9）。此外，部分送餐员认为站点管理人员可能存在不公平对待问题，这些送餐员认为受人际关系的影响，与站长关系密切的送餐员，会得到更好的对待、更优的订单（C2）。

> 早会非常浪费时间。每天早会的内容都差不多，我觉得完全可以通过线上开会取代它。有时下雨，住得远的送餐员就不想去站点参加早会了（D15）。

综上所述，算法管理提供有限的工作灵活性，在工作安排方面存在一些不合理性，尤其在配送时间安排、高峰期派单与路线规划方面有待改进。人工管理的加入，可以对算法管理的不足之处进行调控。算法管理和人工管理相结合，使得管理工作更加合理、高效，从而提高送餐员的工作效率。算法管理提供了有限的灵活性，特别是在复杂的情况下，例如高峰期调度和出现服务错误时,往往需要人工干预进行改进。

三、算法管理重塑送餐员的服务行为

如表4-9所示,算法管理对送餐员的服务工作产生"双刃剑"影响,即积极与消极影响并存。通过算法管理系统,整个服务流程及要求高度标准化、常规化、同质化、数字化,提高了送餐员的专业性和效率。受访者普遍认为,算法管理通过直接和间接方式提高他们的工作质量,包括服务速度、准确性与顾客导向等。一方面,算法管理通过各种技术途径直接影响送餐员的服务效率和可靠性,包括自动高效匹配订单和分配任务,规范服务流程并实施节点管理,提供路线指引,帮助送餐员与餐厅、顾客进行交流互动,处理常规的工作差错申诉等(C1、C3、D3、D5、D17)。另一方面,算法管理通过嵌入制度规范,会间接引导送餐员做出符合组织目标的服务行为,即表现出良好的顾客导向行为,如每月的在线岗位培训课程、顾客评价绩效体系和实时监控系统(D4、D15)。大部分送餐员在服务过程中会尤其注重服务意识与服务态度,并且致力于为顾客提供优质服务,避免出现服务差错(D2、D14)。

本研究发现在算法管理模式下,送餐员在服务过程中与其他群体之间的沟通变得尤为重要。不同于面对面的的交流,由于顾客在算法平台所提的额外要求大多是通过备注的方式,这种信息传达方式具有时间滞后性,因此在线沟通就变得尤为重要。对于一些工作挑战,比如顾客的订单地址与实际地址不符、送餐员遭遇堵车或者恶劣天气,送餐员需要主动联系顾客来处理情况。如果顾客的电话号码错误或无法取得联系,送餐员则需要通过站点或商家与顾客进行沟通协商,以获得顾客的理解,从而维持或者提高他们在算法系统中的评分。然而，这也加剧了沟通的复杂性，使送餐员的工作变得困难。

表 4-9 算法管理影响送餐员服务行为的主题和子范畴

主类别	子范畴	队长 N（%）	送餐员 N（%）	主题
算法管理对送餐员服务行为的积极影响	提高效率	4（80%）	26（96%）	提高工作速度，提高专业性，注重准时率，代表平台品牌形象
	顾客导向行为	5（100%）	24（89%）	努力提高评分，寻求新的解决方案，加强服务意识，提出改进系统的建议，避免差评，提供礼貌的服务
	提高可靠性	2（40%）	15（56%）	精准匹配送餐员与顾客、商家的供需，精准导航，服务流程节点管理
算法管理对送餐员服务行为的消极影响	非个性化的顾客服务	5（100%）	20（74%）	统一的服务标准，标准化的服务流程，低赋权，实时监控，虚拟电话号码，通过站点或商家解决问题，缺乏个性化和情感
	处理他方造成的服务错误	2（40%）	24（89%）	由商家造成的超时，顾客信息不准确，顾客要求不合理，被其他送餐员牵连，解决商家、顾客和其他送餐员引起的问题
	履行角色外职责	3（60%）	13（48%）	满足顾客的额外要求，积极安抚顾客，赔偿顾客的订单，完成非自愿的任务，额外的时间和精力

资料来源：笔者根据本研究结果整理所得

本研究发现算法管理对送餐员服务工作的不利影响也不容忽视，主要包括以下三个方面：

一是算法管理引导服务人员提供去个性化的对客服务。算法管理标准化的程序使送餐员只能采取统一规范、但缺乏个性化的服务行为。基于统一问候语、着装规范和服务标准，以及广泛的数字监控，送餐员只需机械地遵循系统的指导（D5）。送餐员反映平台系统像机器人一样工作，他们觉得自己也如同机器人一样完成任务（D21）。例如，送餐员抱怨与顾客的沟通受限于系统的虚拟电话号码，所有工作都由平台进行数字监督（D23）。他们不需要在工作中展示出太多与个性、情感相关的努力，只需要提供同质化的服务。长期以往，算法系统标准化的管理模式可能降低员工的工作创造力以及学习技能。

二是算法管理可能增加服务错误，需要送餐员进行经常性的补救。由于算法管理系统将不同主体紧密联系在一起，送餐者在完成对客服务的最后一道流程时，不可避免地需解决由他方（如商家、顾客和其他送餐者）导致的问题。例如，当商家出餐速度慢时，送餐员便成为顾客差评的替罪羊，因为顾客不知道超时是商家还是送餐员所造成（D1）。顾客的失误或其他突发行为也会给送餐员工作带来一些问题，例如顾客提供不准确的地址和电话号码，以及在送餐过程中取消订单。由于美团与饿了么平台公司都倡导"顾客至上"，出台规定禁止送餐员与顾客发生纠纷，因此顾客自身的错误也可能导致送餐者受到惩罚（D8）。其他送餐员也可能给送餐员的工作增添困难（D6），如下所示：

> 顾客让我把他的餐品放在学校门口，他过了很久才来，发现餐品不见了。最后，系统要求我赔偿顾客的损失（D8）。
>
> 有时其他送餐员的电动车坏了，系统就会把订单重新派给我，让我帮忙送餐。但往往时间不够，我很难准时完成送餐任务（D6）。

三是算法管理可能增加送餐员角色外的工作量。送餐员通常需要履行额外的职责以取悦顾客，并最终迎合算法系统的规则。美团平台与饿了么平台均秉持顾客至上的理念，这对送餐员在对客服务过程中的行为表现产生潜移默化的影响。顾客评价是考核送餐员的重要指标，主要包括准时性与服务态度。除此之外，顾客还会经常提出送餐之外的额外要求，比如清理食物垃圾（D3）或者帮他们购买香烟（D7），这些会隐含在顾客对送餐员的整体评价结果中。为满足算法管理的要求，大多数送餐员会付出额外的努力，在配送过程中注重与顾客沟通协商，同时会关注配送的质量与自身的服务态度，努力为顾客创造良好的订餐体验，让顾客满意。虽然大多数送餐员表示在繁重的本职工作任务下，他们不愿意花费额外的时间和精力，但为了避免差评，他们通常需要满足顾客的额外要求（D13）。与面对面交流不同的是，由于系统订单中的顾客留言需求有时是含糊的，这考验送餐员的回应能力。面对潜在的服务错误，送餐员如何主动安抚顾客，超出了算法系统的管理范围。例如，送餐员可能会附赠顾客一杯饮料，以补偿配送超时（C3）；以及在餐品受损后为顾客买单（D18）。然而，也有送餐员表示，即便在服务错误发生后及时采取一些补偿措施，顾客的差评仍不可避免（D18）。

四、送餐员在服务工作中对算法管理的应对行为

本研究发现送餐员主要通过四种方式应对算法管理：遵守算法管理、疏导排解、灵活应对以及抵制算法管理，如表4-10所示。

表 4-10　送餐员针对算法管理的应对行为

主类别	子类别	队长 N（%）	送餐员 N（%）	主题
遵守算法	遵守算法规则，避免惩罚	5（100%）	18（67%）	遵守平台管理，实现金钱目标，避免违规罚款，认可规则，形成服从意识
疏导排解	自我疏导，集体疏导策略	5（100%）	27（100%）	分享工作经验，分享生活经验，宣泄情绪，吐槽，下班后一起放松，交朋友，积极重新解读事件，日常工作提醒，调节情绪困扰，寻求情感支持
灵活应对	积极应对，学习与适应算法	5（100%）	25（93%）	向有经验的送餐员学习，熟悉送餐环境，向顾客解释，寻求站点的帮助，及时报告困难，提供证据维护自身利益
抵制算法	不合作	4（80%）	21（78%）	旷工，迟到，拖延工作，拒绝困难的任务，故意违反算法规则，无意违反算法规则
	个人不道德行为	1（20%）	6（22%）	虚假报备，欺骗顾客，使用作弊软件
	共谋	2（40%）	7（26%）	与商家串通，与送餐员串通

资料来源：笔者根据本研究结果整理所得

在遵守算法管理方面，部分送餐员认为他们与平台是一种合作关系，遵守算法管理的规则是应尽职责（D4）。这些送餐员表示愿意遵守算法规则，特别是与配送安全和服务态度相关的规则，因为他们认为这些规则是合理的（D16、D25）。更重要的是，遵守规定可帮助送餐员达成金钱目标，避免因违反规定而造成的罚款（D1、D19、D6）。

每个工作日，系统会在你暂停送餐的休息时间进行一项名为"微笑行动"的在线检测。如果你不遵守检测规则，如未穿工作服、未戴头盔和口罩，你将被罚款。如果你拒绝或错过检测，你将被罚款 500 元，并将被禁止接单。所以送餐员需要非常小心应对在线检查（D1）。

在疏导方面，送餐员通过个人策略（自我安慰以及对事件的积极重新解释）和集体策略（与在线社区联络）来缓解压力、排解不满情绪。由于缺乏传统组织中的实体工作场所与密切的社会联系，因此在线聊天群与论坛等沟通方式对送餐员而言尤为重要。送餐员经常通过工作小组的微信群，与熟悉或附近的送餐员联系，最常见的是传递订单调整信息，分享工作经验以及其他与工作相关的信息。送餐员普遍认为这种联系可以为工作带来帮助，有利于改善算法管理的信息不对称问题。此外，送餐员也会借此释放不良情绪，"吐槽"或宣泄情绪（D16、C1）。送餐员会互相帮忙配送有困难的订单、下班后一起休闲放松（D4）。

送餐员可以在微信群中发泄自己的不满，并与其他送餐员讨论。如果他在配送过程中遇到了一些麻烦，其他配送人员也会及时关心和帮助他（C1）。

对于第三种应对行为——灵活应对，大多数送餐员通过积极主动的方式应对算法管理，适应算法要求，防范风险并规避损失（D22）。例如，新入职者通常向有经验的送餐员请教算法管理规则，熟悉送餐路线和配送区域（C3、D13），从而更快地适应算法系统，顺利开展工作。此外，送餐员还主动采取多种措施，避免在工作中的纠纷。例如，送餐员充分利用平台的"报告异常"

功能报备障碍，增加配送时间（D1）。送餐员还经常上传照片到系统，以证明餐品已送达顾客位置，防止顾客差评。例如，有顾客未及时取餐，发现餐品丢失给送餐员差评，对于类似的情况，送餐员基于平台系统中的证明，可以有效地让其免责（D7）。

> 如果送达太晚，我们会用更好的语气提前和顾客沟通，说明情况和可能出现的延误。大多数顾客会理解，不会在系统中抱怨（D22）。

第四种应对行为是抵制算法管理，包括个人抵制行为以及集体抵制行为。根据其严重程度，个体抵制行为可以分为不合作和不道德行为这两种程度不同的抵制行为。不合作是一种程度较轻微的抵制行为，意味着送餐员不遵守算法规则。有近80%的受访者提到不合作属于送餐员最常见的违反算法管理的行为。一些送餐员，特别是有经验的送餐员，可能会忽略算法建议，根据自己的需要优化送餐路线。因此，他们不需要持续关注平台系统（D4）。还有些送餐员故意违反平台的制度规范，典型的行为包括迟到或旷工、拒绝较困难的任务、违反算法规则等。例如，一些送餐员私下与顾客协商、拖延工作、完成订单后不联系顾客、不遵守着装要求等（D4、D15、D26、D27、C1、C5）。有些抵制行为属于送餐员故意为之，但有些行为是送餐员在工作中不小心造成的，比如以下例证：

> 我因为比系统要求的时间提早送达而被罚款。我忘了预约单不能在规定时间之前送到。我不知道为什么系统会设定这样的规则（D2）。

> 今天我送完一份订单后，不小心在系统中把另一份订单

点击为"已送达",从而造成违规(在线评论)。

另一种程度较严重的个人抵制行为是员工的"不道德行为",即送餐员利用算法管理的缺陷,为谋求自身利益做出损害他方利益的行为,严重背离平台规范。例如,他们向系统虚假报备,对顾客撒谎,使用欺骗软件让系统分配更优的订单(D5、D15、D25、D27)。这些行为不仅威胁平台的声誉与利益,还可能损害顾客、商家和其他送餐员的利益。随着平台算法系统的不断完善,目前平台通过算法管理更加严密监控送餐员的服务行为,并且商家、顾客有权申诉送餐员的不道德行为。一经发现,送餐员会因自己的不道德行为受到惩处。

> 商家已经出餐,但我们仍然(向系统)报告商家出餐速度慢,这样可以增加配送时间(D5)。
>
> 订单快超时了,我联系顾客并编造了一个理由,比如我的电动车没电了。这样我可以防止顾客在系统中给差评(D15)。
>
> 一些送餐员使用抢单软件,让系统分配更好的订单,这对其他送餐员是不公平的(D25)。

除了个体抵制行为,本研究的结果揭示送餐员还存在集体抵制算法管理的行为,即送餐员与商家、其他送餐员等主体共谋合作,采用不正当的方式谋求利益,违反算法规定。受访者表示少数送餐员在与商家、其他送餐员之间的互动过程中,共同谋求不正当的利益。通过这种共谋行为,送餐员和他方获得经济和情感回报,相互受益,但这种行为可能会对其他利益相关者(如平台和顾客)不利。这种共谋一般不能通过餐饮配送平台日常设定的检查进行监督和管理。根据不同的互动主体，算法管理系统中存在两种类型的共谋：

第一种共谋行为发生在送餐员和商家之间。送餐员出于自身利益联合商家来应对算法管理。部分送餐员通过使用不同的手机号码，联合商家虚假下单，以赚取配送费（D18）；也有送餐员通过刷单的方式以达到平台规定的午高峰最低单量要求，从而获得相应的奖励（C4）。送餐员通过与商家的共谋行为，可以获得虚假配送订单带来的报酬，商家也可以提高其店铺排名，吸引更多顾客（D18）。第二种类型的共谋行为发生在送餐员之间（D15、D18）。送餐员为满足自身利益联合其他送餐员利用算法管理谋利。例如，有送餐员将快要超时的订单先改给其他送餐员，再由其他送餐员将订单改派回来，相当于发动订单的二次配送增加配送时间（D15）；送餐员为拿到过年期间平台的跑单奖励，让其他送餐员用其账号帮忙配送订单（D18）。送餐员们通过相互"合作"获得奖励或避免罚款，但这类行为属于平台系统禁止的违规行为。

> 我认识的一位送餐员与商家协商，用60个不同的手机号码点餐。一个手机号码每次最多可以下3笔订单。送餐员假装送达外卖，并得到了奖励（D18）。
>
> 即将超时的订单会被重新分配给其他送餐员，然后他们再把订单重新分配回来，这相当于启动"二次配送"，以增加送餐时间（D15）。
>
> 一些送餐员让其他送餐员共用一个账号来帮其送餐，以达到公司的新年活动奖励标准（D18）。

本研究发现送餐员采用何种应对行为，主要与其个人利益保护息息相关。当个人利益与组织利益冲突时，送餐员会更多地采用抵制行为。员工的应对行为在很大程度上受算法管理奖惩机制的影响。例如，当平台规定每获得一个好评可以获得对应的奖励时，送餐员会向顾客索要好评。但当这种规定取消时，送餐员的这类行为也会减少。送餐员会考虑采取抵制行为的风险，因为若其违规行为被算法系统监测到，送餐员会面临罚款、禁止接单等处罚。随着平台不断完善相关技术，监管力度加强，送餐员也会采取相应对策，采取更为隐蔽的抵制行为。例如，随着美团与饿了么平台人脸识别技术的改进，可以更严格且有效地检查出是否为送餐员本人在配送，使代跑行为、使用抢单软件等违规行为变得难以实施。

本研究对诱发送餐员抵制行为的原因进行深入探究，并将其归纳为两个主要因素：算法规则合理性与送餐员工作压力。关于算法规则，送餐员普遍认为，平台对送餐员的严格处罚规则对于规范送餐员的工作行为至关重要（C1、C4、D1、D7）。送餐员认为算法系统的惩罚过于严苛，例如遭遇顾客投诉即会面临100至500元的罚款，远远超出他们的报酬，也与每个配送订单获得5至6元的收入不匹配，因此他们感到不满、产生抱怨。算法规则的不合理性、不公平感引发送餐员的抵制行为，而潜在的算法缺陷进一步激发送餐员不道德的抵制行为。例如，当算法系统派送给送餐员并不合理的订单任务、给出不公平的绩效评价时，员工就会产生抵制心理与行为。

此外，工作压力是导致送餐员产生抵制行为的重要因素。繁重的工作量是导致他们精疲力竭的主要原因，因而抵制行为往往不可避免。例如，每当中午的高峰期，送餐员通常需要同时处理系统自动分配的七八个订单，但这些订单的配送方向往往不同（D13）。当高强度的工作引发神经紧张时，送餐员可能会忘记甚至故意违反算法规则（D8）。在高强度的工作任务下，送餐员有时不得已在违反规则和完成任务之间做出决策（C2、C3）。例如，送餐员的一些反馈如下：

> 系统分配给送餐员的订单太多了。他没有完成一个订单，而是向系统提交了"已送达"，以避免超时带来的惩罚（C3）。
>
> 如果系统一直将坏订单（远程订单）分配给送餐员，送餐员可能会崩溃，就故意超时（C2）。

送餐员的工作压力是多方面的原因造成的，涉及算法管控下的个人隐私侵犯、工作—生活失衡、劳动安全等因素。个人隐私是其中一个重要因素。算法管理在依赖信息技术的同时，存在相应的隐私安全隐患。由于平台系统监听记录送餐员在工作过程中与顾客的通话记录，这会让送餐员在工作之余对其个人隐私是否安全存疑（D9）。关于工作与生活的平衡，很多送餐员认为他们能够平衡工作与生活，关键因素在于外卖工作的自由与灵活性，使得其工作与生活的界限模糊化，可以在工作之余有更多个人的生活空间；然而，也有一部分送餐员认为无法保障工作与生活的平衡，因为工作强度大，他们花费在工作上的时间较长，可供自己放松的时间较少。此外，他们面临交通安全的压力。送餐员们的安全意识在不断加强，这离不开平台对送餐员安全的重视，有送餐员表示自己比以前更加注重交通安全（D4）。然而，大多数送餐员会存在违反交通规则的现象，这主要是源于其在送餐过程中争分夺秒，注重配送速度，而无法兼顾自身安危。在送餐员看来，安全与效率似乎是相悖的。不容忽视的是，从事外卖送餐员这份职业，高强度的送餐过程、超时罚款以及恶劣天气等会给送餐员带来较大的心理压力并且损害身体健康。

平台声称只监听我们跟顾客的通话记录，但在我发微信或者是打电话时，我感觉他们应该都能监听到（D21）。

其实好多送餐员都不愿意闯红灯，没办法，商家出餐慢，配送时间短（D12）。

第六节　结论与讨论

在数字经济时代，餐饮配送平台基于算法管理系统，通过自动化、灵活性的工作设计，不仅颠覆了传统的雇佣关系，而且深刻地改变了员工的工作环境与服务行为。本研究通过网络文本分析与个人深度访谈，探讨餐饮平台算法管理模式的功能与特点，及其对员工服务行为的影响与员工的应对行为，具有较重要的理论意义与现实价值。

一、研究结论

本研究通过网络文本分析，对送餐员关于平台算法管理模式的感知与评价形成基本的轮廓勾勒，识别送餐员在工作过程中所面临的平台算法系统的管理模式、感知平台算法系统的特征以及所采取的情感与应对行为。在此基础上，本研究通过深度访谈探究平台算法管理模式与送餐员服务行为以及应对行为之间的影响机制，构建出餐饮配送平台算法管理模式与送餐员服务行为的交互关系模型(见图4-4)。

本研究提出餐饮配送平台算法管理模式与送餐员服务行为的交互关系模型,这是本研究的主要贡献。这一模型符合行为学研究中"刺激—认同—反应"(stimulus-organism-response,SOR)理论框架(Mehrabian和Russell,1974),反映了餐饮配送平台算法管理如何影响送餐员的服务工作(即刺激),进而引发送餐员产生复杂的反应。本模型主要揭示了四点研究发现:

第一,餐饮配送平台实行独特的算法与人工相结合的混合管理方法,算法管理与人工管理执行不同的功能,二者存在一种互补的关系。这种关系是影响送餐员对客服务质量的重要因素。本研究发现算法与人工相结合的混合管理方法可以实现二者优势互补,即将算法管理的高效性、客观性与人工管理的灵活性和交互性相结合,更好地服务于对员工的管理工作。本研究揭示的管理模式与以往研究结论有相似之处,与克罗格等(Kellogg等,2020)所总结的工作场所的算法控制的六个主要机制基本一致,即平台可以通过限制和推荐来指导员工,通过记录和评级来评估员工,并通过替换和奖励来约束员工。不同之处在于,本研究在平台算法系统的管理模式上总结出,送餐员在工作过程中面临服务主体的多样性、平台算法管理与站点人工管理的双重监管、与多种类型同事相处的复杂性,以及服务对象超出常规送餐工作以外的要求。

第二,餐饮配送平台算法管理模式具有显著的双刃剑效应,对送餐员的服务工作既产生积极影响(提高工作效率、激发以顾客为导向的服务行为、提高服务可靠性),也会造成消极的影响(缺乏个性化、频繁的服务补救、额外的工作量)。这是因为一方面,基于智能匹配、信息通讯等先进技术的算法管理给送餐员工作提供了极大的便利;另一方面,这也透露出这种管理模式的缺陷，使送餐员面临系统缺乏透明性、灵活性等多种限制。

第三，送餐员对平台算法系统管理模式的评价褒贬不一，并且会采取多种方式应对算法管理。送餐员具有主观能动性，主要采用以问题为中心的应对方式（包括遵守、灵活应对和抵制），同时采用以情绪为中心的应对方式（疏导）；多数送餐员积极应对算法管理模式，但也存在个人不道德行为与共谋等消极方式应对算法管理的情况。个人利益是影响送餐员采取不同应对行为的重要因素，当送餐员个人利益与平台利益相冲突时，抵制行为往往会发生。此外，送餐员的工作交互性强，需要应对各种关系，通过团队交流来获得支持对送餐员而言尤为重要。

第四，本研究揭示了餐饮配送平台算法管理模式与送餐员服务工作的深层关系。传统组织主要采用理性控制与关系交换相结合的控制方式，餐饮配送平台算法管理颠覆传统的雇佣关系，主要对送餐员实施理性控制。送餐员对餐饮配送平台算法管理模式主要采取以问题为中心的应对方式。无论是餐饮配送平台对送餐员的理性控制，还是送餐员采取以问题为中心的应对方式，都集中体现经济交换的主要思想。经济交换关系通常基于等价交换，涉及的信任程度较低（王雁飞等，2021）。本研究认为餐饮配送平台与送餐员之间是一种典型的经济交换关系，这种关系强调平台与送餐员之间基于有形回报的短期经济交换，送餐员在工作中更看重平台是否能够给予相应的经济性回报。

总体而言，此模型揭示了餐饮配送平台算法管理模式和送餐员行为反应之间复杂的交互关系（见图4-4）。

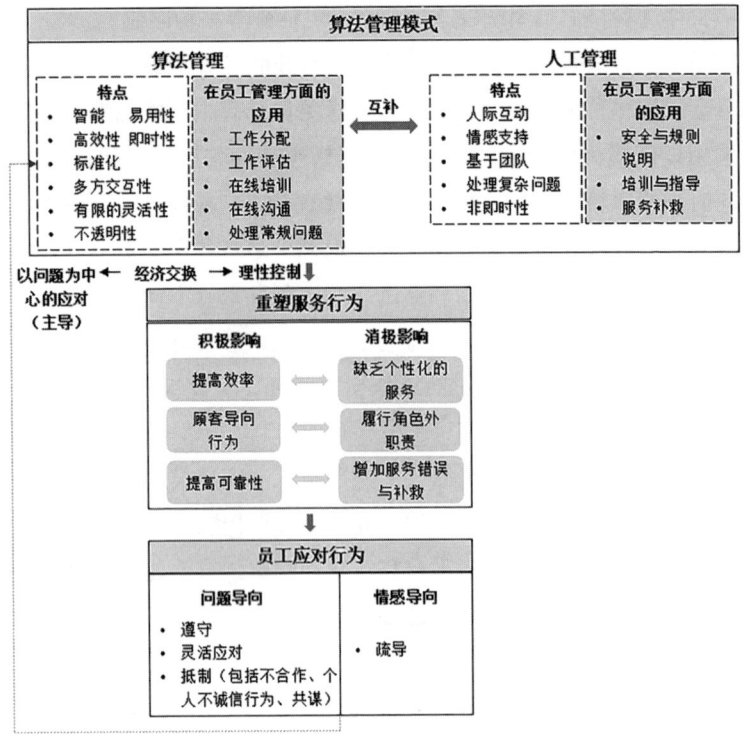

图 4-4 餐饮配送平台算法管理模式与送餐员服务行为的交互关系机制

资料来源：笔者根据本研究结果归纳提出

具体而言，本研究的结果主要体现为以下四个方面。

1. 餐饮配送平台算法管理模式的功能与特点

首先，本研究揭示餐饮配送平台采用一种算法与人工相结合的混合管理系统，丰富了人工智能管理领域的"人—机"关系研究成果。现有研究极少深入探讨人机协作的影响，特别是新技术与人工管理在完成哪些任务方面更具优势（Budhwar, Malik, De Silva, 和 Thevisuthan, 2022）。关于人机协作, 学者们提出需要让人工智能系统以用户为中心，而不是以其他利益相关者为中心

（例如，设计师、领域专家、政策制定者和公司管理者；Kaur 等，2022）。以往的研究启示本研究探索算法管理如何以用户为中心进而影响员工的服务行为。本研究识别出这种算法与人工相结合的混合管理系统在管理员工方面的主要功能和特点。尤为重要的是，本研究还探究了算法与人工管理之间的互补关系。现有算法管理的研究主要关注其运行机制与关键特征、对企业管理的冲击等，但尚未充分意识到算法与人工管理之间的互补关系是如何实现的（Shestakofsky，2017）。

算法与人工管理各具优势，二者之间的关系是影响送餐员对客服务质量的重要因素。值得注意的是，与单纯的算法管理或传统的人工管理相比，算法与人工相结合的混合管理方法可以将算法管理的高效性、客观性与人工管理的灵活性和交互性相结合，从而发挥两者的优势，更好地服务于员工的服务工作。单纯地强调算法管理或人工管理都将无法实现此功能。这是由于算法管理与人工管理都具有显著的优越性，同时在某些方面具有不可替代性。本研究发现，算法管理依托机器学习、程序设定具有处理大规模数据的显著优越性，如自动匹配送餐员并分配订单、提供路线导航、实时监控等，这是人工管理所无法实现的。然而，人工管理的优势在于，管理人员具有主观能动性，在执行复杂的、不可预测的任务（如服务差错恢复、工作指导和情感支持）方面优势显著，且这些任务目前难以被算法管理取代。

算法与人工管理可实现优势互补，有效地解决在算法管理背景下数字化工具主导的单向沟通问题，为员工反馈问题提供渠道（谢小云等，2021）。举例而言，算法与人工管理承担着一些相似的职能，如员工培训，然而二者在培训的方式与内容方面存在着较大的差异。平台的培训主要通过在线形式，设定标准化的培训内容与考核方式，受众广，但形式较为单一，属于平台向送餐员单向输送内容。反观人工管理中的培训,主要是由管理人员在实地组织进行,可为送餐员提供更多实操方面的指导,如安全演练;并且送餐员可以现场交流提问,获得针对性的指导与帮助。因而,这种人工培训的方式具有实时的交互性,可实现双向对话,这是平台线上培训无法提供的。基于此,通过平台的线上培训与站点的人工培训相结合的方式,既可以让送餐员获得标准化的安全培训与服务培训的机会,同时又可以获得实时、交互且具针对性的实操培训。最重要的是,送餐员可以向管理人员及时反馈问题。这也对应以往研究所强调的,平台组织需要为员工代表提供反馈信息的渠道,尊重员工的话语权(Newlands,2021)。

值得注意的是,在处理不同复杂程度的服务工作问题方面,算法管理与人工管理的优势也各有千秋。餐饮配送平台算法管理在服务工作的安排和评估方面发挥着主导作用,并且平台设定的报备功能、在线沟通功能有助于送餐员自主处理工作过程中常见的问题,如商家出餐慢、顾客写错地址等。而人工管理通过交互性的支持和解决复杂问题,弥补了算法管理的不足。当服务差错或服务失败发生时,送餐员更倾向于寻求人工管理的帮助,因为其可获得性、灵活性更强,也更能成功解决复杂的非常规性问题。如遇高峰期、平台分配的订单方向不合理等情况时,送餐员往往会请站点工作人员帮忙调整订单,让其更符合派送规律,从而避免订单超时。

在工作结果的反馈方面,餐饮配送平台算法管理与人工管理的侧重点有所差异。算法管理通过数据的客观呈现,可以让送餐员清楚地理解工作绩效"是什么"。实时准确的数据,如准时率、差评率、完成订单量这些数据可直观反映送餐员的工作结果,增强了算法绩效管理的透明性。相比之下,人工管理有助于送餐员反思"为什么"的问题,即绩效数据背后的原因。站点的早会机制发挥重要的功能，反馈前一天的配送数据与工作问题是早会的主要内容之一。站点的管理人员会透过数据，帮助送餐员反思原因并提供建议，例如如何降低差评率、提高准时率，以及如何提高送餐技能，从而在有效的时间内完成更多的订单配送任务。

2. 餐饮配送平台算法管理重塑送餐员的服务行为

本研究探讨了餐饮配送平台算法管理对送餐员服务行为的积极影响与消极影响，并确定了在算法管理模式下，送餐员的服务行为区别于传统服务行为的一些特征。算法管理模式对员工的积极影响主要体现在：

一是提高工作效率。算法管理给送餐员工作提供了极大的便利，自动高效匹配订单和分配任务，引导并监控送餐员准时、准确地完成工作任务。这种智能化的任务匹配、全程实时监控是人工管理难以实现的，使送餐员的工作效率不断提升，进而在相应工作时间内完成更多的工作任务。

二是提高服务可靠性。平台基于算法管理模式对送餐员进行技术控制和规范控制（如严格的规章制度），采用统一的工作流程与考核标准，加之工作过程中的实时监控与节点管理，使送餐员的服务工作高度标准化、程序化，进而提高送餐员的服务可靠性。

三是激发以顾客为导向的服务行为。平台倡导"顾客第一"，要求送餐员在任何情况下都不能与顾客发生争执，并且平台将顾客评价纳入对送餐员的算法评价体系中，服务态度、着装规范、准时性成为重要的评价指标，这在一定程度上激发送餐员以顾客为导向的服务行为。

本研究结果符合学者关于服务质量的研究发现，即企业会通过提高员工的能力（例如服务效率和可靠性）和动机（例如服务导向）来激励员工提供高质量的服务（Pimpakorn 和 Patterson,

2010）。餐饮配送平台算法管理通过直接和间接的方式极大地提高了员工的工作质量。算法管理不仅通过自动高效匹配订单、分配任务、规范服务流程等技术途径直接影响送餐员的服务效率和可靠性，而且将平台的制度规范嵌入其中，从而引导送餐员主动提供高质量服务。

本研究还发现餐饮配送平台算法管理对员工的服务行为也会带来消极影响，丰富了算法管理对员工的消极影响研究成果。以往研究已关注到算法管理对员工自主权与技能方面的消极影响，即算法管理引发的高标准化工作会减少员工自主决定权，并且使企业忽略对员工技能提升的培养与投入，使平台工作条件恶化（Wood，2021）。本研究归纳出餐饮配送平台算法管理对员工的服务行为主要产生三方面的消极影响：

一是算法管理导致去个性化的服务行为。高度标准化的服务规定在提高员工服务效率的同时，会使得员工致力于追求准时率、使用规范化的问候语追求顾客好评、完成尽可能多的订单。算法管理久而久之会促使员工习惯这种工作方式，丧失创新能动性，从而使得服务工作缺乏个性化，减少员工对工作的情感投入。

二是算法管理间接导致频繁的服务补救。员工的服务工作高度受制于算法系统中的信息不对称以及多方利益相关者的影响。在算法管控的整个配送服务过程中，送餐员成为完成最后一道对客服务工序的"质量控制员"。送餐员面临着更多由其他利益相关者引发的服务错误，例如商家差错或算法偏差，因而经常需要进行服务补救。但送餐员拥有的权限有限，在一些情况下不得已成为别人错误的"替罪羊"，并且承受着多重的误解与压力。

三是算法管理导致额外的工作量。在传统的工作场所，员工的角色外工作通常属于其自愿的组织公民行为，这极大地造福了组织和客户（Zhu，Lam 和 Lai，2019）。然而，在算法管理中，顾客评价体系和信息不对称削弱了送餐员在服务顾客时的自主权，迫使送餐员执行强制性的组织公民行为（Vigoda-Gadot，2006），即员工履行非自愿的角色外行为以取悦顾客，迎合算法管理。在这种情况下，员工需被动接受算法管理规则，平台通过信息不对称加强了对员工的管控（Veen 等，2020）。

根据餐饮配送平台算法管理模式对送餐员服务行为的消极影响，本研究发现平台为送餐员提供有限的工作灵活性。餐饮配送平台的确允许送餐员在工作时间、任务安排等方面拥有相对的灵活性，但是高度标准化的工作、严格的工作限制、全程算法监控等在很大程度上让其服务行为受限，使员工被动接受算法管理规则。这对应了以往研究中关于劳动平台算法管理的灵活性的讨论：员工的自主性和灵活性被隐蔽的劳动监督和控制形式所抵消（Shapiro，2018），平台的算法控制延伸至劳动过程的各个阶段（Cameron，2021），使员工的自由受到平台严格限制（Griesbach 等，2019；Wood 等，2019）。此外，餐饮配送平台对送餐员的评级机制具有根本性的缺陷，顾客可以给出任意的评级并且不用为此承担责任（Cameron，2021）。相比之下，送餐员则是被动接受这种评级，并且缺乏自主权。在这种评级机制下，餐饮配送平台赋予顾客更大的控制权，使送餐员处于不利地位，只能依靠平台申诉机制报备不公正的评级，往往只能被动接受其后果。这会导致送餐员对平台产生不公平感，降低他们对平台的信任。

3. 餐饮配送平台算法管理模式下送餐员的应对行为

送餐员采用多种策略应对餐饮配送平台算法管理。本研究基于应对行为的理论框架对其进行分类，发现送餐员主要采用以下四类方式应对算法管理：

第一类是遵守算法管理。本研究发现个人利益是影响送餐员采取不同应对行为的重要因素。部分送餐员表示会遵守算法管理，这不仅是出于送餐员认同规则的合理性，更重要的原因在于他们希望遵守规则进而避免违规导致的罚款。

第二类是疏导排解。除了自我疏导的方式，送餐员更愿意采取集体疏导策略，即寻求其他送餐员或者站点管理人员的情感支持，宣泄压力。该结果也反映出送餐员渴望与其领导和同事建立人际关系网络的倾向，这与我国东方文化背景下倡导的集体主义文化相一致（Li，Duverger 和 Yu，2018）。工作团队中的人际关系网络不仅让送餐员感到安全、舒适，体会相互帮助的工作友谊，而且还会鼓励他们更多展现利他行为。由于人际互动的本质，本研究结果不同于以往西方研究中所揭示的算法管理可能导致员工社会隔离的论断（Glavin 等，2021）。

第三类是灵活应对算法管理。以往的研究发现"员工几乎没有办法对抗算法"（Waldkirch 等，2021），与此相反，本研究发现送餐员可以操纵，至少部分操控算法系统以对其有利。不少送餐员展示出良好的学习能力与适应能力，主动向有经验的送餐员学习，熟悉算法系统与送餐工作，逐步提升配送技能。送餐员还会充分利用平台算法管理规定，积极应对工作问题，维护自身利益。

第四类是抵制算法管理。尽管大多数送餐员的应对策略是积极的（例如采用疏导排解和灵活应对的策略），但消极的应对策略（例如各种类型的抵制行为）仍然存在。当送餐员个人利益与平台利益相冲突时，抵制行为往往会发生。算法规则与工作压力是导致送餐员抵制行为的关键因素。严格的惩罚规则、算法规则的不公平性让送餐员感到不满。高强度的工作让送餐员倍感压力，致使送餐员忘记甚至故意违反算法管理规则。送餐员在绝大多数情况下进行理性思考决策，会利用算法的优缺点来维护自己的利益，潜在的算法缺陷进一步激发送餐员的投机行为。本研究将抵制行为分为不合作、个人不道德行为以及共谋。不合作主要是指送餐员忽略算法推荐、有意或无意违反算法规则的行为。个人不道德行为是指送餐员在工作过程中出于获取自身利益而采取一些不道德行为，如故意欺骗顾客以获得顾客谅解、使用定位软件以获得更好的订单、通过虚假报备来延长配送时间等，这类行为损害平台、顾客以及其他送餐员的利益。

除了个体反抗行为，本研究还揭示了送餐员针对算法管理一种新的集体反抗行为，即共谋（Collusion）。本研究是现有餐饮配送平台相关研究中较早发现利益相关者间存在共谋行为的。现有研究揭示了传统工作场所常见的员工集体抵制行为，例如抗议或在线谴责（Kaine 和 Josserand，2019），但本研究发现共谋与这类显性的集体抵制行为不同。本研究发现员工和其他各方之间存在一种隐性的、不道德的联盟，如送餐员与商家、送餐员之间的共谋行为，帮助他们获得个人利益，但会威胁着平台公司的利益。这种共谋来自于特定各方之间复杂的"合作"关系和价值分享。这可能是一场算法监管下的多人博弈，在此过程中，各方在金钱奖励和潜在惩罚之间达成各自的权衡。本研究与以往研究结果一致（谢小云等，2021），发现面对算法监控给员工带来的负面影响，员工也并非处于全然被动和屈从的地位，而是保有主观能动性，能自主选择如何应对甚至反抗算法管理。

学者们关注平台员工对算法管理的应对策略，然而大多数研究停留在案例研究或理论探讨阶段（刘善仕等，2022；Kellogg等，2020），缺乏对平台员工采取不同应对策略的系统性分类以及动因探讨。本研究发现相对于以情绪为中心的应对方式（即疏导排解），送餐员更多采取以问题为中心的应对方式（即遵守、灵活应对和抵制）。本研究认为这是因为员工采取以问题为中心的策略更能真正解决困扰、减少痛苦的根源，尤其是当他们拥有一定的控制权时（Achnak 和 Vantiborgh，2021）。送餐员可充分利用算法管理的底层逻辑，通过灵活的应对方式来提高工作效率与收入，避免因平台检测到违规行为而造成的罚款。

与传统环境相比，算法管理平台是否能减少道德风险并提高服务质量是学术界关注的研究问题。现有研究认为随着技术进步，算法管理平台的数字化监控可能会限制员工的主动性和判断力。此外，平台可以通过减少信息不对称进而提升市场效率，应用机器学习等技术进一步监管员工的机会主义行为（Liu，2021）。本研究同样发现，餐饮配送平台实施实时监控，以及结合技术监测手段，如美团的"微笑行动"与饿了么的"蓝色风暴"在很大程度上可以监测送餐员的着装是否符合规范，验证是否为送餐员本人在工作，防止出现由其他送餐员代替送餐的行为发生。此外，顾客可通过平台实时查看送餐员的配送状态，对送餐员的工作起督促作用。从这一方面来看，算法管理确实能减少员工的不道德行为，提升服务质量。然而，另一方面，依据本研究得出的送餐员的个人不道德行为以及共谋行为等结果，算法管理技术仍不够完善，送餐员仍会发现并利用算法管理的漏洞采取一些利己主义的行为。可见，算法管理并非十全十美，仍存在一定的道德风险。本研究同样发现，算法管理与员工不道德行为、共谋行为是相互影响的，随着平台检测到员工的这类行为，也会采取应对措施，完善算法管理，结合处罚教育，从而减少员工不道德行为的发生。这也对应以往研究所得，即管理控制与员工抵抗在组织中是共同存在、相互影响的，员工以平台无法观察到的方式影响和操纵算法管理（Cameron，2021），算法管理与员工的抵制行为可能会重塑平台与员工之间的生产关系（Thompson

和 Vincent，2010）。

4. 餐饮配送平台算法管理模式与送餐员服务工作的深层关系揭示

餐饮配送平台的算法管理系统对送餐员实施理性控制，颠覆传统的雇佣关系。研究结果表明，送餐员将算法系统视为一种工具，他们与算法之间是一种典型的"经济交换"关系，由典型的金钱奖励和惩罚组成，这种关系缺乏信任基础，极具不稳定性。这与典型的传统领导与员工关系中的经济和关系交换是截然不同的，在这种关系中，员工可以与领导或组织建立情感信任（Mahmud 等，2022）。然而，平台企业扮演的是一种"影子雇主"的角色，员工与平台企业之间更多的是一种合作关系。送餐员抱怨"人多单少"的情况十分常见，这反映出平台降低员工的替代成本（Delfanti，2021），使送餐员感知到工作被替代的风险，降低了他们的归属感。此外，送餐员离职率高，这也反映出平台培养了员工对工作和顾客的承诺，却很难提升员工对组织的承诺（Veen 等，2020）。餐饮配送平台实行算法与人工相结合的混合管理方式，充分发挥二者的优势，既反映了餐饮配送工作的复杂性、多方主体交互性等特点，也在一定程度上反映了中国员工对传统的层级管理更为信任、依赖的特点。这种管理方式支持送餐员按照平台既定的规范完成甚至超额完成服务任务，提升服务效率以及服务的可靠性，并促使送餐员采取符合平台期望的行为、高效完成工作。但不容忽视的是，工作高度标准化、算法管理信息不对称，以及多方利益相关者在很大程度上也会制约送餐员的服务行为，造成潜在的负面影响。

送餐员对餐饮配送平台算法管理模式主要采取以问题为中心的应对方式。本研究发现这是对劳动过程理论（Burawoy，1982）的核心议题的解答，反映了算法系统如何控制员工以及员工如何应对。本研究揭示了餐饮配送平台通过算法管理模式对送餐员的服务行为施加了广泛的控制与监督，而员工始终具有一定的选择权与能动性，在遵循算法管理外，也会采取疏导排解、灵活应对、抵制行为等方式应对算法管理。除非当其他送餐员的抵制行为威胁到送餐员的个人利益，送餐员一般不认为对算法系统的抵制行为是严重的不当行为。实验研究发现人们面对人工智能与管理人员不同主体时，会产生不同的道德行为倾向，对待人工智能时的不道德行为倾向更高（Giroux，Kim，Lee 和 Park，2022）。与此研究一致，本研究发现，送餐员认为抵制算法管理是正常行为，特别是当他们认为算法不合理或不公平时。本研究的结果还扩展了现有关于员工反抗行为的研究，除了过度控制和权力不平衡（Norlander 等，2021），当送餐员承受巨大的压力时（例如高峰时期、任务超载和经济压力等），他们更有可能故意违反算法系统的管控。

综上所述，无论是餐饮配送平台对送餐员的理性控制，还是送餐员采取以问题为中心的应对方式，都集中体现了双方的经济交换关系。算法管理存在利益导向，设计人员在创建算法时会体现其道德立场（陈龙，2020；Kraemer 等，2011）。员工也会理性应对，对算法逻辑进行逆向思考，充分利用算法的优缺点来维护自己的利益。平台和送餐员的过度理性决策可能会加剧双方监控和抵制程度，导致算法平台的员工管理工作陷入恶性循环，影响算法系统的可持续发展。为了避免这种恶化，有效兼顾各方的利益成为平台企业在设计算法管理时考虑的主要目标之一。毕竟，餐饮配送平台算法管理的优势不仅取决于先进的技术手段，而且在于公正地、人性化地对待员工以及其他利益相关者（例如，商家和顾客），即其管理逻辑应体现人文关怀与公平法则（刘善仕等，2022）。本研究提出的算法与人工相结合的混合管理系统更适合于复杂服务交付中的非情感密集型工作（例如送餐服务），而非情感密集型工作（例如酒店的一线对客服务工作），这种混合管理系统在情感密集型工作领域的适用性值得进一步探索。

二、研究启示

（一）创新之处

首先，本研究对服务管理领域的"刺激—认同—反应"理论以及人机交互研究做出一定的贡献。尽管算法管理的应用日渐普遍，但本研究强调了人工监督和干预的重要性，因此提出将人工决策和算法管理自动化决策集成到平台公司的劳动力管理中。现有研究主要关注算法管理对企业传统人力资源管理的影响（Wood，2021），本研究的结果表明，算法与人工管理相结合的方式可以更好地服务于非情感密集型的员工服务工作。

其次，本研究在国内外学术界较早揭示了餐饮配送平台算法管理对平台员工服务行为的双刃剑效应，为"算法管理对员工心理与行为影响"主题提供实证依据。本研究揭示餐饮配送平台算法管理在服务工作中存在一些弊端（如服务差错增加、角色外工作量），有助于相关研究从更全面的角度理解算法管理的影响。

再次，本研究系统地探讨了员工对餐饮配送平台算法管理的应对策略，并根据已有理论对其进行分类，丰富了现有的算法抵制行为研究。本研究确定员工抵制算法管理的新方式，不仅揭示以往文献中所探讨的员工对算法管理的个人抵制行为（例如，不合作和不道德行为；Kellogg 等，2020 年），还发现一种新型的应对算法管理的集体抵制行为"共谋"，值得学术界今后进一步探索。通过员工应对行为的研究，本研究加深对员工与算法管理互动行为的认识,丰富了人机互动主题的相应研究。

（二）管理启示

本研究对餐饮配送平台,以及众多正在或者准备引入算法管理的旅游企业具有重要的启发。在平台算法管理与员工进行的博弈中,如何保证双方的公平和权益对等,是研究者和管理者需要共同面对的难题（谢小云等,2021）。本研究有助于平台重视员工体验,识别算法管理中的主要问题,从而提出针对性的改进策略,建立保护多方利益共同体、可持续发展的算法管理系统。本研究主要提出三点管理启示如下：

第一,平台应当改进算法与人工管理相结合的混合管理系统,通过严密的设计,充分融合算法管理和人工管理两者的优势,发挥协同效应。值得注意的是,这种混合管理系统在提高管理效率的同时,不应该增加员工的工作负担。平台企业应该明确算法设计的工作准则,加强算法管理的"透明度",并向员工解释相关规则,让员工真正理解算法管理的基本依据,减少员工对算法管理的误解。基于此,员工会提升对系统的感知易用性与有用性,进而更愿意遵守算法管理。此外,本研究发现人工管理对算法管理的正常实施起到重要的补充作用,但可能存在人工管理对员工日常工作过度监督的情况。本研究建议这种常规的监督可由算法取代,以减少员工的工作量与压力。最后,在算法管理模式发展背景下,平台企业应当注重招聘和培养数字化人才,这些人才应既懂算法管理的技术逻辑,又有丰富的管理知识与管理经验,从而能够更好地设计算法规则,并利用算法管理模式为员工工作提供支持与帮助。

第二,餐饮配送平台应减少算法管理模式对送餐员服务行为的负面影响。除了保护顾客权益,平台企业应加强对员工权益与身心健康的关注，并制定和完善相关的算法规则，在追求经济效益的同时也应注重人文关怀，以提升送餐员对算法管理模式的感知公平性与合理性。针对餐饮配送平台算法管理对员工服务行为的负面影响，本研究提出，餐饮配送平台算法系统需要通过技术升级，更智能地解决复杂情况下的服务错误，特别是由其他利益相关群体引起的错误。平台也应完善责任划分机制，对不属于送餐员个人因素导致的服务错误应及时免除其责任，例如当商家出餐速度慢进而导致订单超时发生时，平台应当剔除这一订单对送餐员准时率的影响。在2022年7月，美团推出"新手免责卡"，为新骑手提供额外的免责机会，可用于消除因平台操作不熟练等非主观因素导致的违规行为。这有助于帮助新骑手消除担心犯错的紧张心态，提升送餐员满意度。可见，美团通过优化机制来帮助新骑手适应岗位。然而，餐饮配送平台在提升送餐员工作质量、优化算法管理规则方面还任重道远。

本研究建议平台企业应制定有关顾客和商家的规章制度。例如，顾客如果提出需要送餐服务外的任何其他服务，则应向送餐员支付额外的费用，并且送餐员有权拒绝顾客的额外要求并免受差评。平台应建立并完善员工反馈渠道，积极听取送餐员在合理激励、惩罚措施、人性化工作分配或路线规划方面的意见，并以此来改善餐饮配送平台算法管理，也使得送餐员更愿自觉遵守算法管理。毕竟，当员工可以选择修改算法时，即使是轻微的修改，他们也会感到更高的控制感和满意度（Dietvorst，Simmons和Massey，2015）。

第三，为了减少送餐员的不道德工作行为，平台企业应完善算法系统以减少技术漏洞，减少员工利用技术漏洞的可能性，从而保障其他送餐员、顾客以及商家的利益。更重要的是，餐饮配送平台应改进算法规则的合理性，制定适度工作量、考核标准与工作节奏，以减少送餐员的不满情绪与抵制行为。由于不少送餐员抱怨平台"人多单少""单价不断下降"，平台应当将员工招聘规模控制在合理的范围内，优化人员结构，合理控制众包送餐员与团队送餐员的比例，并将单价维持在合理的范围。当平台能解决送餐员关注的上述问题时，就能减少员工的不满情绪。本研究现不同于传统的雇佣关系，平台将员工视为独立承包商。基于利益的合作关系成为维系平台持续运营的关键，算法管理则导致企业与员工之间缺乏情感纽带联系。平台的员工流失率高，送餐员普遍反映缺乏归属感。本研究发现人工管理能在一定程度上弥补算法管理容易造成的不道德行为，例如站点经理和队长可以通过道德领导的角色示范、营造道德的工作环境来引导送餐员遵守工作规范、采取道德行为。与算法系统相比，员工更有可能与其领导或组织建立情感信任，从而在工作中采取更多的道德行为。培训新的送餐员，提升其解决复杂问题的能力，对于鼓励送餐员积极应对算法管理也至关重要。平台企业还可以发挥团队工作的优势，让员工在工作中感受到更多的人际关怀与工作意义，提升算法管理环境中员工通常缺失的组织承诺。

本研究主要关注餐饮配送平台的算法管理模式与影响，但研究结果对其他正在或即将实施算法管理的旅游与酒店企业也有所启发。本研究发现算法管理是一把"双刃剑"，为企业如何利用算法管理提升员工的服务质量提供解决思路。例如，随着酒店业越来越多地雇佣数字平台的零工人员（Gig Worker），本研究提出的算法与人工管理相结合的混合管理方法可以适用于酒店业非情感密集型的服务工作，例如维修、客房服务、洗碗等工作岗位。因为这些岗位的工作内容属于常规、重复性的、与顾客的互动较少。因此，酒店可以利用基于算法系统的平台，将工作任务自动分配给零工人员。当然酒店人力经理仍然需要指导、监督和评估零工人员的表现。本研究呼吁企业与社会关注送餐员在工作过程中面临的困难，维护其合法权益。唯有如此，平台企业方能提升送餐员对平台的感知公平性、信任感以及归属感，为顾客提供更优质的服务，进而促使企业维持竞争优势，使得平台算法管理模式良性发展，实现"算法向善"。

（三）研究局限与未来的研究方向

本研究以餐饮配送平台为例，探究送餐员对餐饮配送平台算法管理的感知与评价、算法管理模式对员工服务行为与应对行为的影响。这对数字化服务环境下的服务工作研究具有一定的借鉴意义，对旅游与酒店领域的算法管理研究具有一定的启发。尽管如此，本研究仍然存在一些局限性，具体表现如下：

第一，由于不同平台的算法管理模式具有多样性，本研究主要对我国代表性的餐饮配送平台进行研究，得出的结论是否可以推广到其他实施算法管理的平台企业以及旅游与酒店管理企业，还需要进一步验证。

第二，在第一阶段，本研究采用内容分析法所得的研究结果受定义界定和分类体系的影响，因而研究结果与客观实际的契合度需要进行进一步检验。在第二阶段，与其他定性研究一样，本研究会受到调研对象社会称许偏差的影响，也会受到笔者主观解释与个人偏见的影响（Flick，2002）。

第三，本研究主要调查送餐人员对算法管理的评价，缺乏对送餐平台内部管理人员的深度调研，无法从平台与员工视角提供双层面的分析印证。本研究从在线评论、深度访谈、新闻报道、餐饮配送平台系统的内部资料等多种渠道收集数据，尽可能地保证资料的全面性和准确性，从而获得对研究问题更具详尽的认识。但今后学术界需深入探究平台内部管理人员的观点，从组织与员工两个层面获得对算法管理更为全面的理解。

第四，本研究受调研时间与条件的限制，没有进行长期观测，未能深入探究平台控制与员工策略之间的动态变化关系。由于员工与平台之间的应对行为可能不断变化、相互影响，平台控制与员工抵制行为可能会重塑两者之间的生产关系（Thompson 和 Vincent，2010），需要进行长期观察。

综上，笔者提出未来研究可围绕以下四个方面展开：

第一，学术界今后可使用其他方法，如问卷调查和实验法等研究方法，进一步实证检验本研究提出的理论框架，并对餐饮配送平台算法管理与员工服务行为、应对行为之间的关系提出更有力的主张。

第二，由于算法控制与员工应对是相互影响的（Parth 和 Bathini，2021），未来研究还可以探讨平台如何应对员工的抵制行为，进一步探究平台算法管理与员工应对行为之间的动态关系。

第三，未来的研究还可以进行比较研究，探讨当员工面对不同的管理决策主体，即由算法决策或由人工决策为主导时，员工的工作态度与工作行为是否会有所差异，例如与人工决策相比，算法决策是否会影响员工的接受意愿、感知公平性等。

第四，由于本研究专注于平台员工的观点，是一项探索性研究，未来研究可以系统地调查多个利益相关主体的观点，如平台企业、顾客、商家等，以确定他们在算法管理生态系统中如何合作与互动。

尽管存在局限性，但本研究在学术界首次探讨我国餐饮配送平台算法管理模式及其对送餐员服务行为、应对行为的影响，响应了我国政府关于算法取中、保障算法系统各方群体利益的呼吁。研究结果对餐饮配送平台改进算法管理模式，改善送餐员配送体验，增进送餐员对平台的信任，促进平台长期健康发展具有一定的启示。随着数字经济的发展，算法管理模式是一个新的关注热点，对旅游与酒店业而言更是一个新的变革趋势，需要学术界进行更多深入的研究。

第五章
旅游企业提升内部服务质量的实践措施

本研究认为旅游企业提升内部服务质量是一个系统的管理工程，需要管理人员从企业文化、制度变革、领导开发、跨部门沟通等多方面入手，全面而又有重点地提升整个组织的内部服务氛围与内部服务水平。本研究根据实证研究结果，并结合国内外优秀服务企业的实践措施，把旅游企业提升内部服务质量的措施分为两大类，一是企业的管理制度建设，二是企业的文化与技术变革，进而阐述如下。

第一节 旅游企业的管理制度建设

基于市场变化与组织变革的需求，旅游企业应对组织流程管理、培训、奖励、招聘、授权等制度体系进行进一步的梳理与改革，进而更好地提升内部管理效率。

一、完善组织制度与内部流程管理

本研究发现，旅游企业内部不合理的组织制度与流程往往是阻碍内部服务质量的关键因素。近年来众多企业对内部制度与流程进行变革，为内部服务质量的提升提供良好的例证。工商银行自2013年后日渐重视改善内部服务，颁布《总行内部服务规定》，健全内部服务改进机制，实施首问负责制，明确服务管理部门与业务部门的职责。为提高管理行对基层行、中后台对前台的服务效率，工商银行推出"T+1"限时办结制与"T+3"限时回复制，分别针对基层请示咨询事项与总行部室间工作来往事项。在以上创新模式的作用下，工商银行成功构建"大服务格局"，形成了上下联动、快速响应的服务推动机制，有效地改善了内部服务效率，提升了客户满意度。

荷兰ING银行于2015年引入敏捷方法的工作方式，将其扩展到IT基础设施和运营部门（麦肯锡，2019）。ING银行调整基础设施部门的组织架构，重新设计了每个团队的角色，以开发基础设施产品服务为目标的跨职能工程小组替代了原先以服务请求为基础的单职能团队。这一举措不仅让银行IT运营更快速、更稳定，而且避免各部门各自为政，大大提升了跨部门工作效率和员工参与度。

京东进行组织能力诊断时发现，事业部多数业务痛点集中于内部研发需求的实现和响应效率亟待提升。围绕该痛点，2017年京东开始在电商板块的研发体系内部搭建客户导向的平台架构，基于价值链的梳理与定位，把商城采销事业部定位为内部客户，商城研发体系划分为前台与中台研发，中台研发有效地支持前台业务需求，使业务需求实现和响应效率有了显著提升。

二、加强跨部门培训与轮岗培训

培训是提升旅游企业内部服务质量的重要措施之一。本书研究发现企业不仅应重视传统的岗位培训，而且应重视跨部门培训与轮岗培训。对酒店、景区等传统旅游企业而言，目前的培训通常注重本岗位的基本操作技能培训，忽视对员工价值观的塑造与跨职能技能的培养。跨部门培训和轮岗是提升内部服务质量的重要策略之一，不仅有助于提升员工的综合素质与多样化技能，而且有利于员工更好地了解其他岗位的日常工作标准与流程，提高服务相关技能与共情力，这样能够在其他同事需要帮助时更好地支持他们。

国内外卓越企业都非常注重员工培训，特别是轮岗培训、交叉培训。阿里鼓励员工除参加本岗位相关必修课程学习外，还可以参加跨岗位选修课程，鼓励学习交流。广发银行举办"我是好讲师"系列大赛，在全行营造了"人人为师，智汇广发"的良好学习氛围，以便在员工工作过程中为其提供更有针对性的辅导。华为实施全员导师制，即"一对一"的帮扶前进模式。为了保障"导师制"更好地推行和执行，华为出台了四项制度：导师激励制、能上能下制、责任连带制、晋升激励制。通过该制度，华为更好地建立起内部员工的纽带关系，推进上下级员工之间的互助服务。

除了正式培训之外，非正式的跨部门培养也非常重要。字节跳动在公司推广内部分享"ByteTalk"，即邀请来自跨部门的员工与管理人员分享产品开发、商业动态、管理实践、行业前沿的个人体会。字节还推广周末大讲堂活动，让新员工与老员工一起分享交流，了解如何快速融入公司，提升沟通与协作能力。这些非正式培训增加了员工对跨部门工作的了解，并增进了和谐的人际氛围。

三、加强团队建设，增强以团队为基础的奖励制度

本书研究发现跨部门团队的组建对于内部服务质量的提升具有重要作用。以全球知名家居零售商宜家为例，该公司向员工传递的理念是：大家基于共同目标，促使工作效率更高，能够更好地解决问题。以宜家商场售卖的商品为例，其售卖是由三个部门

共同完成的——商场的物流部门负责收货；设计部门根据宜家的整体视觉陈列的理念决定摆放；最后由销售部门提供清晰的商品标识，或提供顾客服务以促成商品的销售。三个部门临时组成一个小团队协作促进销售，几乎不需要宜家在组织层面制定规定，因为这三个部门的目标一致——更好地把商品销售出去。

以团队为基础的奖励制度也是非常重要的激发内部服务质量的手段。西南航空公司采用了以团队为基础的绩效评价和奖励机制，使报酬与团队绩效紧密结合，鼓励成员相互协作。在喜来登酒店，部门内部或是不同部门之间非常讲究信息的共通共享、相互配合，妥善处理工作中的问题。喜来登酒店将顾客满意指数与酒店全体员工奖金挂钩。如果顾客满意指数在某月份处于一个较低的水平，无论管理人员与员工处于哪个部门、哪个岗位，其奖金都会受到影响。喜来登酒店向全体员工传达了一个重要理念，就是顾客的满意或者不满，不仅仅是一个部门的问题，要想真正让客人满意，需要整个酒店各个部门的精诚合作。

四、优化人员招聘与用人标准，关注员工价值观念

除了组织因素，旅游企业还需要关注影响内部服务质量的个人因素。个人特质因素是影响内部服务水平的重要内因，其他各因素对内部服务水平的影响最终需要作用于个人，转化为行为内因，继而对个体行为产生影响。相对个人能力而言，观念、思想层面的影响更为稳定深入。员工能力的不足可以通过系列培训加以提升，而其性格观念是在长期社会生活中不断形成的，并逐渐固化趋于稳定。由此，旅游企业在选拔人才及人员培训时，应重点关注员工的性格与价值观，选拔具有较高工作责任心、移情性格及服务观念较强的员工。

在日常企业运营及专项培训中，除了注重个人专业技能的提升，企业更需要对员工的价值观念进行不断持续的培养，如宣传企业文化、学习优秀服务事迹等潜移默化影响员工的价值观念。例如苏宁易购提出新的人才观点——事业经理人，明确提出要培养员工的事业心与归属感。阿里在甄选与考评员工时，非常重视员工的价值观与企业价值观的匹配，其企业价值观六项核心要素之一就是"团队合作"，即要求员工共享共担，积极融入团队，乐于接受同事的帮助，配合团队完成工作。

五、建立高效的授权机制

本书研究结果表明，岗位角色冲突是造成员工无法向其他同事提供良好内部支持的重要因素之一。其中，较为突出的矛盾问题在于工作权限或制度流程的限制问题，使员工经常是"有心无力"，无法在职责权限范围内有效支持同事。由此可见，旅游企业应当倡导制度保障条件下的充分授权，即在旅游企业政策制度的允许范围内，在员工理解自己的工作目的与工作任务的前提下，管理人员授予一线员工必要的工作决策权力，让员工自主决定他们如何完成工作任务。这样不仅可以使员工在服务现场能够灵活地处理顾客的特殊要求，及时进行服务补救工作，而且可以及时响应同事的工作请求。

以全球知名的流媒体公司——网飞（Netflix）为例，该公司保障员工在工作中享有足够的决策权，并取消了差旅和费用审批制度，使公司任何员工都不用在15美元的打车费报销上浪费时间。这些举措使有才华的员工在发挥才智的时候，再也不用被一些烦琐的规章制度困扰。公司创始人里德坚信，创造性工作的价值不应当通过工作时长来衡量，并向员工传递了一种信息：公司是信任员工的。以西南航空公司为例,该公司亦非常重视对员工的授权,员工通常会在工作地点集合,针对现场问题采取及时的措施,而不是花费大量时间等待高级管理人员的决定。

第二节 旅游企业的文化与技术变革

除了正式的管理制度变革,旅游企业需要在内部文化与技术管理方面进行大刀阔斧的变革,具体包括企业文化、领导、沟通、员工关怀、技术等方面的改进,从而更好地提升内部服务管理水平。

一、持续建设与宣扬服务型的企业文化

本书发现企业文化是影响员工向同事提供高质量内部服务的最重要的组织因素,建议旅游企业应建设与宣扬服务型、合作型的企业文化。企业文化是企业在长期经营活动中逐渐形成的、为本企业员工所认同的特色文化要素的综合。企业文化作为企业最终的无形资产,对员工的日常工作行为产生潜移默化的影响。得到员工认同的企业文化,对于员工的激励作用更具有持续性与稳定性。企业文化在概念内涵上包含价值观文化、制度文化与行为文化三方面内容(安世民,李晓燕,李蕾,2008)。企业在进行企业文化建设时,不仅首先应在文化理念上建立对客优质服务

的目标，而且应该关注企业内部员工的需求；其次，在行为文化上，企业可以开展多种形式宣扬企业文化的活动，同时领导践行企业文化、关爱员工等行为也是行为文化的重要展示；最后，企业需要将企业价值观理念固化为组织的管理制度，在日常经营中贯彻企业价值理念。良好的企业文化能够让员工感受到在企业内部受到足够的重视与关注。例如丽兹酒店倡导的"我们以绅士淑女的态度，为绅士淑女们忠诚服务"的文化理念，充分体现了企业对员工的尊重。在这种企业文化的影响下，员工更愿意为同事着想，能更好地帮助与支持同事的工作。

以美国西南航空公司为例，该公司认为要实现其战略定位和体现优势，必须培育一种像对待顾客一样对待员工的企业文化，即关注员工，对他们的要求做出反应，并让他们参与决策。高质量的服务需要成员间的密切合作和团队精神，因此员工第一、合作氛围、赋予工作自主权成为西南航空公司文化的主要特征。在西南航空公司，每一位员工都会受到尊重，员工之间都只称呼名字，员工可以在任何时间给高层管理人员打电话交流观点，创造了共同完成工作的平等氛围。西南航空公司推出一些具体举措，例如"穿其他人的鞋走一英里""分享权利和义务""庆祝你的失败和成功等"等，有力推进团队协作型的企业文化建设。

二、领导以身作则，倡导奉献与服务

领导的言行对于员工的观念与行为具有直接的影响，会影响员工提供内部支持的意愿与能力，构成了影响组织内部服务质量水平的重要组织因素。本书发现，如果领导主动关怀员工、主动加班、公平对待下属等，就会为员工的工作带来极大的支持。领导以身作则对部门内部、团队内部的合作氛围也起到重要的作用。如果部门领导积极配合其他部门的工作,创造良好的沟通、协作工作氛围,就会起到示范作用。受领导行为影响的员工也会自觉主动地去帮助他人。

本书研究表明,在危机期间企业领导者勇于牺牲自我利益,例如主动削减自身薪水或放弃自身福利,能够让员工对领导者的态度更为积极,对组织恢复业绩也更有信心。例如2020年,全球酒店行业巨头万豪国际集团首席执行官当年不再领取薪水,万豪还要求集团执行团队减少一半工资,酒店房间将捐赠给一线员工,以帮助对抗新型冠状病毒感染。

企业领导对员工工作与情感的支持,是提升内部服务质量的关键。西南航空公司的高层管理人员常常会参与到基层人员的工作中。例如公司高管每个季度都要担任一天的预订销售员、票务代理、行李搬运工等,使高管人员随时掌握实际工作中正在发生的事情,同时也能让他们理解基层工作的困难之处,进而更好地支持基层工作。基于此,笔者认为管理人员的培养和甄选非常重要,旅游企业应选拔能在员工群体中发挥榜样作用、主动帮助下属员工解决工作问题与帮助员工职业成长、具有服务精神的领导人员。

三、增进跨部门员工之间的沟通与理解

沟通对企业内部服务质量建设具有重要影响。本书研究结果发现,在内部服务的促进因素中,很多旅游企业员工会谈及"熟人文化""互惠"问题。多数员工认为同事之间如果是认识或熟悉的,就会更加理解他们在工作中的要求,在工作中也会更愿意提供支持,否则员工会倾向于消极地响应对方的需求。

不少优秀企业在纵向沟通与横向沟通方面颇有建树,值得借

鉴。例如，腾讯公司非常重视管理人员与员工的沟通，专门设立了"总办交流平台"和"总办午餐接待日"两个高层与基层员工的直接沟通渠道。字节跳动努力打造"坦诚清晰"的沟通氛围，鼓励员工"当面表达真实想法，反对向上管理，坦诚直接"。如果员工没能真实表达看法，字节公司认为这也是低效沟通的表现。网飞公司建立"坦诚文化"的沟通氛围，规定领导者不能让下属对其鼓励决策感到不解和诧异。基层员工可以在开会时直接对管理人员的意见发表看法，员工之间也可以在办公室直接指出同事的问题，使上下级之间、跨部门之间消除沟通障碍。此外，这些企业持续开展内部员工活动，如跨部门之间的素质拓展活动、团建、年会、竞赛等，增加部门之间的联系与交流，增进部门之间的人际和谐，使员工更愿意、也能更好为跨部门员工提供支持与帮助。

四、与员工共享利益，解决工作中的后顾之忧

旅游企业为员工提供有针对性的激励措施，与员工共享利益，体现对员工的关怀与支持，也是提升内部服务质量的关键措施。众多卓越的国内外企业树立了关怀员工的典型，例如星巴克扩大员工医疗保险的覆盖范围，向所有每周工作 20 个小时以上的兼职雇员提供医疗保险。创始人之一的舒尔茨认为，这并不是公司为了获得员工忠心而摆出的姿态，而是公司赢取雇员忠诚和承诺的一项核心策略。美国西南航空公司鼓励员工像所有者而不是雇员那样工作，并提倡在公司范围内共享价值。通过利润分享计划，目前西南航空的雇员已拥有约 10% 的股权，公司内部人员共同分享企业的成长成果且共同分担风险。海底捞为员工宿舍配备优质的硬件设施，以及配备保姆，服务好内部员工，为一线

员工的工作解除后顾之忧。腾讯会定期举办"家属开放日"，邀请员工家属来公司参观，并由总办领导亲自接待交流并给予慰问。腾讯经常组织丰富多彩的业余活动，解决了很多"大后方的烦恼"，员工自然会更加热情地投入工作。厦航工会执行"幸福心鹭程"员工关爱计划，通过引入第三方专业心理服务机构，为员工提供免费心理关爱服务，解决一线部门员工在工作、生活等方面的心理需求，从而达到加强团队建设、提升队伍凝聚力的目标。

五、通过技术革新，提升变革时期企业内部服务质量

本书研究发现，旅游企业可以通过充分采纳先进科学技术，减轻管理人员与一线员工的工作负荷，提升内部服务与对客服务质量。在过去二十年间，旅游企业已广泛采用信息系统、大数据、服务机器人等先进技术，提升管理效率与服务效率。以算法管理为例，算法管理在旅游与酒店领域得到愈加广泛的运用。航空业运用调度算法提高不正常航班的管理效率。旅游景区运用算法管理进行应急管理与客流调控，对游客实施疏导和预警，避免发生踩踏事故。例如华侨城运用游客反馈数据和算法技术对景区进行分析和计量，开发景区的"欢乐指数"用以诊断市场动向与分析消费者偏好。算法管理还有力地促进旅游领域的数字平台发展，例如爱彼迎（Airbnb）的搜索排序算法和房源推荐系统大大提高共享住宿的出租率；途家对所有在线民宿进行分级算法的评估，帮助顾客和民宿房东完成消费和经营的高效匹配；优步（Uber）网约车平台通过算法匹配市场需求，优化网约车市场供需结构。

笔者建议针对旅游行业的一些非对客服务、重复性的劳动岗

位，例如酒店和景区的清洁员、维修员、保安人员，可以采用数字平台的算法管理模式。通过这种技术与管理模式的变革，酒店可以充分利用数字劳动平台，对这些工作岗位采用定制化的管理方式，自动匹配员工、分配订单、实时监管。这样不仅能充分利用算法管理的高效性、客观性，还能在一定程度上解决旅游企业人工成本居高不下、员工流动性高的问题。当然无论算法管理、大数据，还是服务机器人等人工智能技术的应用，都需要旅游企业在实践应用中不断探索，寻找技术在人工管理中的合适应用与融合，从而更好地提升技术革新的效率，提升企业内部管理效率，最终提升企业的竞争优势。

总体而言，内部服务质量是提高组织绩效的核心要素，是旅游企业提升竞争优势的重要途径。本研究为更全面地理解变革时期旅游企业内部服务质量的形成与提升机制建立了基础，提供了相关的理论与实证依据，为该主题的理论构建与实践发展创造了条件。随着科学技术的发展、组织变革的深化，旅游企业的内部管理还会面对更多的机遇与挑战，需要学术界与实践界携手共进，开展更多本土化研究，对我国旅游企业内部服务质量管理问题形成更丰富、更系统的理解。

附录1 一线员工访谈提纲（第二章）

1. 酒店经常谈对客服务，当您听到"内部服务"这个关键词，您本能的认为它代表什么，是什么含义？应该具体包含哪些方面的内容？学者们提出内部服务既包括工作中同事的支持，也包括后台部门，例如人力资源部、财务部、保安部等部门的支持，您赞同么？

2. 您认为内部服务重要么？您认为自己在酒店是向其他同事提供内部服务的一分子，还仅仅是一个接受其他同事支持的被服务者？

3. 在工作中，您期望酒店或其他部门向您提供哪些方面的服务与支持？您期望这些服务与支持达到什么样的标准与水平？什么样的需求是合理的？

4. 请您列举一个具体实例，在接受酒店其他同事或后台部门服务过程中的一个愉快或不愉快的经历，什么地点什么时间发生了什么？您期望其他员工怎么做，而事实上他们又是怎么做的？

5. 结合上述的具体例子，您认为同事能够（或者未能）向您提供良好内部服务的原因是什么？您认为这主要是员工个人因素造成的，还是组织因素造成的，请具体说明。

6. 请您提出建议，您觉得有什么因素可以促成其他员工向您提供更好的内部服务，而又有哪些限制性因素会使这项活动比较困难？

7. 换一个角色，如果让您更好地向同事提供内部服务，有哪些因素会促使您更好地提供内部服务，而又有哪些限制性因素会使这项活动比较困难？

8. 要获得其他部门同事的支持，一般情况是员工主动感知自己需求，还是要提出要求？

9. 酒店有没有这样的制度、领导、文化等方面来提供内部服务支持，请个人评价一下。

10. 请您对酒店的内部服务质量状况进行总体评价。

附录2　后台员工访谈提纲（第二章）

1.酒店经常谈对客服务，当您听到"内部服务"这个关键词，您本能的认为它代表什么，是什么含义？应该具体包含哪些方面的内容？学者们提出内部服务既包括工作中同事的支持，也包括后台部门，例如人力资源部、财务部、保安部等部门的支持，您赞同么？您具体为哪些部门的一线服务人员提供工作支持与配合？

2.您认为内部服务重要么？您非常看重为一线服务人员提供内部服务么？

3.在工作中，您认为一线服务人员期望您提供哪些方面的服务与支持？您认为他们期望这些服务与支持达到什么样的标准与水平？当员工提出需求时，哪些请求是合理的？您的工作能满足他们的需求么？

4.您听过一线服务人员向您或您的同事抱怨您们提供的服务支持么？请您列举一个实例，在向酒店内其他员工提供服务支持时发生的愉快或不愉快的场景，包括什么时间什么地点发生了什么？在这个事例中，一线员工期望得到什么？您或您的同事是如何做的？

5.结合上述的具体例子，您认为您或您的同事能够（或者未能）向一线员工提供良好内部服务的原因是什么？您认为这主要是个人因素造成的，还是组织因素造成的，请具体说明。

6. 请提出建议，有什么因素可以促成您能够更好地向酒店其他员工提供更好的服务，而又有哪些限制性因素会使这项活动比较困难？

7. 一般情况是自己主动感知一线员工需求还是要员工提出要求？

8. 酒店有没有这样的制度、领导、文化等方面来提供内部服务支持，请个人评价一下。

9. 请您对酒店的内部服务质量状况进行总体评价。

附录3 第一次访谈提纲（第三章）

说明：由于"心理契约"是专业词汇，可能造成访谈对象的理解障碍，因此访谈中按照该词汇的学术定义，统一以"酒店（或员工）应承担的责任"代替"心理契约"，以便访谈对象理解和回答。

一、组织层面

1. 对象为星级酒店的人力资源主管

询问在酒店工作的部门、工作时间，让访谈者放松，进入状态。

（1）从疫情开始至今，您的招聘工作、培训工作、绩效管理、薪酬发放工作、劳动关系管理等人力资源管理工作是否受到很大的影响？您的工作受到哪些方面的影响？（请受访对象尽量回顾不同阶段）

（2）疫情期间，您是怎么开展员工招聘、培训工作、员工绩效、薪酬发放、劳动关系等工作的？（包括具体方式、具体内容的变化等）

（3）疫情期间，您是否为员工提供一些特别的支持？（例如沟通、培训、安全防护等）

(4)疫情期间,您认为酒店对于员工应该承担哪些责任?在哪些方面给员工提供支持?

(5)疫情期间,酒店对员工实际承担上述责任的情况如何呢?请评价一下。

(6)疫情期间,您认为员工自身需要承担哪些责任,以支持酒店的经营发展?

(7)您认为员工对于酒店的哪些责任承担得较好,哪些做得不到位?请列举具体的例子。

(8)您认为,这次疫情期间,员工与酒店管理人员是否真正做到"同心协力、共渡难关"呢?为什么这样认为?

(9)疫情期间,员工的上述做法对酒店会产生哪些影响?具体表现在哪些方面?

2. 对象为一线部门的主管

询问在酒店工作的部门、工作时间,让访谈者放松,进入状态。

(1)从疫情开始至今,您所在部门的员工管理工作是否受到很大的影响?您的工作受到哪些方面的影响?(请受访对象尽量回顾不同阶段)

(2)疫情期间,您是怎么开展员工培训、员工排班、员工工作内容、员工健康关怀等工作的?包括具体方式、具体内容的变化等。

(3)疫情期间,您是否为员工提供一些特别的支持?例如沟通、培训、安全防护等方面。

(4)疫情期间,您认为酒店对于员工应该承担哪些责任?在哪些方面给员工提供支持?

(5)疫情期间,酒店对员工的实际承担上述责任的情况如何呢?请评价一下。

（6）疫情期间，您认为员工自身需要承担哪些责任，以支持酒店的经营发展？

（7）您认为员工对于酒店的哪些责任承担得较好，哪些做得不到位？请列举具体的例子。

（8）您认为，这次疫情期间，部门员工与酒店管理人员是否真正做到"同心协力、共渡难关"呢？为什么这样认为？

（9）疫情期间，员工的上述做法对部门会产生哪些影响？具体表现在哪些方面？

二、员工层面

对象为一线部门的基层员工

询问在酒店工作的部门、工作时间，让访谈者放松，进入状态。

（1）从疫情开始至今，您所在部门的工作是否受到很大的影响？您的工作受到哪些方面的影响？请您尽量回顾不同阶段的变化。

（2）疫情期间，酒店是怎么安排您的工作的？包括具体工作任务、工作要求、工作环境、工作待遇等。

（3）疫情期间，酒店和您的主管是否提供一些特别的支持？

（4）疫情期间，您认为酒店对于员工应该承担哪些责任？在哪些方面给员工提供支持？

（5）您认为酒店对于员工的哪些责任承担得较好，哪些做得不到位？请列举具体的例子。

（6）疫情期间，酒店的上述做法对您会产生哪些影响？具体表现在哪些方面？

（7）疫情期间，您认为员工自身需要承担哪些责任，以支持酒店的经营发展？

（8）疫情期间，您自己实际承担上述责任的情况如何呢？请自我评价一下。

（9）您认为，这次疫情期间，所在酒店管理人员与员工是否真正做到"同心协力、共渡难关"呢？为什么这样认为？

附录4 第二次访谈提纲(第三章)

1. 对象为一线部门的基层员工

(1)疫情发生以来,是否出现过员工大量离职、消极怠工,或者员工积极支持酒店的现象?请描述具体情况。

(2)您认为出现这种现象的主要原因有哪些?可以从多个角度谈谈。

(3)目前酒店各项人力资源管理策略是否恢复到疫情之前?现状与疫情前相比有哪些异同?

(4)酒店人力资源管理策略在疫情不同阶段有哪些变化?现状与疫情期间相比有哪些异同?

(5)经历疫情后,酒店在招聘员工时的要求和疫情之前相比有哪些变化?为什么会有这样的变化?

(6)经历疫情后,酒店内部员工管理工作有哪些变化?为什么会有这样的变化?

(7)经历疫情后,您认为员工对于酒店责任的期望有哪些变化?酒店是否做出行动以满足员工期望?

(8)经历疫情后,您认为酒店对于员工责任的期望有哪些变化?员工是否做出行动以满足酒店期望?

(9)过去一年,酒店出台哪些举措应对未来可能发生的类似危机?

2. 对象为星级酒店的人力资源主管

（1）去年 5 月份至今，酒店的经营管理策略和人力资源策略是否发生一些变化？

（2）目前酒店的人力资源现状是否恢复到疫情之前？现状与疫情前相比有哪些异同？

（3）经历疫情后，酒店内部员工管理工作发生哪些变化？为什么会有这样的变化？能否列举具体的例子？

（4）经历疫情后，您认为员工期望酒店承担的责任有哪些变化？酒店是否做出行动以满足员工期望？能否列举具体的例子？

（5）经历疫情后，您认为酒店期望员工承担的责任有哪些变化？员工是否做出行动以满足酒店期望？能否列举具体的例子？

（6）过去一年，酒店出台哪些举措应对未来可能发生的类似危机？

附录5 访谈提纲（第四章）

1. 您从事送餐员这份工作多长时间了？您为何选择这份工作？

2. 平台/App 系统①从哪些方面对送餐员的工作进行考核与评价？平台根据哪些因素支付报酬？平台为送餐员的工作提供了哪些支持？

3. 请举例说明平台的管理模式，这种模式是如何影响您的日常服务工作的？

4. 请举例说明，在平台管理下，您的服务工作出现过哪些问题？您是如何解决这些问题的？

5. 平台是否把规则和制度清楚地告知送餐员？您能完全理解平台的管理规则吗？

6. 您在实践中是否完全遵守了平台的规则和制度？请举例说明您和其他送餐员如何应对规则以及这些行为带来的相应的结果。

7. 您认为促使送餐员在平台管理下产生积极或消极应对行为的主要原因是什么？

8. 平台管理规则是否有效地保证了顾客的满意度，为什么？

---

① 由于算法管理对受访者来说是一个复杂的学术术语，本研究用"平台管理"或"APP 系统"作为替代术语。

请举例说明您在实际工作中是如何保证顾客满意的。

9. 您如何与其他骑手送餐员、平台管理者进行互动？这些互动对您的服务工作有何影响？请举出具体例子。

10. 您认为平台管理在哪些方面是合理的，哪些方面可以改进？

11. 您之前是否有其他行业的工作经验？对于平台和其他传统行业的管理模式，您更喜欢哪种，为什么？

附录6 受访者信息(第四章)

编号	性别	年龄	平台	城市	婚姻状况	工作时长(月)	每天工作时长(小时)
C1	男	23	饿了么	厦门	已婚	12	8~9
C2	男	24	饿了么	广州	未婚	36	9
C3	男	20	饿了么	广州	未婚	12	8~9
C4	男	32	美团	上海	已婚	48	10
C5	男	30	饿了么	上海	已婚	36	5~7
D1	男	23	美团	厦门	未婚	24	3~4
D2	男	34	美团	厦门	未婚	2	8
D3	男	24	美团	厦门	已婚	2	10
D4	男	21	美团	厦门	未婚	3	11.5
D5	男	24	美团	厦门	未婚	12	10
D6	男	22	饿了么	厦门	未婚	12	8~10
D7	男	25	美团	厦门	未婚	24	10
D8	男	26	饿了么	厦门	未婚	8	9~11
D9	男	25	饿了么	厦门	未婚	8	7~8
D10	男	21	饿了么	厦门	未婚	12	9~10

续表

编号	性别	年龄	平台	城市	婚姻状况	工作时长（月）	每天工作时长（小时）
D11	男	22	美团	广州	未婚	4	11
D12	男	27	美团	广州	已婚	12	12
D13	男	24	饿了么	广州	已婚	6	10
D14	男	26	饿了么	广州	已婚	36	10
D15	男	22	饿了么	广州	未婚	5	11
D16	男	30	美团	广州	未婚	6	9
D17	男	19	美团	广州	未婚	3	6.5~8
D18	男	32	美团	广州	已婚	36	12
D19	男	56	美团	上海	已婚	36	4
D20	男	26	美团	上海	已婚	10	8
D21	男	33	美团	上海	已婚	6	12
D22	女	27	饿了么	上海	已婚	24	8
D23	男	24	美团	上海	未婚	36	7~8
D24	男	36	美团	上海	已婚	48	9~10
D25	男	35	饿了么	上海	已婚	24	7~8
D26	男	31	饿了么	上海	已婚	48	10
D27	男	27	饿了么	上海	未婚	12	8

注：C代表队长，D代表送餐员

参考文献

[1] Abdalla M J, Said H, Ali L, Ali F, Chen X. COVID-19 and unpaid leave: Impacts of psychological contract breach on organizational distrust and turnover intention: Mediating role of emotional exhaustion[J]. Tourism Management Perspectives.2021, 39(1): 1–9.

[2] Achnak S, Vantilborgh T. Do individuals combine different coping strategies to manage their stress in the aftermath of psychological contract breach over time? A longitudinal study[J]. Journal of Vocational Behavior, 2021, 131: 103651.

[3] Agarwal P. Shattered but smiling: Human resource management and the wellbeing of hotel employees during COVID-19[J]. International Journal of Hospitality Management, 2021, 93(1): 1–10.

[4] Aggarwal U, Bhargava S. Exploring psychological contract contents in India & Colon; The employee and employer perspective[J]. Journal of Indian Business Research, 2009, 1(4): 238–251.

[5] Ahmed P K, Rafiq M. Internal marketing issues and challenges[J]. European Journal of marketing, 2003, 37(9): 1177–1186.

[6] Akhtar M F, Ali K, Sadaqat S, et al. Extent of training in banks and its impact on employees' motivation and involvement in job[J]. Interdisciplinary Journal of Contemporary Research in Business, 2011, 2(12): 793–806.

[7] Akroush M N, Abu-ElSamen A A, Samawi G A, et al. Internal marketing and service quality in restaurants[J]. Marketing Intelligence & Planning, 2013, 31(4): 304–336.

[8] Aldwin C M, Revenson T A. Does coping help? A reexamination of the relation between coping and mental health[J]. Journal of Personality and Social Psychology, 1987, 53(2): 337–348.

[9] Alvaro C, Lyons R F, Warner G, et al. Conservation of resources theory and research use in health systems[J]. Implementation science, 2010, 5(1): 1–20.

[10] Anderson J C, Gerbing D W. Structural equation modeling in practice: A review and recommended two-step approach[J]. Psychological bulletin, 1988, 103(3): 411.

[11] Anicich E M. Flexing and floundering in the on-demand economy: Narrative identity construction under algorithmic management[J]. Organizational Behavior and Human Decision Processes, 2022, 169: 104138.

[12] Anosike U P, Eid R. Integrating internal customer orientation, internal service quality, and customer orientation in the banking sector: An empirical study[J]. The Service Industries Journal, 2021, 31(14): 2487–2505.

[13] Armenakis A A, Bedeian A G. Organizational change: A review of theory and research in the 1990[J]. Journal of management, 1999, 25(3): 293–315. Ashkenas R, Ulrich D, Jick T, et al.

［14］Aselage J, Eisenberger R. Perceived organizational support and psychological contracts: A theoretical integration[J]. Journal of Organizational Behavior, 2003, 24(5): 491–509.

［15］Atkinson C, Cuthbert P. Does one size fit all? A study of the psychological contract in the UK working population[J]. International Journal of Manpower. 2006, 27(7): 647–665.

［16］Auty S, Long G. "Tribal warfare" and gaps affecting internal service quality[J]. International Journal of Service Industry Management, 1999, 10(1): 7–22.

［17］Azzolini M C, Lingle J H. Internal service performance[J]. Quality, 1993, 32(11): 38.

［18］Bagozzi R P, Heatherton T F. A general approach to representing multifaceted personality constructs: Application to state self-esteem[J]. Structural Equation Modeling: A Multidisciplinary Journal, 1994, 1(1): 35–67.

［19］Bai B, Brewer K P, Sammons G, et al. Job satisfaction, organizational commitment, and internal service quality: A case study of Las Vegas hotel/casino industry[J]. Journal of Human Resources in Hospitality & Tourism, 2006, 5(2): 37–54.

［20］Baum T, Mooney S K, Robinson N, Solnet D. COVID-19's impact on the hospitality workforce - new crisis or amplification of the norm?[J]. International Journal of Contemporary Hospitality Management, 2020, 32(9): 2813–2829.

［21］Bellou V, Andronikidis A. The impact of internal service quality on customer service behaviour: Evidence from the banking sector[J]. International Journal of Quality & Reliability Management, 2008, 25(9): 943–954.

[22] Berger T, Frey C B, Levin G, et al. Uber happy? Work and well-being in the 'gig economy'[J]. Economic Policy, 2019, 34(99): 429–477.

[23] Berry L L, Hensel J S, Burke M C. Improving retailer capability for effective consumerism response[J]. Journal of Retailing, 1976, 52(3): 3–14.

[24] Berry L L, Parasuraman A. Services marketing starts from within[J]. Marketing management, 1992, 1(1): 24–34.

[25] Beydilli, E T, Kurt M. Comparison of management styles of local and foreign hotel chains in Turkey: A cultural perspective[J].Tourism Management, 2020, 79, 104018.

[26] Bhave D P, Teo L H, Dalal R S. Privacy at work: A review and a research agenda for a contested terrain[J]. Journal of Management, 2020, 46(1): 127–164.

[27] Biedenbach T, Söderholm A. The challenge of organizing change in hypercompetitive industries: A literature review[J]. Journal of change management, 2008, 8(2): 123–145.

[28] Bolin G, Andersson Schwarz J. Heuristics of the algorithm: Big data, user interpretation and institutional translation[J]. Big Data and Society, 2015, 2(2): 2053951715608406.

[29] Boshoff C, Mels G. A causal model to evaluate the relationships among supervision, role stress, organizational commitment and internal service quality[J]. European Journal of Marketing, 1995, 29(2): 23–42.

[30] Bouranta N, Chitiris L, Paravantis J. The relationship between internal and external service quality[J]. International Journal of Contemporary Hospitality Management, 2009, 21(3): 275–293.

[31] Brady M K, Cronin J J. Customer orientation effects on customer service perceptions and outcome behaviors[J]. Journal of service Research, 2001, 3(3): 241–251.

[32] Brady M K. Some new thoughts on conceptualizing perceived service quality: A hierarchical approach[J]. Journal of Marketing, 2001, 65(3):34–49.

[33] Brandon-Jones A, Silvestro R. Measuring internal service quality: Comparing the gap-based and perceptions-only approaches[J]. International Journal of Operations & Production Management, 2010, 30(12): 1291–1318.

[34] Brien A, Smallman C. The respected manager... the organisational social capital developer[J]. International Journal of Hospitality Management, 2011, 30(3): 639–647.

[35] Brislin R W. Back-translation for cross-cultural research[J]. Journal of cross-cultural psychology, 1970, 1(3): 185–216.

[36] Brooks R F, Lings I N, Botschen M A. Internal marketing and customer driven wavefronts[J]. Service Industries Journal, 1999, 19(4): 49–67.

[37] Brown T J, Mowen J C, Donavan D T, et al. The customer orientation of service workers: Personality trait effects on self- and supervisor performance ratings[J]. Journal of marketing research, 2002, 39(1): 110–119.

[38] Buchanan D, Fitzgerald L, Ketley D, et al. No going back: A review of the literature on sustaining organizational change[J]. International Journal of Management Reviews, 2010, 7(3):189–205.

[39] Bucher E L, Schou P K, Waldkirch M. Pacifying the algorithm–

Anticipatory compliance in the face of algorithmic management in the gig economy[J]. Organization, 2021, 28(1): 44-67.

[40] Budhwar P, Malik A, De Silva M T T, et al. Artificial intelligence-challenges and opportunities for international HRM: A review and research agenda[J]. The International Journal of Human Resource Management, 2022, 33(6): 1065-1097.

[41] Burawoy M. Manufacturing consent: Changes in the labor process under monopoly capitalism[M]. Chicago: University of Chicago Press, 1980.

[42] Burbano V C, Chiles B. Mitigating gig and remote worker misconduct: Evidence from a real effort experiment[J]. Organization Science, 2022, 33(4): 1273-1299.

[43] Cameron L D, Rahman H. Expanding the locus of resistance: Understanding the co-constitution of control and resistance in the gig economy[J]. Organization Science, 2022, 33(1): 38-58.

[44] Cameron L D. "Making Out" While Driving: Relational and Efficiency Games in the Gig Economy[J]. Organization Science, 2022, 33(1): 231-252.

[45] Carlson J R, Carlson D S, Zivnuska S, et al. Applying the job demands resources model to understand technology as a predictor of turnover intentions[J]. Computers in Human Behavior, 2017, 77: 317-325.

[46] Caruana A, Pitt L. INTQUAL-an internal measure of service quality and the link between service quality and business performance[J]. European Journal of Marketing, 1997, 31(8): 604-616.

［47］Catterall M, Maclaran P. Focus groups in marketing research[J]. Handbook of qualitative research methods in marketing, 2006: 255-267.

［48］Chang W J A, Wang Y S, Huang T C. Work design-related antecedents of turnover intention: A multilevel approach[J]. Human Resource Management, 2013, 52(1): 1-26.

［49］Charmaz K. Constructing grounded theory: A practical guide through qualitative analysis[M]. CA: Sage press, 2006.

［50］Chen W J. Factors influencing internal service quality at international tourist hotels[J]. International Journal of Hospitality Management, 2013, 35: 152-160.

［51］Chen X P, Xie X, Chang S. Cooperative and competitive orientation among Chinese people: Scale development and validation[J]. Management and Organization Review, 2011, 7(2): 353-379.

［52］Cheng M, Foley C. Algorithmic management: The case of Airbnb[J]. International Journal of Hospitality Management, 2019, 83: 33-36.

［53］Chiang C F, Hsieh T S. The impacts of perceived organizational support and psychological empowerment on job performance: The mediating effects of organizational citizenship behavior[J]. International Journal of Hospitality Management, 2012, 31(1): 180-190.

［54］Chiang F F T, Birtch T A. Reward climate and its impact on service quality orientation and employee attitudes[J]. International Journal of Hospitality Management, 2011, 30(1): 3-9.

[55] Chung R K. TQM: Internal client satisfaction[J]. Business Credit, 1993, 95(4): 26–39.

[56] Cohen D, Strayer J. Empathy in construct-disordered and comparison youth[J]. Developmental Psychology, 1996, 32: 988–998.

[57] Collins P D, Ryan L V, Matusik S F. Programmable automation and the locus of decision-making power[J]. Journal of Management, 1999, 25(1): 29–53.

[58] Conway N, Kiefer T, Hartley J, Briner R B. Doing more with less? Employee reaction to psychological contract breach via target similarity or spillover during public sector organizational change [J]. British Journal of Management, 2014, 25(4): 737–754.

[59] Cook C, Thompson B. Reliability and validity of SERVQUAL scores used to evaluate perceptions of library service quality[J]. The Journal of Academic Librarianship, 2000, 26(4): 248–258.

[60] Corbin J, Strauss A. Basics of qualitative research: Techniques and procedures for developing grounded theory[M]. CA: Sage publications, 1998.

[61] Coyle-S J A-M, Costa S P, Doden W, Chang C. Psychological contracts: Past, present, and future [J]. Annual Review of Organizational Psychology and Organizational Behavior, 2019, 6(6): 145–169.

[62] Coyle-S J-M, Parzefall M. Psychological contracts[M]. London: SAGE, 2008.

[63] Creswell J W, Clark V L P. Designing and conducting mixed methods research[M]. Thousand Oaks, CA: Sage, 2011.

[64] Curchod C, Patriotta G, Cohen L, et al. Working for an algorithm: Power asymmetries and agency in online work settings[J]. Administrative Science Quarterly, 2020, 65(3): 644–676.

[65] Davis M H. Individual differences in empathy: A multidimensional approach. Journal of Personality & Social Psychology, 1980, 10(85), 85–95.

[66] Davis T R V. Internal service operations: Strategies for increasing their effectiveness and controlling their cost[J]. Organizational Dynamics, 1991, 20(2): 5–22.

[67] De N. Crisis management, tourism and sustainability: The role of indicators[J]. Journal of Sustainable Tourism, 2007, 15(6): 700–714.

[68] Delfanti A. Machinic dispossession and augmented despotism: Digital work in an Amazon warehouse[J]. New Media and Society, 2021, 23(1): 39–55.

[69] Denzin N K. Re-Reading "The Sociological Imagination"[J]. The American Sociologist, 1989, 20(3): 278–282.

[70] Dietvorst B J, Simmons J P, Massey C. Algorithm aversion: People erroneously avoid algorithms after seeing them err[J]. Journal of Experimental Psychology: General, 2015, 144(1): 114–126.

[71] Doern R, Williams N, Vorley T. Special issue on entrepreneurship and crises: Business as usual? An introduction and review of the literature[J]. Entrepreneurship & Regional Development, 2019, 31(5): 400–412.

[72] Dong J, Ibrahim R. Managing supply in the on-demand

economy: Flexible workers, full-time employees, or both?[J]. Operations Research, 2020, 68(4): 1238–1264.

[73] Drejer I. Identifying innovation in surveys of services: A Schumpeterian perspective[J]. Research policy, 2004, 33(3): 551–562.

[74] Du Y, Liu H. Analysis of the influence of psychological contract on employee safety behaviors against COVID-19[J]. International Journal of Environmental Research and Public Health, 2020, 17(18): 6747.

[75] Duggan J, Sherman U, Carbery R, et al. Algorithmic management and app-work in the gig economy: A research agenda for employment relations and HRM[J]. Human Resource Management Journal, 2020, 30(1): 114–132.

[76] Dyer W G, Wilkins A L. Better stories, not better constructs, to generate better theory: A rejoinder to Eisenhardt[J]. Academy of Management Review, 1991, 16(3): 613–619.

[77] Edvardsson I R, Durst S. Human resource management in crisis situations: A Systematic Literature Review[J]. Sustainability, 2021, 13(22): 1–17.

[78] Evans J R, Lindsay W M. The management and control of quality[M]. Paul, MN: West Publishing, 1996.

[79] Farner S, Luthans F, Sommer S M. An empirical assessment of internal customer service[J]. Managing Service Quality: An International Journal, 2001, 11(5): 350–358.

[80] Faulkner B. Towards a framework for tourism disaster management[J]. Tourism Management, 2001, 22(2): 135–147.

[81] Feldman M S, Pentland B T. Reconceptualizing organizational

routines as a source of flexibility and change[J]. Administrative science quarterly, 2003, 48(1): 94-118.

[82] Felstead A, Henseke G. Assessing the growth of remote working and its consequences for effort, well-being and work-life balance[J]. New Technology, Work and Employment, 2017, 32(3): 195-212.

[83] Field J M, Victorino L, Buell R W, et al. Service operations: What's next?[J]. Journal of Service Management, 2018, 29(1): 55-97.

[84] Finn D W, Baker J, Marshall G W, Anderson R. Total quality management and internal customers: Measuring internal service quality[J]. Journal of Marketing Theory and Practice, 1996, 4(3): 36-51.

[85] Flick U. An introduction to qualitative research[M]. London: Sage Publications, 2002.

[86] Frederick D, Charles A A, Francis E A, Issahaku A. Managing the COVID-19 crisis: Coping and post-recovery strategies for hospitality and tourism businesses in Ghana[J]. Journal of Hospitality and Tourism Insights, 2020, 4(4): 373-392.

[87] Freeman F H. When it hits the fan: Managing the nine crises of Business[M]. USA: Wiley, 1987.

[88] Freire K, Sangiorgi D. Service design and healthcare innovation: From consumption to co-production to co-creation[C]// Proceedings of 2nd Service Design and Service Innovation conference, ServDes. 2010. Linköping Electronic Conference Proceedings, 2010: 39-50.

[89] Frost F A, Kumar M. Service quality between internal customers

and internal suppliers in an international airline[J]. International Journal of Quality & Reliability Management, 2001, 18(4): 371–386.

[90] Furunes T, Mkono M. Service-delivery success and failure under the sharing economy[J]. International Journal of Contemporary Hospitality Management, 2019, 31(8), 3352–3370.

[91] Gal U, Jensen T B, Stein M K. Breaking the vicious cycle of algorithmic management: A virtue ethics approach to people analytics[J]. Information and Organization, 2020, 30(2): 100301.

[92] Galière S. When food-delivery platform workers consent to algorithmic management: A Foucauldian perspective[J]. New Technology, Work and Employment, 2020, 35(3): 357–370.

[93] Gandini A. Labour process theory and the gig economy[J]. Human Relations, 2019, 72(6): 1039–1056.

[94] Gao G Y, Murray J Y, Kotabe M, Lu J. A "strategy tripod" perspective on export behaviors: Evidence from domestic and foreign firms based in an emerging economy[J]. Journal of International Business Studies, 2010, 41(3): 377–396.

[95] Giousmpasoglou C, Marinakou E, Zopiatis A. Hospitality managers in turbulent times: The COVID-19 crisis[J]. International Journal of Contemporary Hospitality Management, 2021, 33(4): 1297–1318.

[96] Giroux M, Kim J, Lee J C, et al. Artificial intelligence and declined guilt: Retailing morality comparison between human and AI[J]. Journal of Business Ethics, 2022, 178(4): 1027–1041.

[97] Glaser B G, Strauss A L. The Discovery of Grounded Theory: Strategies for Qualitative Research[M]. New York: Aldine

Publishing Company, 1967.

［98］Glaser B G. Basis of grounded theory analysis[M]. CA: Sociology Press, 1992.

［99］Glaser B G. Theoretical sensitivity: Advances in the methodology of grounded theory[M]. CA: Sociology Press, 1978.

［100］Glavin P, Bierman A, Schieman S. Über-alienated: Powerless and alone in the gig economy[J]. Work and Occupations, 2021, 48(4): 399–431.

［101］Goebel S, Weißenberger B E. The relationship between informal controls, ethical work climates, and organizational performance[J]. Journal of Business Ethics, 2017, 141(3): 505–528.

［102］Goh E, Lee C. A workforce to be reckoned with: The emerging pivotal Generation Z hospitality workforce[J]. International Journal of Hospitality Management, 2018, 73: 20–28.

［103］Gondal U H, Shahbaz M. Interdepartmental communication increases organizational performance keeping HRM as a mediating variable[J]. Journal of Asian Business Strategy, 2012, 2(6): 127–141.

［104］Goods C, Veen A, Barratt T. "Is your gig any good?" Analysing job quality in the Australian platform-based food-delivery sector[J]. Journal of Industrial Relations, 2019, 61(4): 502–527.

［105］Gounaris S P. Internal-market orientation and its measurement[J]. Journal of Business Research, 2006, 59(4): 432–448.

[106] Greenleaf, R. K. Servant leadership: A journey into the nature of legitimate power and greatness[M]. New York: Paulist Press, 1977.

[107] Gremler D D, Bitner M J, Evans K R. The internal service encounter[J]. International Journal of Service Industry Management, 1994, 5(2): 34–56.

[108] Griesbach K, Reich A, Elliott-Negri L, et al. Algorithmic control in platform food delivery work[J]. Socius, 2019, 5: 1–15.

[109] Grönroos C. A service quality model and its marketing implications[J]. European Journal of marketing, 1984, 18(4): 36–44.

[110] Grönroos C. Service management and marketing: Customer management in service competition[M]. Chichester: Wiley, 2007.

[111] Grönroos C. Service management and marketing[M]. Lexington, MA: Lexington books, 1990.

[112] Grönroos C. Strategic management and marketing in the service sector[M]. Helsinki: Kriger, 1982.

[113] Gu G, Zhu F. Trust and disintermediation: Evidence from an online freelance marketplace[J]. Management Science, 2021, 67(2): 794–807.

[114] Guda H, Subramanian U. Your Uber is arriving: Managing on-demand workers through surge pricing, forecast communication, and worker incentives[J]. Management Science, 2019, 65(5): 1995–2014.

[115] Gummerson E. Service design and quality: Applying service

blueprinting and service mapping to railway services'[C]// Proceedings of a workshop on quality management in services, Brussels: European Institute for Advance Studies in Management, EIASM, 1991.

[116] Hair J. F, Black B, Babin B, et al. Multivariate data analysis[M]. Upper Saddle River, NJ: Prentice Hall, 2006.

[117] Hall C M, Prayag G, Amore A. Tourism and Resilience: Individual, Organizational and Destination Perspectives[M]. Bristol, UK: Channel View Publications, 2018.

[118] Hallowell R, Schlesinger L A, Zornitsky J. Internal service quality, customer and job satisfaction: Linkages and implications for management[J]. Human Resource Planning, 1996, 19(2): 20–31.

[119] Hammer M, Champy J. Business process reengineering[J]. London: Nicholas Brealey, 1993, 444(10): 730–755.

[120] Hammersley M. What's wrong with ethnography?[M]. London: Routledge, 2013.

[121] Heiland H. Controlling space, controlling labour? Contested space in food delivery gig work[J]. New Technology, Work and Employment, 2021, 36(1): 1–16.

[122] Heiland H. Neither timeless, nor placeless: Control of food delivery gig work via place-based working time regimes[J]. Human Relations, 2022, 75(9): 1824–1848.

[123] Heskett J L, Sasser W E, Schlesinger L A. The service profit chain: How leading companies link profit and growth to loyalty, satisfaction, and value[M]. New York: Simon & Schuster Press, 1997, 18–19.

[124] Heskett J L, Schlesinger L A. Putting the service-profit chain to work[J]. Harvard Business Review, 1994, 72(2): 164–174.

[125] Hobfoll S E. Conservation of resources. A new attempt at conceptualizing stress[J]. The American psychologist, 1989, 44(3): 513–24.

[126] Hobfoll S E. The Influence of culture, community, and the nested-self in the stress process: Advancing conservation of resources theory[J]. Applied Psychology, 2001, 50(3): 337–421.

[127] Hoise P, Smith C. Preparing for crisis: On-line security management education[J]. Research and Practice in Human Resource Management, 2004, 12(2): 90–127.

[128] Holzinger A, Jurisica I. Knowledge discovery and data mining in biomedical informatics: The future is in integrative, interactive machine learning solutions[M]. Berlin, Heidelberg: Springer, 2014.

[129] Hu X, Yan H, Casey T, Wu C-H. Creating a safe haven during the crisis: How organizations can achieve deep compliance with COVID-19 safety measures in the hospitality industry[J]. International Journal of Hospitality Management, 2021, 92(1): 1–11.

[130] Huang H. Algorithmic management in food-delivery platform economy in China[J]. New Technology, Work and Employment, 2022: 1–21.

[131] Huang M H, Rust R T. Artificial intelligence in service[J]. Journal of Service Research, 2018, 21(2): 155–172.

[132] Institute for Crisis Management. Annual ICM crisis report:

News coverage of business crises during 2003[M]. USA: Louisville K Y, 2004.

[133] Israeli A A, Mohsin A, Kumar B. Hospitality crisis management practices: The case of Indian luxury hotels[J]. International Journal of Hospitality Management, 2011, 30(2): 367-374.

[134] Jeske D, Santuzzi A M. Monitoring what and how: Psychological implications of electronic performance monitoring[J]. New Technology, Work and Employment, 2015, 30(1): 62-78.

[135] Jiang Z, Hu X. Knowledge sharing and life satisfaction: The roles of colleague relationships and gender[J]. Social Indicators Research, 2016, 126: 379-394.

[136] Jun M, Cai S. Examining the relationships between internal service quality and its dimensions, and internal customer satisfaction[J]. Total Quality Management, 2010, 21(2): 205-223.

[137] Kaine S, Josserand E. The organisation and experience of work in the gig economy[J]. Journal of Industrial Relations, 2019, 61(4): 479-501.

[138] Kamoche K. Riding the typhoon: The HR response to the economic crisis in Hong Kong[J]. International Journal of Human Resource Management, 2003, 14(2): 199-221.

[139] Kang G D, Jame J, Alexandris K. Measurement of internal service quality: Application of the SERVQUAL battery to internal service quality[J]. Managing Service Quality: An International Journal, 2002, 12(5): 278-291.

[140] Kaur D, Uslu S, Rittichier K J, et al. Trustworthy artificial intelligence: A review[J]. ACM Computing Surveys (CSUR), 2022, 55(2): 1–38.

[141] Kellogg K C, Valentine M A, Christin A. Algorithms at work: The new contested terrain of control[J]. Academy of Management Annals, 2020, 14(1): 366–410.

[142] Kirk J, Miller, M L. Reliability and validity in qualitative research[M]. CA: Sage, 1986.

[143] Kline R B. Principles and practice of structural equation modeling[M]. New York: The Guilford Press, 2011.

[144] Koska M T. Surveying customer needs, not satisfaction, is crucial to CQI[J]. Hospitals, 1992, 66(21): 50, 52, 54.

[145] Kraemer F, Van Overveld K, Peterson M. Is there an ethics of algorithms?[J]. Ethics and Information Technology, 2011, 13(3): 251–260.

[146] Krischer M M, Penney L M, Hunter E M. Can counterproductive work behaviors be productive? CWB as emotion-focused coping[J]. Journal of Occupational Health Psychology, 2010, 15(2): 154–166.

[147] Kruglanski A. Issues in cognitive social psychology[C]. In The Hidden Cost of Reward: New Perspectives on the Psychology of Human Motivation, New York: John Wiley, 1978.

[148] Kubickova M, Kirimhan D, Li H. The impact of crises on hotel rooms' demand in developing economies: The case of terrorist attacks of 9/11 and the global financial crisis of 2008[J]. Journal of Hospitality and Tourism Management, 2019, 38(1): 27–38.

[149] Kuei C H. Internal service quality-an empirical assessment[J]. International Journal of Quality & Reliability Management, 1999, 16(8): 783-791.

[150] Kunda, G. Engineering culture: Control and commitment in a high-tech corporation[M]. Philadelphia, PA: Temple University Press, 1992.

[151] Lambrecht A, Tucker C. Algorithmic bias? An empirical study of apparent gender-based discrimination in the display of STEM career ads[J]. Management science, 2019, 65(7): 2966-2981.

[152] Large R O, König T. A gap model of purchasing's internal service quality: Concept, case study and internal survey[J]. Journal of Purchasing and Supply Management, 2009, 15(1): 24-32.

[153] Latack J C, Havlovic S J. Coping with job stress: A conceptual evaluation framework for coping measures[J]. Journal of Organizational Behavior, 1992, 13(5): 479-508.

[154] Latif K F, Baloch Q B. Role of internal service quality (ISQ) in the relationship between internal marketing and organizational performance[J]. Abasyn University Journal of Social Sciences, 2015, 8(2): 1-22.

[155] Latif K F, Ullah M. An Empirical Investigation into the relationship between organizational culture, internal service quality (ISQ) and organizational performance[J]. Abasyn University Journal of Social Sciences, 2016, 9(1), 31-53.

[156] Lazar J, Feng J H, Hochheiser H. Research methods in human-computer interaction[M]. Morgan Kaufmann, 2017.

[157] Le D, Phi G T, Le T H. Integrating chaotic perspective and behavioral learning theory into a global pandemic crisis management framework for hotel service providers[J]. Service Science, 2021, 13(4): 275-293.

[158] Lee C, Liu J, Rousseau D M, Hui C, Chen Z X. Inducements, contributions, and fulfillment in new employee psychological contracts[J]. Human Resource Management, 2011, 50(2): 201-226.

[159] Lee K J. Attitudinal dimensions of professionalism and service quality efficacy of frontline employees in hotels[J]. International Journal of Hospitality Management, 2014, 41: 140-148.

[160] Lee M K, Kusbit D, Metsky E, et al. Working with machines: The impact of algorithmic and data-driven management on human workers[C]. New York: ACM, 2015.

[161] Lee M K. Understanding perception of algorithmic decisions: Fairness, trust, and emotion in response to algorithmic management[J]. Big Data and Society, 2018, 5(1): 1-16.

[162] Lee S M, Kim J, Choi Y, et al. Effects of IT knowledge and media selection on operational performance of small firms[J]. Small Business Economics, 2009, 32: 241-257.

[163] Leighton P. Professional self-employment, new power and the sharing economy: Some cautionary tales from Uber[J]. Journal of Management and Organization, 2016, 22(6): 859-874.

[164] Li H, Zhang Y. The role of managers' political networking and functional experience in new venture performance: Evidence from China's transition economy[J]. Strategic Management

Journal, 2007, 28(8): 791–804.

[165] Li J, Wong I A, Kim W G. Effects of psychological contract breach on attitudes and performance: The moderating role of competitive climate[J]. International Journal of Hospitality Management, 2016, 55(1): 1–10.

[166] Li Z, Duverger P, Yu L. Employee creativity trumps supervisor-subordinate guanxi: Predicting prequitting behaviors in China's hotel industry[J]. Tourism Management, 2018, 69: 23–37.

[167] Lin P M C, Au W C, Leung V T Y, et al. Exploring the meaning of work within the sharing economy: A case of food-delivery workers[J]. International Journal of Hospitality Management, 2020, 91: 102686.

[168] Lin P M C, Peng K L, Au W C, et al. Food-delivery workers in the sharing economy: Supply-side human resource transformation[J]. International Journal of Hospitality and Tourism Administration, 2021: 1–26.

[169] Lindebaum D, Vesa M, Den Hond F. Insights from "the machine stops" to better understand rational assumptions in algorithmic decision making and its implications for organizations[J]. Academy of Management Review, 2020, 45(1): 247–263.

[170] Ling Q, Lin M, Wu X. The trickle-down effect of servant leadership on frontline employee service behaviors and performance: A multilevel study of Chinese hotels[J]. Tourism Management, 2016, 52: 341–368.

[171] Lings I N. Internal market orientation: Construct and consequences[J]. Journal of Business Research, 2004, 57(4):

405-413.

[172] Liu M, Brynjolfsson E, Dowlatabadi J. Do digital platforms reduce moral hazard? The case of Uber and taxis[J]. Management Science, 2021, 67(8): 4665-4685.

[173] Locke S. Sociology and the public understanding of science: From rationalization to rhetoric1[J]. The British Journal of Sociology, 2001, 52(1): 1-18.

[174] Locke, K. Grounded Theory in Management Research[M]. Thousand Oaks, California: Sage Publications, 2001.

[175] Longbottom D, Mayer R, Casey J. Marketing, total quality management and benchmarking: Exploring the divide[J]. Journal of Strategic Marketing, 2000, 8(4): 327-340.

[176] Loveman G W. Employee satisfaction, customer loyalty, and financial performance an empirical examination of the service profit chain in retail banking[J]. Journal of Service Research, 1998, 1(1): 18-31.

[177] Lundberg C, Gudmundson A, Andersson T D. Herzberg's Two-Factor Theory of work motivation tested empirically on seasonal workers in hospitality and tourism[J]. Tourism Management, 2009, 30(6): 890-899.

[178] Luria G, Gal I, Yagil D. Employees' willingness to report service complaints[J]. Journal of Service Research, 2009, 12(2): 156-174.

[179] Macneil I R. Relational contract: What we do know and do not know[J]. Wisconsin Law Review, 1985, 3(1): 483-525.

[180] Maffie M D. The perils of laundering control through customers: A study of control and resistance in the ride-hail

industry[J]. ILR Review, 2022, 75(2): 348-372.
[181] Mahmud H, Islam A K M N, Ahmed S I, et al. What influences algorithmic decision-making? A systematic literature review on algorithm aversion[J]. Technological Forecasting and Social Change, 2022, 175: 121390.
[182] Mansour S, Tremblay D G. Workload, generic and work-family specific social supports and job stress: Mediating role of work-family and family-work conflict[J]. International Journal of Contemporary Hospitality Management, 2016, 28(8): 1778-1804.
[183] Marinova D, de Ruyter K, Huang M H, et al. Getting smart: Learning from technology-empowered frontline interactions[J]. Journal of Service Research, 2017, 20(1): 29-42.
[184] Martin D, Isozaki M. Hotel marketing strategies in turbulent times: Path analysis if strategic decisions[J]. Journal of Business Research, 2013, 66(9): 1544-1549.
[185] Maxwell J. Intergrity quantity and quality research design[M]. Cambridge, MA: Harvard Graduate School of Education, 1995.
[186] McCormack K. Business process orientation: Do you have it?[J]. Quality Progress, 2001, 34(1): 51-60.
[187] McDermott L C, Emerson M. Quality and service for internal customers[J]. Training & Development, 1991, 45(1): 61-65.
[188] Mehrabian A, Russell J A. An approach to environmental psychology[M]. The MIT Press, 1974:62-65.
[189] Meijerink J, Keegan A, Bondarouk T. Having their cake and eating it too? Online labor platforms and human resource management as a case of institutional complexity[J]. The

International Journal of Human Resource Management, 2021, 32(19): 4016–4052.

[190] Mekawy M, Elbaz A M, Shabana M M, Soliman M. Breaking the psychological contract of travel agency employees during the COVID-19 pandemic: The moderating role of mindfulness[J]. Tourism & Hospitality Research, 2021,

[191] Menguc B, Bell S J. The employee-organization relationship, organizational citizenship behaviors, and superior service quality[J]. Journal of Retailing, 2002, 78(2):131–146.

[192] Metz I, Kulik C, Brown M, Cregan C. Changes in psychological contracts during the global financial crisis: The manager's perspective[J]. International Journal of Human Resource Management, 2012, 23(20): 4359–4379.

[193] Miller D. A look at past unplanned events' effects on hotels[Z]. http://hotelnewsnow.com/Articles/298011/A-look-at-past-unplanned-events-effects-on-hotels, 2020–09–09.

[194] Möhlmann M, Zalmanson L, Henfridsson O, et al. Algorithmic management of work on online labor platforms: When matching meets control[J]. MIS Quarterly, 2021, 45(4): 1999–2022.

[195] Morrison E W, Robinson S L. When employees feel betrayed: A model of how psychological contract violation develops [J]. Academy of Management Review, 1997, 22(1): 226–256.

[196] Myhill K, Richards J, Sang K. Job quality, fair work and gig work: The lived experience of gig workers[J]. The International Journal of Human Resource Management, 2021, 32(19): 4110–4135.

[197] Navio-M J, Ruiz-G L, Sevilla-S C. Progress in information technology and tourism management: 30 years on and 20 years after internet-revisiting buhalis & law's landmark study about Tourism[J]. Tourism Management, 2018, 60(1): 460–470.

[198] Neuendorf K A. The content analysis guidebook[M]. Thousand Oaks, CA: Sage Publications, 2002.

[199] Newlands G. Algorithmic surveillance in the gig economy: The organization of work through Lefebvrian conceived space[J]. Organization Studies, 2021, 42(5): 719–737.

[200] Norlander P, Jukic N, Varma A, et al. The effects of technological supervision on gig workers: Organizational control and motivation of Uber, taxi, and limousine drivers[J]. The International Journal of Human Resource Management, 2021, 32(19): 4053–4077.

[201] Ostrom A L, Parasuraman A, Bowen D E, et al. Service research priorities in a rapidly changing context[J]. Journal of service research, 2015, 18(2): 127–159.

[202] Pappas N. Achieving competitiveness in Greek accommodation establishments during recession[J]. International Journal of Tourism Research, 2015, 17(4): 375–387.

[203] Paraskevas A, Quek M. When gastro seized the Hilton: Risk and crisis management lessons from the past[J]. Tourism Management, 2019, 70(1): 419–429.

[204] Paraskevas A. Internal service encounters in hotels: An empirical study[J]. International Journal of Contemporary Hospitality Management, 2001, 13(6): 285–292.

[205] Parasuraman A, Zeithaml V A, Berry L L. A conceptual model

of service quality and its implication for future research[J]. Journal of Marketing, 1985, 49(4): 41–50.

[206] Park J, Kim H J. How and when does abusive supervision affect hospitality employees' service sabotage? [J]. International Journal of Hospitality Management, 2019, 83(1): 190–197.

[207] Parth S, Bathini D R. Microtargeting control: Explicating algorithmic control and nudges in platform-mediated cab driving in India[J]. New Technology, Work and Employment, 2021, 36(1): 74–93.

[208] Patton M Q. Qualitative Evaluation and Research Methods[M]. Newbury Park, CA: Sage Publications, 1990.

[209] Pérez López S, Manuel Montes Peón J, José Vázquez Ordás C. Managing knowledge: The link between culture and organizational learning[J]. Journal of Knowledge Management, 2004, 8(6): 93–104.

[210] Petriglieri G, Ashford S J, Wrzesniewski A. Agony and ecstasy in the gig economy: Cultivating holding environments for precarious and personalized work identities[J]. Administrative Science Quarterly, 2019, 64(1): 124–170.

[211] Pimpakorn N, Patterson P G. Customer-oriented behaviour of front-line service employees: The need to be both willing and able[J]. Australasian Marketing Journal, 2010, 18(2): 57–65.

[212] Podsakoff P M, MacKenzie S B, Lee J Y, et al. Common method biases in behavioral research: A critical review of the literature and recommended remedies[J]. Journal of Applied Psychology, 2003, 88(5): 879–903.

［213］Popan C. Embodied precariat and digital control in the "gig economy": The mobile labor of food delivery workers[J]. Journal of Urban Technology, 2021: 1–20.

［214］Porcu L, del Barrio-García S, Kitchen P J, et al. The antecedent role of a collaborative vs. a controlling corporate culture on firm-wide integrated marketing communication and brand performance[J]. Journal of Business Research, 2020, 119: 435–443.

［215］Porras J I, Silvers R C. Organization development and transformation[J]. Annual review of Psychology, 1991, 42(1): 51–78.

［216］Preacher K J, Hayes A F. Asymptotic and resampling strategies for assessing and comparing indirect effects in multiple mediator models[J]. Behavior Research Methods, 2008, 40(3): 879–891.

［217］Prentice. Linking internal service quality and casino dealer performance[J]. Journal of Hospitality Marketing & Management, 2018, 27(6): 733–753.

［218］Qiu R T, Park J, Li S, Song H. Social costs of tourism during the COVID-19 pandemic[J]. Annals of Tourism Research, 2020, 84(1): 1–14.

［219］Radic A, Law R, Luke M, Kang H, Ariza M A, Arjona F J M, Han H. Apocalypse now or overreaction to Coronavirus: The global cruise tourism industry crisis[J]. Sustainability, 2020, 12(17): 1–19.

［220］Rafaeli A, Altman D, Gremler D D, et al. The future of frontline research: Invited commentaries[J]. Journal of Service

Research, 2017, 20(1): 91–99.

[221] Rahman H A. The invisible cage: Workers' reactivity to opaque algorithmic evaluations[J]. Administrative Science Quarterly, 2021, 66(4): 945–988.

[222] Raub S, Liao H. Doing the right thing without being told: Joint effects of initiative climate and general self-efficacy on employee proactive customer service performance[J]. Journal of applied psychology, 2012, 97(3): 651.

[223] Reinke, S. J. Service before self: Towards a theory of servant leadership[J]. Global Virtue Ethics Review, 2004, 5(3), 30–57.

[224] Restubog S L D, Bordia P, Tang R L, Krebs S A. Investigating the moderating effects of leader-member exchange in the psychological contract breach-employee performance relationship: A test of two competing perspectives[J]. British Journal of Management, 2010, 21(2): 422–437.

[225] Reynoso J, Moores B. Towards the measurement of internal service quality[J]. International Journal of Service Industry Management, 1995, 6(3): 64–83.

[226] Ritchie B W. Chaos, crises and disasters: A strategic approach to crisis management in the tourism industry[J]. Tourism Management, 2004, 25(6): 669–683.

[227] Robinson S L, Kraatz M S, Rousseau D M. Changing obligations and the psychological contract: A longitudinal study[J]. Academy of Management Journal, 1994, 37(1): 137–152.

[228] Rosenblat A, Stark L. Algorithmic labor and information asymmetries: A case study of Uber's drivers[J]. International

Journal of Communication, 2016, 10: 3758-3784.
[229] Rossell'o J, Becken S, Santana G M. The effects of natural disasters on international tourism: A global analysis[J]. Tourism Management, 2020, 79(1): 1-10.
[230] Rousseau D M. 1989. Psychological and implied contracts in organizations[J]. Employee Responsibilities & Rights Journal, 1989, 2(2): 121-139.
[231] Rousseau D M. New hire perceptions of their own and their employer's obligations: A study of psychological contracts[J]. Journal of Organizational Behaviour, 1990, 11(5): 389-400.
[232] Rousseau D M. Psychological contracts in organizations: Understanding written and unwritten agreements[M]. Thousand Oaks, CA: SAGE, 1995.
[233] Ryan R M, Deci E L. Self-determination theory and the facilitation of intrinsic motivation, social development, and well-being[J]. The American psychologist, 2000, 55(1): 68-78.
[234] Sangiorgi D. Transformative Services and Transformation Design[J]. International Journal of Design, 2010, 5(2):29-40.
[235] Schein E H. Organizational Psychology[M]. Englewood Cliffs, NJ: Prentice Hall, 1965.
[236] Schneider B, Bowen D E. Employee and customer perceptions of service in banks: Replication and extension[J]. Journal of applied Psychology, 1985, 70(3): 42-433.
[237] Schneider B. The service organization: Climate is crucial[J]. Organizational Dynamics, 1980, 9(2): 52-65.
[238] Seeger M W, Sellnow T L, Ulmer R R. Communication, organization, and crisis[M]. USA: Praeger, 2003.

[239] Shapiro A. Between autonomy and control: Strategies of arbitrage in the "on-demand" economy[J]. New Media and Society, 2018, 20(8): 2954–2971.

[240] Sheiner L. How does the coronavirus pandemic compare to the great recession, and what should fiscal policy do now?[Z]. https://www.brookings.edu/blog/up-front/2020/03/12/how-does-the-coronavirus-pandemic-compare-to-the-great-recession-and-what-should-fiscal-policy-do-now/, 2020-03-12.

[241] Shestakofsky B. Working algorithms: Software automation and the future of work[J]. Work and Occupations, 2017, 44(4): 376–423.

[242] Shi F, Shi D, Weaver D, Samaniego-C C E. Adapt to not just survive but thrive: Resilience strategies of five-star hotels at difficult times[J]. International Journal of Contemporary Hospitality Management, 2021, 33(9): 2886–2906.

[243] Sieger P, Zellweger T, Nason R S, Clinton E. Portfolio entrepreneurship in family firms: A resource-based perspective[J]. Strategic Entrepreneurship Journal, 2011, 5(1): 327–351.

[244] Silvestro R, Cross S. Applying the service profit chain in a retail environment: Challenging the "satisfaction mirror"[J]. International Journal of Service Industry Management, 2000, 11(3): 244–268.

[245] Singh J, Brady M, Arnold T, et al. The emergent field of organizational frontlines[J]. Journal of Service Research, 2017, 20(1): 3–11.

[246] Smallman C, Ven A, Tsoukas H, et al. Process studies of change in organization and management: unveiling temporality, emergence and flow[J]. The Academy of Management Journal, 2013, 56(1):1–13.

[247] Smart K, Ma E, Qu H, Ding L. COVID-19 impacts, coping strategies, and management reflection: A lodging industry case[J]. International Journal of Hospitality Management, 2021, 94(1): 1–14.

[248] Smith A B, Katz R W. US billion-dollar weather and climate disasters: Data sources, trends, accuracy and biases[J]. Natural Hazards, 2013, 67(2): 387–410.

[249] Smith Travel Research (STR) Global. Mainland China, Daily Occupancy, Standard, CNY Holiday[Z]. https://str.com/zh-hans/data-insights/resources, 2022-02-22.

[250] Sonmez S F. Tourism, terrorism, and political instability[J]. Annals of Tourism Research, 1998, 25(2): 416–456.

[251] Spencer D, Cole M, Joyce S, et al. Digital automation and the future of work[M]. European Parliament, 2021.

[252] Stamolampros P, Korfiatis N, Chalvatzis K, et al. Job satisfaction and employee turnover determinants in high contact services: Insights from employees' online reviews[J]. Tourism Management, 2019, 75: 130–147.

[253] Stauss B. Internal services: Classification and quality management[J]. International Journal of Service Industry Management, 1995, 6(2): 62–78.

[254] Stea D, Pedersen T, Foss N J. The relational antecedents of interpersonal helping:'Quantity','quality'or both?[J]. British

Journal of Management, 2017, 28(2): 197–212.

[255] Strauss A, Corbin J M. Basics of qualitative research: Grounded theory procedures and techniques[M]. Thousand Oaks, CA: Sage, 1990.

[256] Strauss A, Corbin J. Basics of qualitative research: Techniques and procedures for developing grounded theory[M]. Thousand Oaks, CA: Sage Publications, 1998.

[257] Strauss A. Qualitative analysis for social scientist[M]. New York: Cambridge University Press, 1987.

[258] Strese S, Meuer M W, Flatten T C, et al. Organizational antecedents of cross-functional coopetition: The impact of leadership and organizational structure on cross-functional coopetition[J]. Industrial Marketing Management, 2016, 53: 42–55.

[259] Sun J, Zhang D J, Hu H, et al. Predicting human discretion to adjust algorithmic prescription: A large-scale field experiment in warehouse operations[J]. Management Science, 2022, 68(2): 846–865.

[260] Sun P, Yujie Chen J, Rani U. From flexible labour to 'sticky labour': A tracking study of workers in the food-delivery platform economy of China[J]. Work, Employment and Society, 2021: 09500170211021570.

[261] Sun P. Your order, their labor: An exploration of algorithms and laboring on food delivery platforms in China[J]. Chinese Journal of Communication, 2019, 12(3): 308–323.

[262] Tan Z M, Aggarwal N, Cowls J, et al. The ethical debate about the gig economy: A review and critical analysis[J]. Technology

in Society, 2021, 65: 101594.

[263] Tang J, Pee L G, Iijima J. Business process orientation: an empirical study of its impact on employees' innovativeness[C]// Business Process Management Workshops: BPM 2012 International Workshops, Tallinn, Estonia, September 3, 2012. Revised Papers 10. Springer Berlin Heidelberg, 2013: 451–464.

[264] Taormina R J, Gao J H. A research model for Guanxi behavior: Antecedents, measures, and outcomes of Chinese social networking[J]. Social Science Research, 2010, 39(6): 1195–1212.

[265] The boundaryless organization: Breaking the chains of organizational structure[M]. John Wiley & Sons, 2015.

[266] Thompson P, Van den Broek D. Managerial control and workplace regimes: An introduction[J]. Work, Employment and Society, 2010, 24(3): 1–12.

[267] Thompson P, Vincent S. Labour process theory and critical realism[M]. Basingstoke: Palgrave Macmillan, 2010.

[268] Townsend K, Wilkinson A. Contingent management plans awaiting a contingency: The GFC and workplace change in the Australian hotels sector[J]. Asia Pacific Business Review, 2013, 19(2): 266–278.

[269] Tse H H M, Dasborough M T. A study of exchange and emotions in team member relationships[J]. Group & organization management, 2008, 33(2): 194–215.

[270] Van de Ven A H, Poole M S. Explaining development and change in organizations[J]. Academy of management review,

1995, 20(3): 510-540.

[271] Van Doorn N, Chen J Y. Odds stacked against workers: Datafied gamification on Chinese and American food delivery platforms[J]. Socio-Economic Review, 2021, 19(4): 1345-1367.

[272] Van Doorn N. Platform labor: On the gendered and racialized exploitation of low-income service work in the 'on-demand' economy[J]. Information, Communication and Society, 2017, 20(6): 898-914.

[273] Vandermerwe S, Gilbert D. Making internal services market driven[J]. Business Horizons, 1989, 32(6): 83-89.

[274] Veen A, Barratt T, Goods C. Platform-capital's 'app-etite' for control: A labour process analysis of food-delivery work in Australia[J]. Work, Employment and Society, 2020, 34(3): 388-406.

[275] Vigoda-Gadot E. Compulsory citizenship behavior: Theorizing some dark sides of the good soldier syndrome in organizations[J]. Journal for the Theory of Social Behaviour, 2006, 36(1): 77-93.

[276] Voss M D, Calantone R J, Keller S B. Internal service quality: Determinants of distribution center performance[J]. International Journal of Physical Distribution & Logistics Management, 2005, 35(3): 161-176.

[277] Wahyuni-Td I S, Fernando Y. Growing pains the low cost carrier sector in Indonesia: Internal service quality using a critical incident technique[J]. Safety Science, 2016, 87(1): 214-223.

［278］Waldkirch M, Bucher E, Schou P K, et al. Controlled by the algorithm, coached by the crowd:How HRM activities take shape on digital work platforms in the gig economy[J]. The International Journal of Human Resource Management, 2021, 32(12): 2643–2682.

［279］Wang C J, Tsai H T, Tsai M T. Linking transformational leadership and employee creativity in the hospitality industry: The influences of creative role identity, creative self-efficacy, and job complexity[J]. Tourism Management, 2014, 40, 79–89.

［280］Wang G L. A study of how the internal-service quality of international tourist hotels affects organizational performance: Using employees' job satisfaction as the mediator[J]. The Journal of Global Business Management, 2011, 7(2): 117–128.

［281］Wang J, Wu X. Top-down or outside-in? Culturally diverse approaches to hotel crisis Planning[J]. Journal of Hospitality and Tourism Management, 2018, 36(1): 76–84.

［282］Wang, Y. The impact of crisis events and macroeconomic activity on Taiwan's international inbound tourism demand[J]. Tourism Management, 2020, 30(1): 75–82.

［283］Weiner B. A theory of motivation for some classroom experiences[J]. Journal of Educational Psychology, 1979, 71(1): 3–25.

［284］Whetten D A. What constitutes a theoretical contribution?[J]. Academy of Management Review, 1989, 14(4): 490–495.

［285］Wiener M, Cram W, Benlian A. Algorithmic control and gig workers: A legitimacy perspective of Uber drivers[J]. European Journal of Information Systems, 2021: 1–23.

[286] Wieseke J, Geigenmüller A, Kraus F. On the role of empathy in customer-employee interactions[J]. Journal of Service Research, 2012, 15(3): 316–331.

[287] Wilder K M, Collier J E, Barnes D C. Tailoring to customers' needs: Understanding how to promote an adaptive service experience with frontline employees[J]. Journal of Service Research, 2014, 17(4): 446–459.

[288] Wildes V J. Attracting and retaining food servers: How internal service quality moderates occupational stigma[J]. International Journal of Hospitality Management, 2007, 26(1): 4–19.

[289] Wilkinson, S. Focus groups. In J. A. Smith (Ed.), qualitative psychology: A practical guide to research methods[M]. London: Sage, 2008.

[290] Williams G A, Woods C L, Staricek N C. Restorative rhetoric and social media: An examination of the Boston Marathon bombing[J]. Communication Studies, 2017, 68(4): 385–402.

[291] Williamson K. Questionnaires, individual interviews and focus group interviews[J]. Research Methods, 2018: 379–403.

[292] Wilson H J, Daugherty P R. Collaborative intelligence: Humans and AI are joining forces[J]. Harvard Business Review, 2018, 96(4): 114–123.

[293] Wirtz J, Patterson P G, Kunz W H, et al. Brave new world: Service robots in the frontline[J]. Journal of Service Management, 2018, 29(5): 907–931.

[294] Wolcott H F. Writing up qualitative research[M]. Newbury Park, CA: Sage, 1990.

[295] Wong I K A, Ma E, Chan S H G, et al. When do satisfied

employees become more committed? A multilevel investigation of the role of internal service climate[J]. International Journal of Hospitality Management, 2019, 82: 125-135.

[296] Wood A J, Graham M, Lehdonvirta V, et al. Good gig, bad gig: Autonomy and algorithmic control in the global gig economy[J]. Work, Employment and Society, 2019, 33(1): 56-75.

[297] Wu L Z, Tse E C Y, Fu P, et al. The impact of servant leadership on hotel employees'"servant behavior"[J]. Cornell Hospitality Quarterly, 2013, 54(4): 383-395.

[298] Wu X Y, Wang J, Ling Q. Managing internal service quality in hotels: Determinants and implications[J]. Tourism Management, 2021, 86,1-13

[299] Wu X, Liu Q, Qu H, Wang J. The effect of algorithmic management and workers' coping behavior: An exploratory qualitative research of Chinese food-delivery platform[J]. Tourism Management, 2023, 96□1-14.

[300] Wut T M, Xu J, Wong S. Crisis management research (1985-2020) in the hospitality and tourism industry: A review and research agenda[J]. Tourism Management, 2021, 85(1): 1-28.

[301] Yang H, Coates N. Internal marketing: Service quality in leisure services[J]. Marketing Intelligence & Planning, 2010, 28(6): 754-769.

[302] Yao T, Qiu Q, Wei Y. Retaining hotel employees as internal customers: Effect of organizational commitment on attitudinal and behavioral loyalty of employees[J]. International Journal of Hospitality Management, 2019, 76: 1-8.

［303］Yin R K. Case Study Research. Design and Methods (the 4th Edition) [M]. Thousand Oaks, California: Sage Publications, 2009.

［304］Yoon M H, Beatty S E, Suh J. The effect of work climate on critical employee and customer outcomes: An employee-level analysis[J]. International Journal of Service Industry Management, 2001, 12(5): 500–521.

［305］Zailani S, Din S H, Wahid N A. The effect of internal measures of service quality on business performance: A case of hotel industry in malaysia[C]//6th Annual Hawaii International Conference on Business, Hawaii. 2006: 26–28.

［306］Zeithaml V A, Parasuraman A, Berry L L. Delivering service quality: Balancing customer perceptions and expectations[M]. New York: The Free Pres, 1990.

［307］Zeng B, Gerritsen . What do we know about social media in tourism? A review[J]. Tourism Management Perspectives, 2014, 10(1): 27–36.

［308］Zhang H, Kang F, Hu S. Senior leadership, customer orientation, and service firm performance: The mediator role of process management[J]. Total Quality Management & Business Excellence, 2020, 31(13–14): 1605–1620.

［309］Zheng Y, Wu P F. Producing speed on demand: Reconfiguration of space and time in food delivery platform work[J]. Information Systems Journal, 2022, 32(5), 973–1004.

［310］Zhou X, Ma J, Dong X. Empowering supervision and service sabotage: A moderated mediation model based on conservation of resources theory[J]. Tourism Management, 2018, 64: 170–

187.

[311] Zhu J N Y, Lam L W, Lai J Y M. Returning good for evil: A study of customer incivility and extra-role customer service[J]. International Journal of Hospitality Management, 2019, 81: 65–72.

[312] Zopiatis A, Savva C, Lambertides N, McAleer M. Tourism stocks in times of crisis: An econometric investigation of unexpected non-macroeconomic factors[J]. Journal of Travel Research, 2019, 58(3): 459–479.

[313] 安世民, 李晓燕, 李蕾. 企业文化设计与建设[M]. 兰州大学出版社, 2008.

[314] 白长虹, 刘欢. 旅游目的地精益服务模式：概念与路径——基于扎根理论的多案例探索性研究[J]. 南开管理评论, 2019, 22(03): 137–147.

[315] 布迪厄. 华康得. 实践与反思——反思社会学导引[M]. 北京：中央编译出版社, 1998.

[316] 陈冬梅, 王俐珍, 陈安霓. 数字化与战略管理理论——回顾、挑战与展望[J]. 管理世界, 2020, 36(05): 220–236+20.

[317] 陈俊彤, 殷平. 直播场景下旅游凝视行为研究[J]. 旅游学刊, 2021, 36(10): 49–61.

[318] 陈龙. "数字控制"下的劳动秩序——外卖骑手的劳动控制研究[J]. 社会学研究, 2020, 35(06): 113–135+244.

[319] 陈万明, 林欣. 基于内部服务质量的公共部门员工满意度探究[J]. 中国行政管理, 2008(04): 42–45.

[320] 陈向明. 质的研究方法与社会科学研究[M]. 北京：教育科学出版社, 2000.

[321] 陈小平, 肖鸣政. 控制型和承诺型人力资源系统与组织绩

效——所有制调节的自愿离职率中介模型[J].经济与管理研究, 2020, 41(06): 131-144.

[322] 陈岩英,谢朝武.常态化疫情防控下的旅游发展：转型机遇与战略优化[J].旅游学刊, 2021, 36(02): 5-6.

[323] 丛丽,何继红.野生动物旅游景区游客情感特征研究——以长隆野生动物世界为例[J].旅游学刊, 2020, 35(02): 53-64.

[324] 崔哲浩.星级饭店内部服务质量模型、测度的实证研究[J].旅游学刊, 2010, 25(01): 77-81.

[325] 戴维·迈尔斯.社会心理学[M].北京：中国轻工业出版社, 2008.

[326] 邓娜,张建军.O2O外卖订单配送任务分配模式研究[J].上海管理科学, 2018, 40(01): 63-66.

[327] 冯雪飞,董大海.案例研究法与中国情境下管理案例研究[J].管理案例研究与评论, 2011, 4(03): 236-241.

[328] 葛巍,杭纯.电网企业财务共享服务中的流程再造与关键技术实践[J].财会月刊, 2017 (04): 85-89.

[329] 胡传东,李露苗,罗尚焜.基于网络游记内容分析的风景道骑行体验研究——以318国道川藏线为例[J].旅游学刊, 2015, 30(11): 99-110.

[330] 胡国栋,王琪.平台型企业：互联网思维与组织流程再造[J].河北大学学报(哲学社会科学版), 2017, 42(02): 110-117.

[331] 黄培伦,黄珣,陈健.企业内部服务质量,关系质量对内部顾客忠诚的影响机制：基于内部营销视角的实证研究[J].南开管理评论, 2009(06): 10-17.

[332] 黄锐,谢朝武.压力、状态与响应——疫情危机下酒店员工职业前景认知的组态影响研究[J].旅游学刊, 2021,

36(09): 103-119.

[333] 蒋石梅, 孟静, 张玉瑶, 等. 知识型员工管理模式——华为案例研究 [J]. 技术经济, 2017, 36(05): 43-50.

[334] 李艾琳, 何景熙. 共享经济视角下人力资源管理职能的变革——以华为 HRBP 为案例 [J]. 中国人力资源开发, 2016(24): 54-57.

[335] 李艳双, 马朝红, 杨妍妍. 企业家精神与家族企业战略转型——基于多案例的研究 [J]. 管理案例研究与评论, 2019, 12(03): 273-289.

[336] 梁阜, 李树文, 孙锐. SOR 视角下组织学习对组织创新绩效的影响 [J]. 管理科学, 2017, 30(03): 63-74.

[337] 梁宇, 李朋波. 云商模式下的企业组织结构变革: 以苏宁云商为例 [J]. 中国人力资源开发, 2015 (22): 67-73.

[338] 刘爱梅, 李光华, 周国华. 基于证据理论的企业 IT 部门内部服务质量综合评价 [J]. 科技管理研究, 2008, 28(6): 307-309.

[339] 刘方龙, 邱伟年, 吴能全, 曾楚宏. 探索《隆平之道》企业文化理念体系的构建——基于扎根理论的案例研究 [J]. 管理评论, 2019, 31(06): 289-304.

[340] 刘善仕, 裴嘉良, 葛淳棉, 等. 在线劳动平台算法管理: 理论探索与研究展望 [J]. 管理世界, 2022, 38(02): 225-239.

[341] 刘善仕, 裴嘉良, 钟楚燕. 平台工作自主吗?在线劳动平台算法管理对工作自主性的影响 [J]. 外国经济与管理, 2021, 43(02): 51-67.

[342] 刘洋, 董久钰, 魏江. 数字创新管理: 理论框架与未来研究 [J]. 管理世界, 2020, 36(07): 198-217+219.

[343] 卢崴诩. "理论抽样问题"与扎根理论方法解析 [J]. 学理论,

2015(34): 113-116.

[344] 马鹏, 张威. 组织氛围视角下的企业内部服务质量测评维度及影响机理研究 [J]. 华东经济管理, 2008, 22(11): 100-103.

[345] 麦肯锡咨询公司. 敏捷 IT 架构转型之旅: 荷兰 ING 银行 IT 负责人 René Visser 访谈录 [Z]. https://www.sohu.com/a/301581912_651625, 2019-03-15.

[346] 麦肯锡咨询公司. 失业与就业: 自动化时代的劳动力转型 [Z]. https://www.mckinsey.com, 2017-12-06.

[347] 毛基业, 张霞. 案例研究方法的规范性 [J]. 管理世界, 2008(4): 105-121.

[348] 苗学玲, 解佳. 扎根理论在国内旅游研究中应用的反思: 以旅游体验为例 [J]. 旅游学刊, 2021, 36(04): 122-135.

[349] 宁光杰, 林子亮. 信息技术应用、企业组织变革与劳动力技能需求变化 [J]. 经济研究, 2014, 49(08): 79-92.

[350] 欧阳桃花. 试论工商管理学科的案例研究方法 [J]. 南开管理评论, 2004(02): 100-105.

[351] 裴嘉良, 刘善仕, 崔勋, 等. 零工工作者感知算法控制: 概念化、测量与服务绩效影响验证 [J]. 南开管理评论, 2021, 24(06): 14-27.

[352] 彭丹, 黄燕婷. 丽江古城旅游地意象研究: 基于网络文本的内容分析 [J]. 旅游学刊, 2019, 34(09): 80-89.

[353] 邱均平, 邹菲. 关于内容分析法的研究 [J]. 中国图书馆学报, 2004(02): 14-19.

[354] 孙保学. 人工智能算法伦理及其风险 [J]. 哲学动态, 2019(10): 93-99.

[355] 唐莹. 无界零售战略下, 京东在无界组织、无界工作、无

界人才领域的前瞻探索[Z]. https://www.hbrchina.org/2018-10-10/6537.html, 2018-10-10.

[356] 汪淼军,张维迎,周黎安. 信息技术,组织变革与生产绩效——关于企业信息化阶段性互补机制的实证研究[J]. 经济研究, 2006, 41(01): 65-77.

[357] 王建明,贺爱忠. 消费者低碳消费行为的心理归因和政策干预路径:一个基于扎根理论的探索性研究[J]. 南开管理评论, 2011 (04): 80-89.

[358] 王雁飞,郑立勋,郭子生,等. 领导—下属关系图式一致性、信任与行为绩效——基于中国情境的实证研究[J]. 管理世界, 2021, 37(07): 162-181+12.

[359] 魏巍,刘贝妮,凌亚如. 平台工作游戏化对网约配送员工作卷入的"双刃剑"影响——心流体验与过度劳动的作用[J]. 南开管理评论, 2022, 25(05): 159-171.

[360] 魏巍,刘贝妮,凌亚如. 平台算法下数字零工职业污名感知对离职倾向的影响[J]. 中国人力资源开发, 2022, 39(02): 18-30.

[361] 闻效仪. 去技能化陷阱:警惕零工经济对制造业的结构性风险[J]. 探索与争鸣, 2020(11): 150-159+180.

[362] 吴清军,李贞. 分享经济下的劳动控制与工作自主性——关于网约车司机工作的混合研究[J]. 社会学研究, 2018, 33(04): 137-162+244-245.

[363] 吴先明,苏志文. 将跨国并购作为技术追赶的杠杆:动态能力视角[J]. 管理世界, 2014(04): 146-164.

[364] 伍晓奕,董坤,凌茜. 酒店内部服务质量对不同代际员工服务绩效的影响研究[J]. 旅游科学, 2016, 30(01): 78-95.

[365] 伍晓奕,董坤. 内部服务质量研究前沿探析与未来展望[J].

外国经济与管理, 2012, 34(11): 35-35.

[366] 肖红军. 算法责任: 理论证成、全景画像与治理范式 [J]. 管理世界, 2022, 38(04): 200-226.

[367] 谢康, 吴瑶, 肖静华, 等. 组织变革中的战略风险控制——基于企业互联网转型的多案例研究 [J]. 管理世界, 2016(02): 133-148.

[368] 谢小云, 左玉涵, 胡琼晶. 数字化时代的人力资源管理: 基于人与技术交互的视角 [J]. 管理世界, 2021, 37(01): 200-216.

[369] 熊浩, 鄢慧丽. 数据驱动外卖平台智能派单的实现机理研究 [J]. 南开管理评论, 2022, 25(02): 15-25.

[370] 徐菲菲, 何云梦. 数字文旅创新发展新机遇、新挑战与新思路 [J]. 旅游学刊, 2021, 36(07): 9-10.

[371] 徐文洪. 基于东方管理的服务创新与服务利润链实证研究: 以通信服务业为例 [J]. 管理工程学报, 2009, 23(S1): 120-127+113.

[372] 颜爱民, 李亚丽, 谢菊兰, 李莹. 员工对企业社会责任的差异化反应: 基于归因理论的阐释 [J]. 心理科学进展, 2020, 28(06): 1004-1014.

[373] 阳镇, 陈劲. 数智化时代下的算法治理——基于企业社会责任治理的重新审视 [J]. 经济社会体制比较, 2021(02): 12-21.

[374] 杨善华, 孙飞宇. 作为意义探究的深度访谈 [J]. 社会学研究, 2005(05): 53-68+244.

[375] 张春娥. 案例研究法在旅游研究中的应用效果探讨——基于《旅游学刊》2009年~2013年的统计 [J]. 广州大学学报(社会科学版), 2015, 14(04): 72-77.

[376] 张威. 内部服务质量的概念性模型及其评量维度研究 [J]. 生产力研究, 2007(13): 115–117.

[377] 章凯, 杨娜. 员工离职的心理目标系统驱动说及其管理蕴涵 [J]. 南开管理评论, 2021: 1–20.

[378] 赵慧娟, 龙立荣. 中国转型经济背景下个人–组织契合对员工离职意愿的影响——企业产权性质与职位类型的调节作用 [J]. 南开管理评论, 2008, (05): 56–63+72.

[379] 朱飞, 郑晗, 谢健乔. "有里有面才有效!"人力资源管理强度和雇主品牌对服务员工态度和行为的影响实证研究 [J]. 中国人力资源开发, 2020, 37(03): 18–30+42.

图书在版编目（ＣＩＰ）数据

变革情境下旅游企业内部服务质量研究 / 伍晓奕著. -- 北京：旅游教育出版社，2023.9
（问题——概念·解析·实证之探索丛书）
ISBN 978-7-5637-4579-1

Ⅰ.①变… Ⅱ.①伍… Ⅲ.①旅游企业－企业经营管理－研究－中国 Ⅳ.①F592.6

中国国家版本馆CIP数据核字(2023)第130299号

问题——概念·解析·实证之探索丛书
丛书主编　林璧属

变革情境下旅游企业内部服务质量研究
伍晓奕　著

策　　划	赖春梅
责任编辑	赖春梅
出版单位	旅游教育出版社
地　　址	北京市朝阳区定福庄南里1号
邮　　编	100024
发行电话	（010）65778403　65728372　65767462（传真）
本社网址	www.tepcb.com
E - mail	tepfx@163.com
排版单位	北京旅教文化传播有限公司
印刷单位	唐山玺诚印务有限公司
经销单位	新华书店
开　　本	850毫米 × 1168毫米　1/32
印　　张	11
字　　数	236千字
版　　次	2023年9月第1版
印　　次	2023年9月第1次印刷
定　　价	128.00元

（图书如有装订差错请与发行部联系）